現代中国経済

劉敬文、任雲、肖厳華　著

目次

はしがき 8

第1章 人口大国から経済大国へ 8

1. 経済成長の初期条件と段階的回顧 9
- 1.1 初期条件としての社会主義原始蓄積 9
- 1.2 経済成長に関する段階的検証 11

2. 近代的産業構造へのシフト 13
- 2.1 「ペティ＝クラークの法則」と産業構造の特徴 14
- 2.2 産業構造近代化の段階的展開 15
- 2.3 工業構造高度化のダイナミズム 17

3. 産業集積と都市化の同時進行 20
- 3.1 世界規模の産業集積地の形成 20
- 3.2 中国全土に渦巻く都市化の波 22

4. 「世界の工場」から「世界の市場」へ 25
- 4.1 世界一を誇る工業大国 25
- 4.2 消費革命の勃興 27

5. 転換期を迎えた中国経済の行方 39
- 5.1 構造転換を余儀なくされた背景 39
- 5.2 構造転換を成功させる要素 42

第2章 市場経済化改革と体制移行 46
—構造転換のプロセスと論理を中心に—

1. 計画経済体制の樹立と行政的分権化改革（1949－1978年）......... 47
—第1次体制移行と社会主義原始蓄積—
- 1.1 国有・準国有化経済システム形成のプロセス 45
- 1.2 重化学工業優先発展戦略と計画経済体制の選択 50
- 1.3 行政的分権化改革の限界と新たな改革の提起（1958－1978年）......... 53

2. 市場経済への構造転換と制度改革（1978年以降）......... 56
—第2次体制移行と政策構築の論理—
- 2.1 改革目標の確立と体制外先行戦略（1979－1993年）......... 56
- 2.2 市場経済の制度的整備と改革の全面的推進（1993年－現在）......... 63

3. 市場経済化改革の成果、特徴と課題 73
- 3.1 「社会主義市場経済」という中国特色のある市場経済体制の樹立 73
- 3.2 改革のプロセスに込められた中国的特徴と示唆 79
- 3.2 市場経済化改革の課題 81

4. 「新状態」入りした改革の新しいステージ 82

第3章 農村の改革・発展と課題 86

1. 農業・農村改革の過程 87

	1.1 改革の第一波：農業経営制度の大転換 (1978-1980年代末)	87
	1.2 改革の停滞期と「三農問題」の提起 (1980年代末-2002年)	88
	1.3 改革の第二波：農工関係の調整と新農村建設 (2002年-現在)	90
2.	農業経済：構造転換と現代化	92
	2.1 農業生産の構造調整	92
	2.2 農業経営体制と生産方式の転換	96
3.	農民の状況：労働力の移動と所得増の課題	100
	3.1 農村労働力の移動	100
	3.2 所得増の課題と貧困撲滅対策	104
4.	農村の発展：新農村建設の成果と課題	107
	4.1 公共サービスの改善	107
	4.2 インフラ整備と農民居住環境の改善	109
5.	三農問題の根源	111
	5.1 農民の主体的地位の未確立	112
	5.2 土地制度の欠陥と農民利益の劣位	113
	5.3 戸籍制度の束縛と差別政策	114
6.	三農問題の改革方向と展望	116

第4章 企業の改革・発展と課題　　120

1.	国有企業の変遷	120
	1.1 「放権譲利」改革 (1978-1992年)	120
	1.2 「現代企業制度」への模索 (1993-1997年)	122
	1.3 「三年脱困」と国有企業の大改革 (1998-2003年)	123
	1.4 「国資委」時代の国有企業 (2003-2013年)	125
2.	民営経済の勃興	127
	2.1 民営経済の発展の軌跡	127
	2.2 民営経済の由来	129
	2.3 民営企業の実力と特徴	130
3.	外資系企業の発展	132
	3.1 外資系企業発展の過程	132
	3.2 外資系企業の国・地域別構成	135
	3.3 外資系企業による貢献と課題	136
4.	混合経済体制と市場競争状況	138
	4.1 市場シェアから見た混合経済体制	138
	4.2 混合経済体制下の市場競争秩序	141
	4.3 不公平競争の問題点	148
5.	不公平競争問題の根源と改革への展望	150

第5章 金融システムの改革・発展と課題　150

1. 金融システムの改革と発展の概要　158
- 1.1 金融システムの回復と枠組みの構築 (1978-1992年)　158
- 1.2 分業体制の確立と制度整備 (1993年-WTO加盟前後)　159
- 1.3 金融組織の体質強化と市場開放 (WTO加盟以降)　160

2. 銀行業の改革と課題　161
- 2.1 世紀の変わり目の国有銀行の危機　161
- 2.2 国有銀行の株式化改革と上場　164
- 2.3 銀行業の現状と課題　166

3. 証券市場の改革と課題　168
- 3.1 証券市場の発展の軌跡　168
- 3.2 初期証券市場の構造的欠陥　170
- 3.3 証券市場の制度改正と非流通株改革　172
- 3.4 証券市場の質的劣化の現状　174

4. 金融システム全体の構造的課題　179
- 4.1 間接金融偏在　179
- 4.2 金融業の所有制差別と金融供給の偏在　182
- 4.3 「影の銀行」の問題　184

5. 金融改革の方向性と展望　186
- 5.1 資本市場の発展促進と間接金融偏在の是正　186
- 5.2 民間金融の参入促進と資金供給偏在の是正　188

第6章 対外開放と対外経済の発展　191

1. 東アジアモデルの示唆と対外経済戦略の転換　191
- 1.1 輸出指向戦略の選択と東アジアモデル　191
- 1.2 内向型経済から外向型経済へ ―中国の対外経済発展戦略の転換―　195

2. 対外開放の空間的展開と対外経済発展の特徴　200
- 2.1 対外開放の空間的展開　200
- 2.2 対外経済発展の特徴　204

3. 対外貿易の発展と構造的変化　206
- 3.1 輸出指向への戦略転換と対外貿易体制改革　206
- 3.2 対外貿易発展の量的拡大と質的向上　208
- 3.3 成長構造の転換と対外貿易の課題　215

4. 「走出去」戦略と対外直接投資の展開　218
- 4.1 OFDIの政策整備と「走出去」戦略　218
- 4.2 OFDIの成長と特徴　220
- 4.3 体制移行と経済発展絡みによるアプローチ　230

はしがき

　中国は1978年からの30数年にわたる高成長を通じて実に5億人を貧困のどん底から脱出させ、2010年には日本を抜いてアメリカに次ぐ世界第2位の経済大国となった。また、世銀やIMFによる購買力平価（PPP：purchasing power parity）の計算によると、2014年における中国とアメリカのGDP総額はそれぞれ17.6兆ドルと17.4兆ドルで、中国の経済規模がわずかながらアメリカを上回っているとされる[1]。

　いっぽう、高成長の陰で、「三大格差」と呼ばれる地域格差、都市・農村間の格差、貧富の格差や環境破壊などの構造的なアンバランスさが顕在化し、中国のGDP成長率は2012年から3年連続で8％台を割り込んだ。こうした中で、習近平総書記は2014年5月に河南省を視察した際、「新常態」（New Normal）に適応し、冷静に対応すると発言し、高成長から中高速成長へと「新常態」入りしていることを告げた。

　なぜ中国で長期にわたる高成長ができたのか、そして構造転換を余儀なくされた要因とは何なのか、構造転換の過程においてソフト・ランディングになるのかそれともハード・ランディングになるのかというように、立場の如何にかかわらず中国経済に寄せられる関心はますます高まっている。『現代中国経済』はこれらの要請を受けて生まれたものである。

　本書は桜美林大学孔子学院の計画で進められ、上海社会科学院経済研究所副研究員の任にある肖厳華博士の執筆原稿は2012年初秋にはすでに完成していた。私はどちらかというと経済学の見地から監訳する立場であり、孔子学院長楊光俊教授や同学院の事務局長の雷桂林先生の命を受けることにより本書との縁を結んだのである。しかしながら、以下の2つほどの要因により、本書の執筆計画を新たにする必要があった。まず、旧計画の原稿は中国国内外に名を馳せた経済学者の論述・名言を使って中国経済のパフォーマンスの現状をクローズ・アップさせようとしており、肖博士の専門分野である社会保険システムの構築をベースにしていた点である。もう1つは、長い出版サイクルと中国経済の日進月歩のギャップにより、現状を解明しようとするはずのデータがもはや

---

[1] これに対し、中国国家統計局長馬建堂はPPPによる計算が中国の物価水準を過小評価していることなどを挙げ、これを認めない発言をした。「2015年5月20日午前に行われた国務院新聞発表会における馬建堂の発言」CCTV中継、http://guoqing.china.com.cn/2015-01/20/content_34608022.htmなど。

現状ではなくなったことにある。そのため、監訳者の立場にあったはずの私が執筆者という立場に回り、関係分野に造詣の深い任雲教授を引っ張り込むという形で、私が第1章、第2章および第6章、任教授が第3章、第4章および第5章をそれぞれ執筆することで『現代中国経済』の完成に漕ぎ着けたのである。当然のことながら関係する章の文責は執筆者各自が負うものとする。

なお、本書は『現代中国経済』と称する以上、1949年の新中国建国から今日までを時間的概念に定め、改革・開放元年と呼ばれる1978年以降の中国経済を中心に論述を展開している。まず、過去、現在、未来という時間を縦軸として、1978年を境とした経済開発の初期条件およびこれに起因する諸開発政策構築のプロセスと効果、課題を明らかにした上で、中国経済がどこに向かおうとしているかを探る。さらに、諸外国との比較という点から空間を横軸に置き、中国経済の特色や発展段階、中国の経験による示唆および政策指向に影響を及ぼす諸問題を提起している。このように、本書は縦軸と横軸の交叉によって現代中国経済を立体的に分析しようと心がけたものである。

本書は6章で構成されている。第1章は中国経済の発展全般に関する分析である。1949－1978年における計画経済期の経済開発を負の財産として捉えがちな従来の中国経済論に対し、この章では物的、知的、組織的蓄積を含めた原始蓄積の初期条件と位置付けている。その上で、1978年以降の経済発展について、量的拡大、近代産業構造の形成、工業構造の高度化、産業と人口の集中、「世界の市場」と呼ばれる中国市場の特性、消費革命の順に分析を行い、構造転換を余儀なくされた要因と成功可能な要素を論じる。

第2章では、1949－1978年と1979年－現在を、市場経済から計画経済への第1次体制移行と計画経済から市場経済への第2次体制移行に分けて、体制外先行戦略と改革の全面的展開という2つのサブタイトルを設けながら、第2次体制移行のプロセスと論理を中心に分析を行う。そして、体制移行国である旧ソ連および東欧諸国との比較により、第2次体制移行の成果や特徴、課題を明らかにし、「新常態」入りした改革の新しいステージにおける習近平・李克強体制の改革の今後を予測する。

第3章から第6章では産業別・部門別に現代中国の経済発展を検討する。第3章は「三農問題」と呼ばれる農村・農業・農民の問題を中心に検討する。まずは農業・農村改革の過程を振り返ることにより「三農問題」を提起する。そして、構造転換と農業の現代化、労働力移動と生産方式の転換、新農村建設の成果と課題の順に農業経済、農民の状況、農村の発展について分析し、三農問題の深層にある根本的問題を掘り下げる。最後に「三農問題」を解決するための改革

の方向性を展望する。

　第4章では企業サイドの改革と発展を取り上げる。所有制別の分類により、国有経済改革で蘇った国有企業の段階的成長、民営経済の勃興、外資系企業の発展を一通り分析した上で、混合経済体制下の市場競争秩序における所有制別企業の市場シェアに基づいて混合経済体制の構成を明らかにし、市場競争秩序の体制的課題、ひいては不公正競争に焦点を合わせてこれらの問題を生み出した根源を掘り下げ、問題解決のための改革の在り方について言及する。

　第5章では金融分野を取り上げる。金融システムの改革と発展を把握するため、金融業界の全般的分析を図りつつ、銀行業・証券業別のアプローチを行うという分析の枠組みの中で論述を展開する。その上で、金融システム全体の構造的課題として、間接金融の偏在、金融業の所有制差別と金融供給の偏在、「影の銀行」を挙げる。さらに、資本市場の発展促進と間接金融偏在の是正、民間金融の参入促進と資金供給偏在の是正を課題の解決策としてまとめる。

　第6章は対外開放と対外経済についての分析である。この部分の論点は東アジアモデルと比較しながら輸出指向戦略を採択する経緯と論理を取り上げることに始まり、対外開放の空間的展開と対外経済発展が相互に促進するメカニズムを明らかにする。その上で、対外貿易の分野においては量的拡大と構造的高度化を中心に、対外直接投資の分野では「走出去」戦略の形成プロセスとコンテント、OFDIの特徴に焦点を合わせて論述を展開する。最後に輸出指向戦略の限界を論じ、改革の方向性を展望する。

　本書を出版するに当たり、もう少し時間的な余裕があればと残念でならない。例えば、社会保険システム、財政・税制、マクロ経済発展戦略の選択肢およびその可能性についてはいずれも別に章を設けて分析する必要があるにもかかわらず、今回は説明程度にとどまり、展開ができなかったという点がある。しかしながら、何よりも中国経済に関心を持つ人々に本書を捧げられることは大いなる喜びである。

　最後に、限られたスペースの中で著者の勝手を許し、本書出版のきっかけを提供してくださった桜美林大学孔子学院長の楊光俊教授ならびに本プロジェクトの担当者である同学院事務局長の雷桂林先生に深謝するとともに、本書の形成に豊富な先行研究を積み重ねてくださった研究者の方々、そして本書の編集に一方ならぬ協力をしてくださった林屋啓子様、北山紀子様に敬意を表したい。

2015年3月1日

劉　敬文

第 1 章
人口大国から経済大国へ

はじめに

　1949年の中華人民共和国建国から今日に至るまでを現代中国と定義するとすれば、現代中国経済は、1978年12月に開催された中国共産党中央委員会第11期第3中全会の決議を境として、計画経済期と改革・開放をモチーフにした市場経済化への構造転換期の2つに大別される。市場経済化改革によってよみがえった中国経済はますます勢い付き、2008年にドイツの経済規模を上回って世界3位、2年後の2010年に日本を抜いてアメリカに次ぐ世界2位となり、世界最貧かつ最多人口の国家から経済大国へと変貌を遂げている。

　このように、中国経済は高成長街道を驀進しながら改革・開放実施30周年を迎えた。2008年の北京オリンピックがその前祝いというのであれば、2010年の上海万博がその後祝いとなる[1]。

　偶然が重なるがゆえに「学園祭型経済成長」ともたとえられたものの、「中国の過去30年にわたる経済パフォーマンスはめざましいものであった。GDP成長率は年平均10%に達し、5億人の人々が貧困から抜け出した」と評価されるに至った（World Bank and DRC 2012）。いわゆる「中国モデル」「北京コンセンサス」（ラモ、2004）は、いまだ貧困に苦しむ多くの低所得国家にとって救世主とまで言われ[2]、早くもアメリカの経済規模を超える時期が話題となった。この流れの中で、世界銀行国際比較プロジェクト（ICP）が購買力平価（PPP）

1　改革・開放は1978年12月に開催された中国共産党第11期3次大会の決議によりスタートラインを切った。2008年がその30周年に当たるという説が一般的であるが、2009年という見解もある。後者は実際のパフォーマンスを踏まえたがゆえに、少数ながら学界で広い支持を得ている。

2　ラモはワシントンコンセンサスに代わって北京コンセンサスが生まれると論じる。ラモの北京コンセンサスについて、中兼和津次は、①ワシントンコンセンサスに対する否定、②新しい環境や状況に対する柔軟性、③政策遂行における漸進主義以下の3点にまとめる（「桜美林大学産業研究所における講演」2012年）。

3　世界銀行ICP（International Comparison Program）はPPP（purchasing power parity、購買力平価）に基づいて各国GDPのドル換算を行い、2014年の中米両国のGDP総額はそれぞれ17.6兆ドルと17.4兆ドルで中国が米国を凌ぐと2014年4月に発表、IMF総裁は同10月に招集した世界銀行とIMF年次総会の発言でこれを是認し、正式の資料として発表する。これに対し、中国国家統計局長馬建堂はPPPによる計算は中国の物価水準を過小評価したことなどを挙げ、これを認めない発言をした（「2015年5月20日午前に行われた国務院新聞発表会における馬建堂の発言」CCTV中継、http://guoqing.china.com.cn/2015-01/20/content_34608022.htm など）。

に基づいて中米両国 GDP 総額の計算を行い、2014 年中に両国の GDP 規模が逆転するとの結果を公表した[3]。

いっぽう、こうした高成長の陰で、「三大格差」と呼ばれる地域格差、都市・農村間の格差、貧富の格差など構造的なアンバランスが顕在化してくる。2008 年初秋のリーマンショックを背景にした輸出不振、金融緩和による不動産バブルのエスカレート、2010 年春からのベースアップを求める大型労使争議の頻発、大都市圏を中心とする大気汚染の悪化など、既成の成長路線と成長経路に陰りが見え始めた。GDP の成長率は 2012 年から 3 年連続で 8％台を割り込み、それまでの 2 桁高成長から中高成長へと「新常態」(New Normal) 入りし[4]、「転換期」の到来が告げられる。

本章は、市場経済化への構造転換期、つまり 1978 年以降の経済発展を主軸に、計画経済期の開発を初期条件として捉えた上、経済成長と構造転換を段階的にたどり、「世界の工場」、ひいては「世界の市場」として成長した中国経済発展のメカニズムと特徴、「新常態」入りしたその課題とポテンシャルに沿って検証する。

1. 経済成長の初期条件と段階的回顧

1.1 初期条件としての社会主義原始蓄積

一人当たり平均 GDP 水準の向上、産業構造の高度化などを中心とする近代的経済成長は、鄧小平の改革・開放政策を具現化させた中国共産党中央委員会第 11 期第 3 次大会の決議により正式に始まった。それまでの 1949 － 1978 年の 29 年間にわたっては、統制的・閉鎖的な計画経済体制のもとで国民経済が運営されていたため、1952 － 1978 年までの中国の一人当たり実質 GDP の年平均成長率はわずか 2.3％に留まり、日本やアジア新興工業経済群（NIEs：台湾、韓国、シンガポール、香港）は言うに及ばず、同じ社会主義国の旧ソ連や東欧諸国、ひいては東南アジアの一部の国々にも大きく水をあけられてしまった[5]。1978

---

[4] 「新常態」(New Normal) とはアメリカ PIMCO のモハメド・エル - エリアンとビル・グロス (Mohamed El-Erian & Bill Gross) 2008 年のリーマンショック後、世界経済が新しい局面を迎えた様子を表すために用いた言葉。もともと先進国での成長鈍化、規制強化、公共部門と家計部門でのデレバレッジ、世界経済の不透明感とリスクの顕在化等を意味するものとして使われたが、習近平総書記が 2014 年 5 月に河南省を視察した際、「新常態」に適応し、冷静に対応すると発言したことを皮切りに、8％台の GDP 成長率を割り込んだ 2012 年以降の中国経済が高成長から中高速成長への「新常態」入りを表現する言葉として広く使われるようになった。

[5] A.Maddison, Chinese Economic Performance in the Long Run, Paris, OECD, 1998, p.59。なお南亮進・牧野文雄『中国経済入門』第 2 版 (2006) p.7 を参照。

年の時点では、世界一人当たり平均 GDP が 1,882 米ドルであったのに対し、中国はその 10 分の 1 に相当するわずか 190 米ドルで、同じ人口大国インドの 200 米ドルを下回り、日本の 7,060 米ドルの 2.7％、アメリカの 10,400 米ドルの 1.8％であった[6]。

　結果から結論を下す限り、計画経済の時期における経済発展戦略は決して成功経験ではなかった。しかし、それを 1978 年以降の経済成長の初期条件と見なせば、原始蓄積として繋がる点は下記の通りである。

　第1、重工業部門への集中投資による物的資源の蓄積

　フェリトマンの理論では、外国との貿易がほとんどない閉鎖的な経済を前提に置きながら、当面の消費を抑えて生産財が多く生産できるようにしておけば、将来の消費は多くなると主張している[7]。この理論で捉えると、中国は計画経済の時期を通じて、消費を切り詰め、重工業部門へ投資を回している。今日に至って中国はすでに世界一の鉄鋼生産国になっており、工作機械、石油化学など重厚長大産業も途上国のわりに充実している。これは、貧しい生活に耐えて投資を積み重ねてきた投資蓄積、つまり社会主義原始蓄積の結果でもあるという側面が否めない。一般的には経済計画期での重工業部門への集中投資を負の財産としか捉えないが、視点を変えれば、①工業基盤の確立、②基本技術の普及、③合弁事業および技術導入の受け皿としての産業組織基盤など、正の財産が多く含まれるという点が浮き彫りになる[8]。

　第2、教育の普及による人的資源の蓄積

　1950 年代からは初等教育と中学教育が急速に普及した時期であると同時に、高校および高等教育のシステムを整える時期でもあった。文化大革命の間に教育は大きな破壊を受けたとはいえ、教育基盤そのものが残っており、良質な労働力および専門人材の形成に寄与したことは指摘するまでもない。また、上記の第1と関連するが、重工業優先戦略の中で形成された熟練工や基礎技術者・専門的人材も人的資源形成の一端を担うものと考えられる。

　第3、共産党一党支配による政府主導型開発の組織力の蓄積

　これは政府主導のもとで、強力な開発政策の遂行が可能となる体制が整えられることを意味する。特に地方政府は大きな権限と優れた管理機能を有してお

6　世界銀行のデータベースより算出。ちなみに 1978 年の日本とアメリカの GDP 総額は、それぞれ 7,060 米ドルと 10,400 米ドルであった。

7　丸川知雄監修・海外投融資情報財団編著『中国の産業力』蒼蒼社、2002 p.1。なお劉敬文「中国の経済改革と小康戦略」『岡山大学大学院文化科学研究科紀要』第 16 号、pp.229-262、岡山大学、2003.11。

8　計画経済期の重工業戦略を生み出すメカニズムについて、第2章の関係部分を参照。

り、経済の分権化を進める体制ができていた[9]。東ヨーロッパの社会主義諸国が政府の弱体化によって市場経済への移行に際して経済の混乱を引き起こしたのに対し、中国の安定した政府の存在は海外の投資家に安心感を与えたとまで評価されており[10]、開発独裁を特徴とされる東アジア諸国に比べても中国政府の指導力の強さと有効性は際立っていた。

　上記の第1から第3までは、1978年以降の経済成長の初期条件という視点から計画経済期の経済戦略を評価したものである。このほかにも初期条件として挙げるべきものは多々あるものの、対外貿易や外資導入、国際分業などの面で利益を享受しやすい環境に置かれていたことが大きなポイントである。（1）キャッチアップ型経済発展に成功した日本をはじめとして、後発ながら急速な経済成長を遂げつつあったアジアNIEs、東南アジア諸国連合（ASEAN）が近隣にあり、東アジア的雁行形態型分業体制に入りやすい経済地理的環境にあった[11]。（2）広東省や福建省など華南地域の出身者を中心とする中国人の海外移民の中には成功者が多く、華僑・華人からの投資を受け入れる期待は改革・開放による環境整備に伴って現実味を帯びるようになった。

1.2　経済成長に関する段階的検証

　図表1.2が示す通り、中国では1979－2013年の実質GDPの年平均成長率は9.8％に達し、1991－2013年と2001－2013年の同平均値はそれぞれ10.2％と10.0％である。この成長率は計画経済期の1953－1978年の同成長率をはるかに上回っており、「世界の成長センター」とされていた日本や韓国、台湾などのアジアNIEsの高成長期よりも高いものである。経済の高成長により、1978年を100とする実質GDP指数は、1995年の502.3、2004年の1087.4、2010年の2059、2013年の2608.6と、2013年までに26倍に増加した（中国国家統計局2014）。1978年以降の中国経済成長を時系列的に見ると、下記の4つの段階になる。

（1）1979年から鄧小平の「南巡講話」が公表される1992年までの段階

9　世界銀行『計画経済から市場経済へ』（世界開発銀行報告：1996）p.21。なお南亮進・牧野文雄『中国経済入門』第2版（2006）p.9を参照。
10　World Bank, china 2020: Development Challenges in the New Century, Washington D. C., 1997, p.3。なお南亮進・牧野文雄『中国経済入門』第2版（2006）p.9を参照。
11　後発国の産業発展に関する赤松要の所説。後発国の工業化過程は、消費財工業品の輸入から始まり、その国内生産、その輸出という経路をたどる。さらに一段階遅れて生産財工業品についても輸入→生産→輸出という道を進む。従って輸出伸長の前に必ず国内投資が先行し、後進国は先進国を追いかける形をとるという主張。その移行曲線が飛翔する雁の列に似ていることからこの名称がつけられた。

この段階においては、成長率の最も高い1984年の15.2％、1992年の14.2％といった「山」もあれば、1990年の3.8％、1989年の4.1％、1981年の5.2％のような「谷」もあり、過熱と冷え込みが繰り返し続いた。それを裏返すと、規制緩和と引き締めの政策による結果でもあった（劉敬文1997）。

（2）1993年からWTO加盟直前の2000年までの段階

GDPの成長率は1993年の14.0％をピークに徐々に下降してきたものの、わずかながら8％台を割り込んだのが1998年の7.8％と1999年の7.6％の2年間のみである。その要因の1つとして、社会主義市場経済と称される市場経済の確立を目指す改革が行われ、マクロコントロール・システムが効率よく機能され始めたことが挙げられる。

（3）WTO加盟の2001年から「11・5計画」終了期の2010年までの段階

この期間の実質GDP年平均成長率は、10.49％と1978年以降の成長記録を更新した。しかも2001年の8.3％をベースに安定的に推移し続け、金融危機の波が押し寄せた2008年以降の3年間にも10％前後の高成長率を達成できたことは、注目に値する。その結果、2010年に日本のGDP規模を上回った。また、WTO加盟により中国を取り巻く国際環境が改善され、輸出ドライブのパワーがフルに働いたため、輸出主導型経済成長のイメージもこの期間の成長経路を通じて定着した。

（4）「12・5計画」初年度の2011年から今日までの段階

2011年のGDP成長率は2桁から1桁の9.3％へ、2012年からはさらに3年連続で8％台を割り込み、既成の成長路線と成長経路に赤信号が点滅した。いっぽう、「12・5計画」の中でも高成長から安定成長への軌道修正や、内需拡大による成長構造の転換といった内容が盛り込まれるなど、「転換期」の到来が告げられた。

中国は、改革・開放元年の1978年から今日まで、35年の長きにわたる経済成長を通じて、世界の最貧国の1つからGDP規模では世界第2位の経済大国にまで成長を遂げた。成長率の高さ、持続期間の長さとも画期的と言って過言ではない。さらに、この高成長が13億人口規模を有する人口最多国の中で達成されている経験は、国家間の相互学習のみならず、経済学的にも大きな意味を持つものである。

ところで、一国の経済規模を測る指標として、GDPのほかに海外資産を加えるGNP（国民総生産）もある。例えば、日本などの先進国は海外直接投資（FDI）の受け入れが少なく、直接投資等による海外からの収益が多いのに対し、中国はちょうど相反する。さらに、一人当たり平均GDPでは、中国は2014年の世

界ランキング 80 － 90 位の間に位置付けられている[12]。仮に購買力平価（PPP）による評価を基準としても、歴然たるギャップの存在は否めない。したがって、中国の経済成長を高く評価する傍ら、これらの視点の重みを見過ごしてはならない。

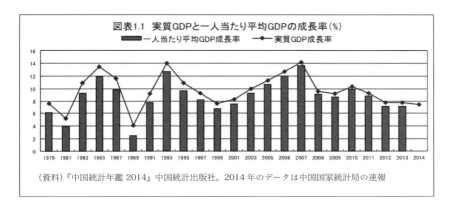

(資料)『中国統計年鑑 2014』中国統計出版社。2014 年のデータは中国国家統計局の速報

図表 1.2　経済成長率に関する中国、日本、台湾、韓国の比較

国家＆地域	期　間	年　数	年平均実質 GDP 成長率
日　本	1955 － 1973	18 年間	9.3%
台　湾	1956 － 1977	21 年間	8.2%
韓　国	1963 － 2002	39 年間	8.3%
中　国	1953 － 1978	25 年間	6.1%
中　国	1979 － 2013	34 年間	9.8%

(資料)　日本：『数字で見る日本の百年史』第 4 版およびその他台湾：Council for Economic Planning and Development Republic of China Taiwan Statistical Data Book, 各年版、韓国：『アジアの動向』各年版、『アジアトレンド』誌各号、中国：『中国統計年鑑 2014』中国統計出版社

2. 近代的産業構造へのシフト

　経済成長が一元的な指標によって測れるものであれば、経済発展はさまざまな構造変化を伴った多元的な長期成長過程のことであると捉える（南亮進、2006）。ここでいう構造は政治、経済、社会などすべての側面にわたるものであり、産業構造の変化が他の構造変化のベースをなすものである。この意味において、

12　それぞれ、中国国家統計局と日本総務省統計局が公表した 2014 年のデータによって算出されたもの。

一国の持続的成長は構造的変化を伴う経済発展でなければならない。産業革命後の西側諸国の発展経路はこれを裏付けており、東アジア諸国も同じ経路をたどってきた。

2.1 「ペティ＝クラークの法則」と産業構造の特徴

経済成長に伴って、生産と雇用の中心が第1次産業（農林水産業）から第2次産業（鉱工業・建築業）へ、さらに第2次産業から第3次産業（商業、サービス、金融、運輸、電気・ガス、情報など）へ移るというのが「ペティ＝クラークの法則」である。発見者のウィリアム・ペティ（W. Petty）と、これを実証し体系化させたコーリン・クラーク（C. Clark）から名付けられたこの経験則は、経済成長と発展を繋ぐメカニズムを示すものとしても知られている。

産業ごとに成長率が異なるため、一般的に産業の中心が第1次産業から比較的成長率の高い第2次産業へ移ることによって経済の成長率は高まり、発展水準が高いほど第1次産業の中心をなす農業生産の相対的比率は低下する。そして、産業ごとの生産性が違うため、産業構造と就業構造は必ずしも一致しない。通常では就業構造が産業構造より遅れて変化する。しかし、中国の経済成長は「ペティ＝クラークの法則」と呼ばれる標準パターンと乖離する現状が見られた。その特徴は主として下記の2点である（図表1.3と図表1.4）。

第1に、計画経済期から改革・開放初期に至るまでの間は第1次産業、第2次産業の比重がともに高かったが、市場経済への移行が進むにつれて次第に「標準パターン」に近付いてきた。1978年を例にとると、第1次－第3次産業の比率はそれぞれ28.2％：47.9％：23.9％で、第2次産業のうち、工業が44.1％、建築業が3.8％であった。最貧国の1つであるにもかかわらず、第2次産業、特に工業の比重が極めて高かったと認めざるを得ない。もしもこの「乖離現象」を生み出した要因を重工業優先戦略に基づいた資源の集中投下に求めるのであれば、その後の「標準パターン」への緩やかな回復は漸進的な市場経済への移行によるものと帰結できる。

第2に、1980年代中期までは産業ごとのGDP生産構造と就業構造との著しい「乖離現象」は際立っていた。その後は収斂しつつあったものの、いまだに「標準パターン」からはほど遠い。上述の1978年に第1次－第3次産業の就業比率は70.5：17.3：12.2であり、第1次－第3次産業の構造が10.0：46.6：43.4に達した2011年でも就業構造は依然として34.8：29.5：35.7に留まっていて、その差は歴然たるものである。本質からいうと、これも重工業優先戦略と密接に

関係するが、これだけでは説明がつかない。廉価かつ安定的な食糧と原材料の供給が重工業を優先的に発展させるための前提条件であるにもかかわらず、外部世界とはほとんど隔離する状況に置かれていた中国では、戸籍制度が敷かれることにより農村部と都市部別の二元化社会を確立させ、人口の自由移動は厳しく制限された（第2章を参照）。そのため、比較生産性の低い農業部門から比較生産性の高い工業部門などに移動してくる人口が異常に少なく、アジア諸国に比べても生産構造と就業構造との乖離が際立つようになった。

2.2　産業構造近代化の段階的展開

　図表1.3を見る限り、改革・開放後の産業構造は先進国に近付いており、図表1.4が示す就業構造も同じ方向に収斂しつつある。後者が前者に著しく遅れ課題は残るものの、改革・開放後の経済成長が近代的構造変化のプロセスの中で達成されたことは指摘するまでもない。

　段階的に見ると、1978－1984年の第1期において第1次産業の比重が拡大したのに対し、第2次産業はわずかながら減少し、第3次産業はほとんど変わらなかった。その理由として下記のようなものが挙げられる。（1）農業分野での農家経営請負制の導入により農業生産性が高まったこと、（2）組織内部の活性化を中心とする国有企業改革は奏功しがたく、鉱工業分野の生産性の向上に繋がらなかったこと、（3）医療・衛生、教育など主たるサービス分野が国営のシステムに残ったままであることなどである。

　1985－1992年の第2期では、第1次産業の比重が30％台から20％台へと大幅に減少し、第2次産業が微減した。それに引き替え、第3次産業の比重は1984年の24.8％から1985年の28.7％へ、さらに1992年の34.8％へと大きく伸びた。農産物の契約買付価格が低いわりに価格肥料などの価格が上昇して農家の負担が大きくなったことは、農業分野の比重減に至らせたと同時に、郷鎮企業という形で相対生産性の高い第2次、第3次産業へシフトするインセンティブともなった。他方、工業分野の中心を占める国有企業の改革は試行錯誤を繰り返し、郷鎮企業とは対照的に成長力に乏しかった。さらに、規制緩和によるサービス分野の活性化は日増しに高まる消費ニーズにフィットしていった。

　1993－1997年の第3期は、第1産業の比重が急速に減少し、第2次産業の比重が速やかに増加することで特徴付けられる。この消長変化とは異なり、第3次産業は規模を広げたにもかかわらず、産業全体に占める比重が変わらない状態にあったが、鄧小平の「南巡講話」を背景に、社会主義市場経済と称され

る体制移行は本格的な段階に突入した。これに伴い国有企業はようやく低迷を脱して成長軌道に乗り、海外企業の対中直接も本格化の段階を迎えた。

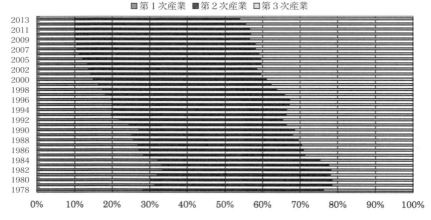

図表 1.3　産業別実質 GDP 構成の推移（1978-2013）

（資料）中国国家統計局『中国統計年鑑 2014』中国統計出版社。

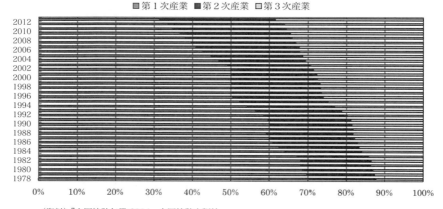

図表 1.4　産業別実質 GDP の就業人口構成比（1978-2013）

（資料）『中国統計年鑑 2014』中国統計出版社。

1998 － 2013 年の第 4 期について、その最大の特徴は、第 3 次産業が第 2 次産業に代わって急速かつ安定的にその比重を伸ばし、第 1 次産業の比重が直線的に降下してきたことである。1997 － 2013 年の間に、第 1 次産業の比重は 18.3％から 10.0％に急減し、第 2 次産業の比重は 2011 年までの間はほぼ 47％

前後で安定的に推移するが、2012 年は 45.3％、そして 2013 年になると 43.9％と急速に下がった。また、第 1 次、第 2 次産業とは対照的に、第 3 次産業の比重が 34.2％から 46.1％に急増した。これにより、2013 年における第 1 次－第 3 次産業の構成は 10.0：43.9：46.1 となり、第 3 次産業が産業構造における第 2 次産業のリーディング的地位に取って代わった。

30 余年間の経済成長を通じて、産業構造は大きく変わった。「ペティ＝クラークの法則」に則れば、すでに第 1 のステージ、つまり第 1 次産業から第 2 次産業への転換が終わり、第 2 次産業から第 3 次産業へ転換していく第 2 のステージにあると考えられる。また、改革・開放後の経済発展の中で、第 2 次産業の比重は 41.3％～ 48.2％の間にあり、発展水準の低い段階から高い水準にある。さらに、第 1 次産業が 1993 年から本格的にその比重を下げてきたのに対し、第 3 次産業は 1997 年以降から直線的にその比重を上げて、ついに第 2 次産業の比重を乗り越え、経済発展を後押しする主役として登場した。第 3 次産業の真価は今後の成長の中で試されるものの、現代中国の産業構造の転換においては画期的とも言えるべきものであろう。

2.3　工業構造高度化のダイナミズム

計画経済期の重工業優先戦略の結果として、工業分野が GDP に占める比重は極めて高く、経済発展水準の低い 1978 年の段階ですでに 44.1％までに達していた。それ以来 30 余年の間、工業比重の一番低い年は 1990 年の 36.7％で、1991 年を除けばいずれも 38％台から 43％台までの間で変動してきたが、上記の 44.1％を超えることはなかった[13]。このことから、改革・開放後の経済発展は工業規模の拡大というより、工業分野内部の構造転換と高度化による部分が大きいと言える。

GDP における産業別構成に相対して、第 2 次産業の実質 GDP への貢献度のほうがはるかに高い。うち、工業分野の GDP への貢献度が特に高く、1991 － 2000 年の年間平均では 58.1％に達した。2001 年から同貢献度は 40％半ばに落ち込み、第 3 次産業が同じ程度にまでに追い付いてきたが、工業分野が経済成長の中で中心的な役割を果たしてきたことに変わりはない。

1980 年代は、中国経済が東アジアを中心とする国際分業の中に組まれる過渡期である。この時期において重工業は非効率性ゆえの再編成を迫られる半面、

13　データは何れも中国国家統計局『中国統計年鑑』2012 年。

国民所得の向上に伴う消費財の生産増加と相まって、鉱業を含めた重工業の工業全体に占める比重は1978年の56.9％から1990年の50.6％に縮小した。1991－1994年の間に再び上昇に転じたが、1995年から減少し始め、2000年には50.8％にまで減って、1990年の水準に逆戻りした。さらに、2001－2012年に重工業の比重は50.8％から70％台へと右肩上がりで伸び続け、1970年代と似たような持続的増加を再現した[14]。この中で、特に注目したいのは次の2点である。

2.3.1 軽工業分野の伸長による先導

1978年以降の市場経済化改革期の経済成長は伝統的な重工業分野ではなく、軽工業分野の伸長によって導かれたものである。経済体制の下で国家以外の投資機能がほとんどといっていいほど抹消されたほか、技術・経営ノウハウなどの面においてもかなり立ち遅れており、廉価で豊富な労働力を有することが最大の優位であった。したがって労働集約型軽工業・紡績業から工業分野の再振興を図ることは経済発展の法則にかなうものである。

いっぽう、1950年代後半から始まった東アジア諸国の経済発展の中で、一定の所得格差と時差を維持しつつ、時間の流れとともに所得水準の伸長と産業構造のステップアップを同時にまた持続的に実現させてきた。後発国は消費財の輸入に始まり、その国内生産、輸出という経路を経験した後、一段階遅れて生産財についても輸入、生産、輸出という道を進むといったように、先進国を追いかけていく。その移行曲線が飛翔する雁の列に似ていることから、雁行型経済発展パターン（フライングギース・パターン flying geese pattern）と呼ばれる。中国は、日本、アジアNIEs、そして当時のASEAN 6ヶ国に遅れて開発を始めた国として、労働集約型産業の優位性を活かすことによりアジア的雁行型経済発展システムに入りやすくなった。

2.3.2 重工業は激しい上下変動を経て急上昇へ

時系列で見ると、重工業の比重は1980年代の減少期、1990年代の上下変動期を経て、2000年から急速かつ安定的な増加期に入っている。1970年代においても、重工業の比重と軽工業の間に大きな開きが現れた時期はあったが、これはあくまでも文化大革命の収束に向けた基礎工業への集中投資の結果であり、低い水準の重工業化であったとしか言いようがない。2000年以降の重工

---

14 中国国家統計局。

化はマイカー・マイホーム時代への突入で生まれた消費ニーズに応じたもので、1970年代の重工業化とは本質的に異なる。

　もちろん、政府の介入など政策的要素による重工業化は工業全体の発展とかかわらず変動することもありうるが、近代的経済発展に伴って中間財・投資財に関する需要が高まり、これらの部門、特に重工業部門は拡大するというメカニズムが働く。一般的には、中間財・投資財の中でも重工業財はその生産性の上昇率が高いため、当該生産部門の拡大はより顕著であるという潜在的ポテンシャルが潜まれる。これは、重工業の発展を工業全体の産業生産力の発展、つまり労働生産性の上昇の結果として捉えるアプローチである。1970年代の重工業化が前者に属するのに対し、2000年以降の重工業化は後者であると分別される。また、1980年代から1990年代までの工業化が雁行形態的グレードアップで説明されうるとすれば、それ以降の工業化によって先発的アジアASEAN諸国やNIEsをリードする現象が現れたため、「カエル跳び型発展」に変わりつつあると見なされ始めた（関志雄2002）。

図表1.5　産業別実質GDPおよびGDP成長率への貢献度　（単位：％）

年（成長率）	第1次産業	第2次産業	# 工業	第3次産業
1990 (3.8)	41.6 (1.6)	41.0 (1.6)	39.7 (1.5)	17.3 (0.7)
1991 (9.2)	7.1 (0.7)	62.8 (5.8)	58.0 (5.3)	30.1 (2.8)
1992 (14.2)	8.4 (1.2)	64.5 (9.2)	57.6 (8.2)	27.1 (3.9)
1993 (14.0)	7.9 (1.1)	65.5 (9.1)	59.1 (8.3)	26.6 (3.7)
1994 (13.1)	6.6 (0.9)	67.9 (8.9)	62.6 (8.2)	25.5 (3.3)
1995 (10.9)	9.1 (1.0)	64.3 (7.0)	58.5 (6.4)	26.6 (2.9)
1996 (10.0)	9.6 (1.0)	62.9 (6.3)	58.5 (5.9)	27.5 (2.8)
1997 (9.3)	6.7 (0.6)	59.7 (5.6)	58.3 (5.4)	33.5 (3.1)
1998 (7.8)	7.6 (0.6)	60.9 (4.8)	55.4 (4.3)	31.5 (2.5)
1999 (7.6)	6.0 (0.5)	57.8 (4.4)	55.0 (4.2)	36.2 (2.8)
2000 (8.4)	4.4 (0.4)	60.8 (5.1)	57.6 (4.9)	34.8 (2.9)
2001 (8.3)	5.1 (0.4)	46.7 (3.9)	42.1 (3.5)	48.2 (4.0)
2002 (9.1)	4.6 (0.4)	49.8 (4.5)	44.4 (4.0)	45.7 (4.1)
2003 (10.0)	3.4 (0.3)	58.5 (5.9)	51.9 (5.2)	38.1 (3.8)
2004 (10.1)	7.8 (0.8)	52.2 (5.3)	47.7 (4.8)	39.9 (4.0)
2005 (11.3)	5.6 (0.6)	51.1 (5.8)	43.4 (4.9)	43.3 (4.9)
2006 (12.7)	4.8 (0.6)	50.0 (6.3)	42.4 (5.4)	45.2 (5.7)
2007 (14.2)	3.0 (0.4)	50.7 (7.2)	44.0 (6.2)	46.3 (6.6)
2008 (9.6)	5.7 (0.6)	49.3 (4.7)	43.4 (4.2)	45.0 (4.3)
2009 (9.2)	4.5 (0.4)	51.9 (4.8)	40.0 (3.7)	43.6 (4.0)
2010 (10.4)	3.8 (0.4)	56.8 (5.9)	48.5 (5.1)	39.3 (4.1)
2011 (9.3)	4.6 (0.4)	51.6 (4.8)	44.7 (4.2)	43.8 (4.1)
2012 (7.7)	5.7 (0.4)	48.7 (3.7)	40.6 (3.1)	45.6 (3.5)
2013 (7.7)	4.9 (0.4)	48.3 (3.7)	39.9 (3.1)	46.6 (3.6)

（注）①各年のGDP総額は100％とする。　②（）内は産業別実質GDP成長率貢献度
（資料）中国国家統計局『中国統計年鑑2014』中国統計出版社。

3. 産業集積と都市化の同時進行

　工業化が進むとともに、人や企業が一部の地域に集まる現象、つまり産業集積も進んできた。産業集積はその方式によって都市化の経済と特化の経済の2つに分けられる。都市化の経済とは、北京、上海といった大都市に多種多様な企業が集まってさまざまな取引が行われることであり、特化の経済とは同じ業種の企業が集まることを指す。当然ながら都市化の経済の中には特化の経済の要素が含まれており、特化の経済は都市化の経済とも繋がっている。

3.1　世界規模の産業集積地の形成

　産業集積地はその発生の理由によって4つのパターンに類型化される。（1）政策誘導型集積。経済特区、経済技術開発区、高新技術開発区（ハイテクゾーン）といった地域あるいはエリアに入居する内外企業を対象に優遇政策などを実施することにより、漁村から1,000万人を超える産業都市に生まれ変わった深圳など、新しい都市が次から次へと出現している。さらに、浦東新区、天津浜海新区、大連経済技術開発区に象徴されるように、既成都市の拡大が全国規模で起こっている。（2）大企業戦略から由来する集積。長江デルタ地域に集まる台湾系ノートパソコンメーカーと関係部品メーカーをはじめ、広州本田や一汽トヨタ、東風日産といった日系自動車企業の周辺に形成される部品メーカーの集積も部品のコーディネートや取引をめぐる大企業の戦略によって生み出された。（3）資源立地型集積。例えば、内モンゴル自治区オルドス市（鄂爾多斯市）の羊毛加工業は内モンゴルの豊富な羊毛資源を背景に集まっており、山西省の鉄鋼業は最大級の石炭産地としてのメリットを生かしたものである。（4）技術とノウハウの伝播による集積。義烏の雑貨や温州の皮革製品・バルブなど、また、広東省陽江のステンレス刃物などの中小企業の集まりは地元の人々が互いに模倣しあう中で自然発生的に拡大してきた。

　数多くの産業集積地の中でも、広東省の珠江デルタ地域は改革・開放政策の脚光を浴びて最も早く形成されたものである。深圳、珠海が経済特区に指定されたことを皮切りに、1980年代から香港・マカオの華僑系企業の進出が始まり、台湾、日本、欧米、韓国などの企業がその後を追うように次々と進出した。さらに、外資系企業を凌ぐ力を付けた地場産業や厚みを増す部品メーカーの進出も相次ぎ、自動車のアセンブリーおよび部品製造、カメラ、テレビ、複写機、パソコンおよびその周辺機器を中心とする世界有数の自動車とエレクトロニクス産業

の集積地にまで成長を遂げている。

　他方、上海を中心とする長江デルタ地域は1990年代中期から外資系企業とともに地場産業の進出熱が高まりを見せ、その結果、エレクトロニクス、機械、自動車、半導体など幅広い分野での産業集積が進んだ。珠江デルタ地域に比べると、この地域に立地する企業の規模はより大きく、本社・地域本部機能を構えるケースも多い。この地域には、上海をはじめとして、南京、杭州、蘇州、無錫、常州など経済的に豊かな都市が含まれており、地域の人口も多くて消費市場が大きい。また、歴史的にも商工業が栄え、人的資源と物的資源の蓄積の厚かったことが、これらの特徴を生み出した背景となっている。珠江デルタ地域には出遅れたが、経済基盤が厚く、伝統的に経済中心地としての交通アクセスの利便さもあって、より新しい産業の集積が際立つ地域として脚光を浴びている。

　ほかに、北京、天津、唐山、遼寧省中南部、山東半島などを包括する環渤海地域という概念は1980年代後半からすでに存在していたが、3地域間の相互連携が希薄であったため、事実上産業集積地と呼べるべき状態ではなかった。しかし、2006年3月に天津濱海新区が環渤海経済圏の中核都市として国家クラスの重点開発区に指定されて以来、北京―天津、天津―唐山、瀋陽―大連といった隣接する都市間において協調発展を意識したプロジェクトが増え、物流インフラの整備によって域内の中小都市間の相互連携も緊密化しつつあり、経済成長を牽引する新しい産業集積地として成長を続けている。この地域には、エレクトロニクス業、紡績業と並行して、鉄鋼、石油化学、海洋化工、ファインケミカルなど重化学産業などが集積している。このように、南から北へ、東から西へと流れをなす形で、東北など古い工業基地は国家の振興政策を受けて再生の道を驀進しつつあり、瀋陽、大連を中心とする遼寧省の機械製造、工業プラント・装備産業など、長春を中心に広がる自動車・軌道交通機関車製造業がその代表的な存在である。

　マーシャルらの伝統的経済理論では、産業集積の理由を内部経済ではなく外部経済に求めてきた。まず、ある産業が発展すると、関連産業の立地を促進し、ひいては原材料や中間財を調達する利便性が高まる。第2に、生産規模が大きくなれば、細かく分業された工程ごとの仕事量が増え、高度に特化した企業にとって最新鋭の専用機械や設備を導入するインセンティブが高くなる。第3に、必要な人材が集まり、専門的人材を雇いやすいメリットが生まれてくる。第4に、低コストで必要な情報が入手でき、専門分野の研究成果や発明などが波及しやすい。

こういった外部経済効果の理論は産業集積を考える上で重要ではあるものの、集積のメカニズム自体を説明しているわけではない。その後、クルーグマンらが外部経済の理論モデルの内部化を図り、企業がある特定の地域に集積する要因を輸送コストの低下に求めた。そして、人と企業の密度が高くなれば規模の経済が上昇し、逆に距離が離れれば規模の経済が減少するというように、産業集積のメカニズムの中で最も重要なのは輸送費用と規模の経済であることを明らかにした。

　しかし、だからといって空間経済学と呼ばれるこれらの理論から、産業がどこにどのような形で集積するかを割り出せるものではない。中国の企業がなぜ上記の特定した地域に集積しているかについては、伝統や文化、政府の政策指向などさまざまな要素が絡み合っているため、偶然が重なった結果であるとしか捉えられない場合もあれば、地域の利を生かした当然の成り行きであると考えられるケースもあると言わねばならない。

3.2　中国全土に渦巻く都市化の波

　産業集積に伴って、人口移動は産業間の縦軸と地域間の横軸が交叉しつつも中国全土にその範囲を広げた。産業間とは、いうまでもなく第1次産業から第2次産業および第3次産業への流れである。図表1.4が示した通り、1978－2011年の間に、第1次産業の就業人口は全体の70％強から35％程度へと半減し、3億人余りの人口が何らかの形で農村部から都市部に移動した。地域間とは、中・西部内陸地域から東部沿海地域、周りから地方中心都市、域内での移動といった流れである。これらの流れを統合した結果として、「城鎮化」とも呼ばれる中国の都市化は下記の方向で収斂されている。

3.2.1　都市部人口の増加と人口密度の上昇

　中国は典型的な農業国として、1949年には都市部人口がわずか10.64％、改革・開放直後の1980年でも19.39％で、20％台に到達し得なかった。以来、都市部人口の比重は4％の年間平均率で増え、2011年に51.27％には達して農村部との逆転を果たし、2013年に53.73％まで増加した（図表1.6）。しかし、産業別実質GDPの就業人口構成比を示した図表1.4と照らし合わせてみると、産業別就業人口比重との間で大きな乖離が明らかになる。このギャップに至らせたのは、中国ならではの戸籍制度に縛られ、農村戸籍を持ったまま他産業に就職した人口が都市部人口として統計されなかったことに由来するものと考えられる。

当然のことながら、農村から都市への人口移動は、都市部の人口密度の上昇を引き起こした。1990－2000年の間に都市部1平方キロメートル当たりの人口密度は279人から442人に増加し、2005年と2009年には当該数値がそれぞれ2000年の2倍と5倍になった[15]。

図表1.6 都市と農村人口比重の推移（単位：％）

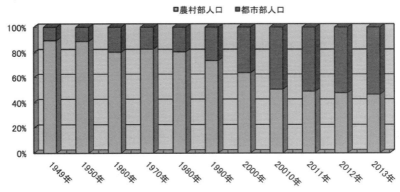

（資料）中国国家統計局『中国統計年鑑』各年度。

図表1.7 地・市クラス都市規模の推移（2005–2013年）

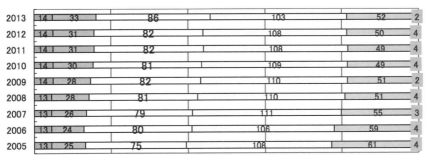

（資料）中国国家統計局『中国統計年鑑』各年度、統計出版社。

3.2.2 既成都市の拡大と新都市の続出

2001－2011年の間、人口400万以上の都市は8から14に増加した。うち、500万人を超えた都市は11で、重慶、上海、北京、深圳などはいずれも1,000

---

15 中国国家統計局『中国統計年鑑』各年度。

万人を突破している。同期間中、200－400万人の都市は17から31に増え、都市部の人口密度は440人／km²から5倍の2,200人／km²に膨れ上がった。2010年の第6回人口センサスによれば、都市化水準の高い順は上海（88.6％）、北京（85.0％）、天津（78.0％）となっており、都市化水準が40％を下回る省・直轄市・自治区はわずか8で、しかも西部地域に集中している。この中で、漁村だった深圳市、上海と江蘇省の境目に位置する農業地域だった昆山市などの目覚ましい変化がいずれもここ30年間になされたことは指摘するまでもない。

3.2.3　農村から発信する都市化革命 —華西村（Huaxi Village）のケース—

　国家政策により大都市に生まれ変わった深圳と違って、江蘇省江陰市華市鎮にある華西村（Huaxi Village）は市場経済の波が押し寄せる中で生まれた新しい農村のイメージを、世界に知らしめたモデルとして注目されている。

　1961年にできたこの村は、380世帯、1,520人、0.96km²の土地面積を有する典型的な農村であった。改革・開放前の1977年までは農業と村民生活のための手工業しかなかったが、改革・開放を境に、合弁、提携経営、株式会社、私営など多元化・混合型経済を導入したことにより、58社の企業が設立し、ケミカルパイプ、毛織など6分野、1,000品種以上の製品を生産している。また、2011年10月8日には村民世帯当たり1,000万元の出資による30億元を投入した61階建ての5つ星ホテル・星龍希国際飯店の竣工式が行われ、観光業のステップアップを図る上で象徴的なイベントとなった。産業構造の転換を通して2006年に全産業の売上高は300億元となり、2010年にはさらに500億元を突破した。第1次一第3次産業の比例は概ね10：40：50と概算される[16]。

　華西村の発展は産業構造転換の過程であるとともに、周辺地域へ波及する都市化の過程でもある。この過程において、2001年に隣接する3つの村が華西村に加盟し、その後、経済力の弱い周辺の16の村が相次いで「大華西村」のメンバーとなった。華西村から始まった都市化は、1km²足らずの面積からその範囲を30km²にまで及ぼし、人口も1,500人から50,000人にまで拡大した。このように、華西村に代表される農村地域内部から広がる都市化の波及は、特定の地域に限らず、全国規模で渦巻いている。

　中国の人口ボーナスは限界にきているのではないかと騒がれる昨今であるが、農村人口の比重がいまだ50％を切った段階にあり、20％という先進国の平均値

16　下記の資料を参考にして概算。①「華西村」『http://baike.baidu.com/view/20522.htm』；②「経済観察網」『http://eeo.com.cn』2013.4.28。

に比べれば、第1次産業から第2次、ひいては第3次産業への人口移動を主軸とする都市化の流れは、改革に伴って今後とも続く。いっぽう、中国製品の競争力を考える上で、人件費コストだけでなく、産業クラスター、つまり産業集積によりもたらされる規模の経済といわれる集積要素なども重要なポイントとなる。

4.「世界の工場」から「世界の市場」へ

　ロストウ（W. W. Rostow）は、一国の成長段階を伝統社会、離陸（take off）の先行条件期、離陸、成熟期、高度大衆消費社会の5つに分けて説明した。これに則ると中国経済は離陸、つまり工業化の後期段階にあり、この段階を全うしてこそ、高度大衆消費社会に進んでいく。なお、中国はこれらの段階論とは別に、21世紀に入ってから早くも「世界の工場」と呼ばれるようになり、さらに「世界の市場」へと進化を遂げつつある。そのため、いかに中国市場で優位を獲得するかが多国籍企業の課題となった。

4.1　世界一を誇る工業大国

　「世界の工場」について、いまだ経済学的な定義はない。但し、イギリス、アメリカ、日本をモデルとすれば、世界工場たるものは、工業生産の規模だけでなく、世界に工業製品を提供する主な生産基地でなければならない。

　生産規模では、1978－2010年の32年間、中国の工業生産額は1,074億ドルから1兆9,230億ドルへと約18倍増加し、アメリカの1兆8,560億ドルを上回って（図表1.8）、世界トップに躍進した。鉱業・電力・天然ガス・水道の生産額を除いた製造業のみで見ると、中国の2007年の生産額は米国の62％であったが、2011年にはこの数値が123％へと膨れ上がり、2012年、2013年もこの拡大を続けている[17]。

　工業製品の輸出においては、2012年の中国の輸出額は3.87兆ドルに達し、初めてアメリカの3.82兆ドルを抜いて世界一となった。ちなみに、1978年の当該数値はわずか167.6億ドルであったため、実に230倍である。

17　ジョン・ローシー（中国人民大学重陽金融研究院高級研究員）が米中央情報局（CIA）の「世界の概況」のデータより算出。ちなみに、同ソースの計算では、2012年の中米両国の工業生産額はそれぞれ3兆7,000億ドルと2兆9,000億ドルで、中国がアメリカの126％に相当する。http://finance.people.com.cn/n/2013/0904/c1004-22803247.html、人民網（piople.cn）2013.9.4；damasareruna.blog65.fc2.com/blog-entry-1295.html?sp、2014.09.20。

2010年になると、中国が世界500種類の主要工業製品のうち220種類において世界一のシェアを占めるまでに至った。人口が多いがゆえのテレビ、冷蔵庫、洗濯機、携帯電話機、アパレルなど一般消費財はともかく、鉄鋼などの基礎産業やプラント・設備製造の分野においても世界一となっており、その一部を整理すると、図表1.9の通りとなる。

　このように、中国は30年余の工業化過程を通じて、生産規模、工業製品輸出とも世界一のシェアを誇るようになり、GDPの高成長を支える牽引車として、その役割と使命を果たしてきた。しかしながら、工業大国あるいは製造大国の意味において、中国が「世界の工場」になったことは否めないが、大国と強国という点では、先進国との間で歴然たるギャップが映し出される。一人当たりの工業化指数、バリューチェーンによる国際分業システムでの高付加価値工業製品のシェア、コア技術の欠乏に由来するコーディネート能力の不足、高付加価値分野での生産能力不足に相対して、低付加価値分野での生産能力過剰、量的拡大の裏に隠された質的向上といった問題は、工業強国までのギャップを端的に示している。例えば、プラント・設備製造の生産額は2013年において世界の3分の1を占める20兆元を突破したが、上記の諸問題の存在がその国際競争力に著しく影響を及ぼしていると指摘される[18]。

図表1.8　世界主要工業国の工業生産額・GDP構成比　　(2010年)

	実額（10億ドル）	GDP構成比（％）	世界シェア（％）	1人当たり（PPPベース）（ドル）
世界合計	10,298	17.0	100.0	10,947
中国	1,923	32.4	18.7	7,550
米国	1,856	12.7	18.0	46,900
日本	1,084	19.4	10.5	34,300
ドイツ	614	20.7	6.0	36,013
イタリア	308	16.8	3.0	29,814
ブラジル	282	15.8	2.7	11,314
韓国	279	30.5	2.7	30,042
フランス	268	11.7	2.6	33,997
イギリス	231	11.5	2.2	35,334
インド	226	14.2	2.2	3,419
ロシア	209	16.4	2.0	15,657

(資料) 三井物産戦略研究所WEBレポート「工業大国の行方」2012.9.14
(注) ①GDP、人口はIMF、工業生産額は国連のデータ、②工業生産額はGDPに相当する付加価値額、
　　③工業生産額が2,000億ドル超の11ヵ国を対象としたもの

18　国家工業と情報化部次官蘇波が2014年4月2日に招集した「全国装備工業ワーキング会議」での発言。http://site.6park.com/finance/index.php?app=forum&act=threadview&tid=13779895

図表1.9　中国の一部工業製品の生産高と世界シェア　(2012年)

製品	生産高	世界シェア
銑鉄	6.58億トン	59%
石炭	36.6億トン	50%程度
セメント	21.8億トン	60%以上
電解アルミ	1,988.3万トン	65%程度
精銅	582.4万トン	24%
化学肥料	7,939万トン	35%程度
化学繊維	7,939万トン	70%程度
板ガラス	7.14億ケース	50%程度
プラント・設備	590億ドル	43%
自動車	1,927.2万台	25%程度
造船	6,021万トン	40%程度

(資料) 中国国家統計局『中国統計年鑑2013』その他

4.2　消費革命の勃興

　工業化の深化に伴って、国民一人当たりの平均収入は確実に増加し、消費革命の波は東部沿海地域から内陸部へ、地域の中心都市から周辺地域へ、都市から農村へと押し寄せ、消費革命の空間的なダイナミズムを形成するとともに、消費構造、国民の消費習慣・消費意識にも目を見張る変化が顕れてきた。このことこそ、「世界の工場」から「世界の市場」へのステップアップを果たし、両者間の相互発展を促すメカニズムである。

　1980年代から今日までの中国国民消費生活の流れを観察すると、家電製品などを中心とする消費ブームの到来とマイカー・マイホームを中心とする多元化消費といった段階的な特徴がはっきりと見られる。そのため、家電製品などを中心とする消費ブームは第1次消費革命、マイカー・マイホームを中心とする多元化消費は第2次消費革命と位置付けられている。第1次消費革命は国民の消費意識を目覚めさせる量的な変化過程と定義し、第2次消費革命は「世界の市場」と呼ばれるまでに中国市場を変貌させた質的な変化過程と捉えるものとした。この中国の実情に焦点を合わせたフレームワークを通じて、中国市場は、第1次消費革命、第2次消費革命の準備期、第2次消費革命という3つの段階を経験しながら成長してきたと考察される[19]。

19　著者は1997年2月に出版した著書で中国第1次・第2次消費革命の概念を示し、21世紀の幕開けとともに、マイカー・マイホームを中心とする第2次消費革命が到来すると予測した。

4.2.1 第1次消費革命（1979 – 1990年代中期）

　改革・開放は中国国民の財布を潤し、それまでイデオロギー至上主義に抑圧されていた消費意欲は破竹の勢いを見せた。1980年代前半の三大神器といえば、自転車、ラジオ、腕時計や扇風機といった100元クラスのものであったが、同年代後期になると、テレビ、冷蔵庫、洗濯機など1,000元クラスの商品がこれに取って代わり、1990年代前半には、エアコン、オーディオセット、VTRやオートバイに象徴される数千元から10,000元程度までの商品へとステップアップした。

　こうして、中国の国民は次から次へと興る消費ブームを経験しながら、単なる「攀比」（横並びあるいは消費の対抗）と呼ばれる非理性的な消費から目的に合わせた理性的な消費に目覚めていった。また、品物不足経済から供給過剰経済への脱皮過程でもあったため、選択肢の増加と所得の増加とが相まって、経済的合理性に基づく消費意識が生み出された。そうした背景の中で、1994年の都市部住民のエンゲル係数（家計消費に占める食品の割合）が初めて50％の大台を切り、49.9％になったことは重要な意味を持つものである。通常ではエンゲル係数が50－40％の水準になると、衣食を中心とする消費構造から消費の多元化への構造転換が起こることを意味するが、計画経済の遺物として残された高福祉制度、例えばただ同然の社宅制度、公費医療、手厚い社会保障といった要素を加えると、エンゲル係数が50％を切る以前の段階で、すでに都市部における消費の多元化が始まっていたと考えられる。

4.2.2 第2次消費革命の前夜（1990年代中期－2000年）

　第1次消費革命を体験した中国国民にとって、次なる目標は当然ながら住宅条件の改善および自家用車、つまりマイカー・マイホームにほかならない。その前提条件は2つある。1つは、国民収入の速やかな増加である。住宅開発規模とGDPの関係を規定する経験則では、一人当たりGDPが1,000ドルに達したときの住宅投資がピーク時の6－7％になるものとされる（劉敬文1997）。「9.5計画」の該当期間・1996－2000年はまさしくこのような時期である。さらにもう1つは、市場環境の整備である。社宅制度[20]から住宅市場化への移行は1992年に公表された鄧小平の「南巡講話」によって正式に始まったが、住宅市場化が社宅制度に取って代わる過程は漸進的に移行していたため、住宅購入のインセンティブが欠如し、1990年代中期に至ってもなお63％の都市部住民が狭いながらも社宅に入居したままであった（劉敬文1997）。こうした中、当該

期間の改革は社宅の居住者への払い下げ、住宅積立金制度、住宅ローン制度の完備などを基本とする住宅市場化に目標を定め、都市部住民一人当たりの居住面積を9㎡から12㎡にするという目標を打ち出し[21]、実施ベースはこの目標を3㎡ほど超える形で達成された。

住宅市場の整備に相対して、乗用車市場は最初から市場ルールに沿って発展してきた。この時期において乗用車は徐々に家庭に浸透し始めたものの、消費能力の限界を受け、個人タクシーといった業務用車のほか、企業経営者、芸能人、海外からの帰国者など、一部の高所得者だけが消費の先鞭を取っていた。『中国統計年鑑』に21世紀に入ってはじめて個人乗用車を統計科目として加えたのは、それまでの消費量が統計を取るに値しなかったからである。いっぽう、地域格差、都市・農村間の格差、貧富の格差といった格差が目立ち始めた中で、東部沿海地域および地方中心都市では中間層の成長が目覚ましく、彼らはマイカー・マイホームを視野に入れ、蓄積を増やしながら、先に取得するのはマイホームかそれともマイカーかといったように具体的な目標を定めていた。

4.2.3 第2次消費革命（2001年－現在）

マイカー・マイホームを中心とする消費は静かなブームから始まったが、収入の増加を背景に勢い付き、消費の波はついに全国規模となった。住宅バブルはこの流れの中で生まれたが、住宅ローンの引き締めや大都市を中心とする住宅購入資格審査制の導入といったバブル抑制策の実施をきっかけに低迷し、住宅バブルが崩壊するのではないかと騒がれる昨今である。いっぽうで、自動車消費はいっこうに止まる気配はない。乗用車の増加をコントロールするため、北京では購入希望者を対象とした抽選制度を導入し、上海などでは高額なナンバープレート取得者料を車購入者に課すなど、「金あれど車なし」と嘆く人々が増えつつある。こうした中で、海外観光ブーム、海外留学ブーム、ラグジュアリー消費ブームなどが広がり、中国をローカル市場から世界市場へと変貌させてい

---

20 中国の社宅が日本の社宅と異なるのは基本的に3点である。①国有企業や国立学校、政府機関のほか、住宅が確保できるその他の組織に勤務する現役職員、勤労者、定年退職者は原則としてすべて社宅に入居する権利を持ち、しかも年齢や職務によるランク付けを徹底する。例えば大学の場合、基本的に専任講師は2DK、助教授は3DK、教授は4DKとされる。しかしながら、住宅建設費用の不足から、ほとんどの場合において1つ下のランクの住宅が当てられる。②格段に安い家賃。収入の増加率に合わせて値上げしてはいるものの、平均して家庭収入の20分の1を超えておらず、北方においては冬場の暖房燃料費も貸し出す側の負担となるため、実に魅力的であり、社宅に住む権利を売買する取引さえ横行するほどである。③実行ベースでは社宅に住んだ以上、その権利は子孫まで利用することが可能。また転職した場合、住宅を返還するものと規定されるが、返さない例も多々ある。
21 1996－2000年を計画期間とする「9.5計画」に盛り込まれた内容。

る。この意味において、第1次消費革命はローカル市場の成長あるいは量的拡大というべき段階であり、第2次消費革命は重工業化と相まって量的拡大から質的飛躍に至った段階であると言える。

(1) 転換期に向かう住宅市場

住宅市場は1998－2002年の形成期、2002－2008年の第1次ブーム期、2008－2009年の第1次調整期、2009－2010年の第2次ブーム期を経て、2010年から今日まで続く第2次調整期に入っている。形成期においては、社宅制度の撤廃と住宅積立金制度や住宅ローン、住宅金融制度などの整備を行い、住宅市場のベースを整えた。その後はブームと調整を繰り返しながら、継続的な高成長を続けてきた。住宅産業は2001－2010年の間、年間成長率が10倍となる「黄金の10年」を築き上げた。負の財産として、ゴーストタウンなどの問題は残っているが、1985－1991年の日本で起こったような不動産バブルとは質的に異なり（図表1.10）、日本と同じ轍を踏む可能性は極めて低い。その根拠

図表1.10　中国と日本の不動産バブル比較

製品	中国	日本
	2001－2013年	1985－1991年
経済環境（GDP成長率）	高成長（10%）	低成長（3－4%）
不動産価格上昇率（年率） （不動産価格上昇幅）	12% 2倍（北京、上海は2倍強）	30% 5倍
バブルの期間	2002－2010年の9年間	1985－1991年の6年間
バブルの背景	国内の過剰流動性	プラザ合意による円高
バブルの対象	住宅	商業用不動産
不動産向け与信の規模	GDPの40% （2003－2010年）	GDPの50%
債務者のレバレッジ	低	高
主な債権者	銀行	銀行
金融政策の引き締めの背景	住宅価格の上昇	地価の上昇が都心の商業地から住宅地へ波及
最終需要に対する影響	住宅投資・消費の拡大	設備投資の拡大
物価上昇率	消費者物価上昇率がプラス、インフレに	消費者物価上昇率がマイナス、デフレに

(資料) PIMCO,NLIの原図表に修正を加えたもの。中国GDP成長率は2001－2013の年間平均で算出。
『中国統計年鑑2014年』より

の1つに、発展段階の相違がある。ロストウ（W. W. Rostow）の論理を借りれば、当時の日本がアフター・工業化にあったのに対し、中国は工業化の後期段階にある。都市化率は50％を切ったところであるため、工業化の進化とともに農村から都市への人口移動は今後も続いていく。第2に、土地所有制の違いである。公有制のもとでは政策による調整機能が働きやすく、調整手段も多い。第3に、日本の経験による示唆がある。とはいえ、「黄金の10年」に象徴される住宅産業の継続的かつ急速な成長時代はすでに終わり、今後は中・低速成長の時代に入るものと考えられる。

（2）自動車市場の「黄金の14年」

中国は1980年代初期にダイハツからシャレードの生産技術を導入し、1983年に上海汽車とVW社のジョイントベンチャーである「上海大衆汽車」を立ち上げ、サンタナの生産を開始した。これにより、それまでのバス、トラックに限った商用車生産から本格的な乗用車生産に移行していく。しかし、自動車産業を高成長軌道に乗せたのは、ほかでもなく「7.5計画」（1986－1990）期に発表された「2000年までの汽車工業発展計画」である。この中で、自動車産業が国民経済発展の柱となる産業の1つであると掲げた上、自動車産業発展の長期目標、「三大・三小」[22]と呼ばれる完成車生産体制の確立、自動車産業における外資導入のルールなどを定めた。1990年代を通して、自動車は主に政府や企業に消費され、個人タクシードライバーや芸能人、俳優などの購入はあったものの、一般国民の家庭用車として購入されることはほとんどなかった。

2001年のWTO加盟を境に、自動車消費は大きな高まりを見せ始めた。新車販売台数は2000年に約180万台で世界7位を占めていたが、2006年に日本を追い越し、さらに2009年に1,300万台まで増え、米国を抜いて世界1位となった。その後、2013年に2,000台を突破し、2014には2,300万台を突破するというように、自動車消費のプレゼンスはいっこうに衰えを見せずに、「黄金の10年」を作り上げ、ひいては「黄金の14年」と「我が世の春」を謳歌している。

---

22 「三大・三小」政策とは3つの大型完成車メーカー（第一汽車、東風汽車、上海汽車）と3つの小型完成車生産メーカー（北京汽車、天津汽車、広州汽車）のこと。その後、長安機器製造廠と貴州航空工業総公司が「二微」として追加された。

図表 1.11　自動車販売台数とシェア推移（2011 － 2014 年）

		2011 年		2012 年		2013 年		2014 年	
		万台	%	万台	%	万台	%	万台	%
販売台数＆シェア		1,851	—	1,931	—	2,199	—	2,349	—
内訳	乗用車	1,447	100.0	1,550	100.0	1,793	100.0	1,970	100.0
	商用車	403	—	381	—	407	—	379	—
種類別	セダン	1,012	69.9	1,074	69.3	1,200	54.6	1,238	62.8
	MPV	50	3.4	49	3.2	131	5.9	191	9.7
	SUV	159	11.0	200	12.9	299	13.6	408	20.7
	マイクロバン	226	15.6	226	14.6	163	7.4	133	6.8
	中国系	611	42.2	650	42.0	722	40.3	757	38.4
外資系	日系	281	19.4	254	16.4	293	16.35	310	15.7
	ドイツ系	239	16.5	286	18.4	337.	18.8	394	20.0
	アメリカ系	159	11.0	181	11.7	222	12.4	253	12.8
	韓国系	117	8.1	134	8.6	158	8.8	177	8.9
	フランス系	40	2.8	44	2.8	55	3.1	73	3.7

（資料）中国自動車工業協会の発表、各種報道よりまとめたもの。

（3）ダイナミックな成長を続ける国内観光市場

　マイカー・マイホームを中心とする第 2 次消費革命の勃興は消費の多元化をもたらし、工業化の道半ばという未完段階にあるにもかかわらず、先進国並みの消費傾向が顕著に現れている。観光ブームはその 1 つとして注目を集め、中国人海外観光者争奪戦が世界を舞台に展開されている。

　観光産業を発展させるための一環として週 2 日休暇制とともに、10 月 1 日の国慶節と春節（旧暦の正月）の 2 回の大型連休（各 1 週間）を導入した。また、外資系企業のモデル効果により、従業員の有給休暇制を実施する企業も増えている。いっぽう、観光地・観光施設の整備と新しい観光スタイルの導入、自動車の普及およびエアライン、高速道路、新幹線など交通アクセスの充足が図られたため、国内の観光ブームを引き起こした。

　図表 1.12 で分かるように、中国国内の観光客は 1994 － 2003 年まで千万人単位で増加していたが、2004 年に入ってから億人単位にスピードアップし、2010 － 2013 年には 2 億、3 億の単位で増加の勢いを強めている。世界を見渡しても比類のないこのダイナミックな成長市場に比べると、訪中外国人（香港・マカ

オ、台湾を含む）は1984年に初めて1,000万人台を突破し、20年後の2004年に1億人を超え、2006年に1.25億人、2007年に1.3億人、2011年に1.35億人と増加傾向が続くが、2012年は1.32億人、2013年には1.299億人へと減少傾向を示している[23]。経済成長の減速、観光地の大気汚染、そしてかつて訪中外国人最大のソースであった日本との関係悪化などが、その背景にあると考えられる。

いっぽう、中国人海外観光の解禁と相まって、諸外国、特にアメリカ、EU（ヨーロッパ連合）、日本、韓国では中国人観光客を対象に観光ビザ発行の規制緩和、中国語通訳の増員、中国人観光客誘致キャンペーンの展開など対応を段階的に強化することにより、国内から海外へ、そして東南アジアから先進国へと中国人観光のスペースを全世界に広げている。中国観光局の発表によると、2014年には中国人海外観光客が1億人を突破し、一人当たり平均消費額とともに世界第1位となった（第6章を参照）。

(資料) 中国国家統計局『中国統計年鑑2014』中国統計出版社

4.2.4 中国市場の魅力と特徴

（1）中国市場の魅力

次から次へと興ってきた消費革命を通じ、中国は急ピッチで「世界の市場」としての成長を遂げつつあるが、そもそも中国市場の魅力はどこにあるのであろうか。この謎を解くには、中国の市場規模と市場成長性から回答を求める必

23　2012年までのデータは中国国家統計局貿易外経統計司『中国貿易外経統計年鑑2013年』中国統計出版社より。2013年のデータは中国国家統計局『中国統計年鑑2014年』中国統計出版社より。

要がある。

第1、市場規模に潜まれる可能性

中国は14億に近い人口を有し、アメリカ、EU、日本を含めた11億人をはるかに上回る人口規模がある。その上、主要工業製品の消費、輸入貿易量などいずれの面においてもアメリカを凌ぐかそれと匹敵する規模をなしている。中国市場でのシェアを獲得して世界規模の企業に成長しているアリババ社（Alibaba）は、まさしく中国の市場規模に生み出されたポテンシャルを示唆する代表的な事例の1つである。中国国民の消費スタイルを変えさせたともいえるアリババは、電子商取引サイト・淘宝網（Taobao.com）、検索サイト・中国雅虎（China Yahoo）、電子マネーサービス会社・支付宝（Alipay）、ソフトウェア開発会社・阿里軟件（Alisoft）などを傘下に収め、95％以上のビジネスが国内に集中している。国内市場でのキャリアを積み重ねることによって2014年9月にアメリカでIPO（新規公開株）を実現し、アマゾン社と並ぶ電子商取引トップ企業に躍り出た。このほか、検索サービスを中心に提供するバイドゥ（Baidu）や、ポータルサイト制作のIT企業・捜狐（Sohu）も中国国内のビジネスを中心に行いながら世界規模の企業として力を伸ばしている。

中国の市場規模の潜在的可能性を裏付ける事例のもう1つは、中国市場を舞台に展開されている世界自動車メーカーのし烈な争いである。日本のトヨタ、日産、ホンダや、ビッグスリーといわれるアメリカのGM、フォード、クライスラー、ドイツのメルセデス・ベンツ、BMW、VW、そしてフランスのルノー、プジョー、韓国のヒュンダイなど、世界の主要自動車メーカーがいずれも中国で現地生産を行っている。図表1.11が示す通り、2014年における各国自動車メーカーの中国市場での販売台数は、日本系がほぼ日本国内市場の6割に相当する310万台、ドイツ系が同国内市場と匹敵する390万台、韓国系が同国内市場の8割を凌ぐ177万台と実績を作り上げ、示唆に富むものとなった。

第2、「後発性の利点」を活かす成長性

中国経済はキャッチアップの正念場を迎えた工業化の後期段階にあり、成長市場としてのポテンシャルは先進国との段階的格差より生まれた「後発性の利点」（advantage of backwardness）にある。ガーシェンクロン（Gerschenkron）の「後発性の利点」仮説で、後進国が先進国においてすでに開発された技術と制度を活用すれば、工業化の躍進が可能となり、先進国との格差を縮めることができると主張し、また後進国の工業過程は先進国が歩んできたものと同じ工業化の過程を単純に繰り返すのではなく、先進国では存在しなかった新しい組織や代替的な発展手段が活用できるため、速度と内容において先進国が過去に

歩んだ工業化とはかなり異なった展開ができると指摘する[24]。この意味において、35年の長きにわたる中国の工業化過程は「後発性の利点」を活かした模範的な存在であり、こうした利点が存在する限り今後も活かされ続けるものである。先進国と異なった経済発展段階に位置付けているだけに、「後発性の利点」を活かせる中国市場の成長性がより大きいものと理解し得る。

（2）中国市場の特徴とその消長

中国市場は中国の伝統文化や政治・経済の風土に根付いており、しかも35年の長きにわたる市場経済化改革と経済成長を経験しているために、この過渡期に生み出された歪みやアンバランスは姿を消していくものもあれば、度合いを増しながら膨れ上がるものも存在する。こうした光と陰が交じり合った中国市場の特徴は下記のように考えられる。

第1、日本の概念では想像のつかない多様性

中国は56の民族からなる13.5億人口規模のマンモス国家である。地域によって気候や文化風土が異なり、人口の絶対多数を占める同じ漢民族にしても消費習慣や言葉の相違は日本の基準では考えられないほど大きい。こうした歴史や伝統文化によって生まれた多様性は市場形成や地域ごとの消費志向を大きく左右しており、中国市場を理解するためのキーワードともなる。

例えば、マーケティングの常識では気候と所得がビールの消費量を決定する2大のポイントである。そのことから考えると、広州や上海など収入の多い南方系都市がビールを多く消費するはずであるが、大体においてハルピン、大連、瀋陽、北京などの北方系都市が1990年代初期からのビール消費量ランキングの上位5都市を占めてきた。マーケティングの常識が広州や上海に通用しないのは、広州は健康志向のため喫煙者や飲酒者が少なく、上海は伝統的にビールより紹興酒への愛着が強いからである。これとは反対に、ハルピンは中国最北部に立地する上、「東北現象」[25]と呼ばれたように1990年代の東北地域は高収入であるはずがなかったにもかかわらず、一人当たりのビール消費量ランキングでは常に1、2を争ってきた。そのルーツを遡ると、1917年の10月革命の勝利によりロシア人富裕層がニューフロンティアを求めてハルピンに入り、ヨーロッパのビール文化をもたらしたことによる。中国におけるビール文化はハル

24　Gerschenkron, Economic Backwardness in Historical Perspecitives, The Belknap Press of harvard Univ. Press, 1968. 安忠栄（2000）より引用。
25　1978年以降の市場経済化改革により市場メカニズムの働かない国有企業は困窮の状態に陥り、「レイオフ」などの現象が一般化したため、国有企業の集中する東北全域が不況を極める時期を迎えた。それが「東北現象」と呼ばれるゆえんである。

ピンから南下して定着したともいわれている。

第2、「三大格差」に象徴される収入構造

計画経済時代を通じて中国には「三大格差」と称される都市と農村の格差、労働者と農民の格差、頭脳労働と肉体労働の格差が存在した。毛沢東は、理論的には生産力の向上によってこそ「三大格差」をなくすことができると主張し、政治的な差別をつけることによって頭脳労働と肉体労働の社会的イメージを変えようとしたものの、頭脳労働と肉体労働の格差が歪められるに止まり、その他の格差は毛沢東が息を引き取るまでほとんど改善されなることはなかった。また、この「三大格差」に取って代わる新しい「三大格差」は1978年から始まった工業化過程において生まれた。都市と農村の格差は依然としてその1つに数えられるが、地域格差、貧富の格差はいずれも毛沢東時代の「三大格差」を上回っている。

地域格差とは、先に対外開放を実施した東部沿海地域と内陸部との格差を指す。中・西部と東北部地域の振興政策により、2006年以降当該地域の成長率は東部地域を上回り、住民収入の相対的格差に改善が見られたものの、絶対的格差は今なお拡大している。2013年の地域別都市部一人当たり平均可処分収入では、東部地域が32,472.0元であるのに対し、中部、西部、東北はいずれも僅差の22,000元台にあり、東部地域には10,000元ほどの大差を付けられ、「東高西低」と呼ばれる地域格差構造の特徴が継続していることを裏付けた（図表1.13）。

図表1.13　地域別都市部住民一人当たり平均可処分所得および伸び率（2005 − 2013）

	東部地域		中部地域		西部地域		東北部地域	
	実収入(元)	伸び率(%)	実収入(元)	伸び率(%)	実収入(元)	伸び率(%)	実収入(元)	伸び率(%)
2005	13,374.9	—	8,808.5	—	8,783.2	—	8,730.0	—
2006	14,967.4	11.9	9,902.3	12.4	9,728.5	10.8	9,830.1	12.6
2007	16,974.2	13.4	11,634.4	17.5	11,309.5	16.3	11,463.3	16.6
2008	19,203.5	13.1	13,225.9	13.7	12,971.2	14.7	13,119.7	14.4
2009	20,953.2	9.1	14,367.1	8.6	14,213.5	9.6	14,324.3	9.2
2010	23,272.8	11.1	15,962.0	11.1	15,806.5	11.2	15,941.0	11.3
2011	26,406.0	13.5	18,323.2	14.8	18,159.4	14.9	18,301.3	14.8
2012	29,621.6	12.2	20,697.2	13.0	20,600.3	13.4	20,759.3	13.4
2013	32,472.0	9.6	22,736.1	9.9	22,710.1	10.2	22,874.6	10.2

（資料）中国国家統計局『中国統計年鑑2014』中国統計出版社

地域格差に比べれば、都市と農村の格差はさらに大きい。1978年を100とすると、2013年の都市住民一人当たり可処分収入と農村住民一人当たり純収入はそれぞれ1,277.0ポイントと1,286.4ポイントで、農村の伸び率が高いと結論付けられる。しかし、この相対的格差の縮小に隠された絶対的格差の拡大は実に目を見張るものがある。図表1.14で明らかな通り、1990年の格差は823.9元であったものが、2000年には4,026.6元に拡大し、さらに2010年の13,190.4元、2013年の18,059.2元へと差を広げている。毛沢東時代の重化学工業優先戦略の一環であった「戸籍制度」（第2章を参照）は、都市・農村の「二元化社会構造」を作り出し、今日の「三農問題」[26]へと尾を引いている。都市と農村の格差は計画経済時代よりエスカレートする傾向にあるが、絶対収入の増加により目立ちにくくなっているという側面もある。

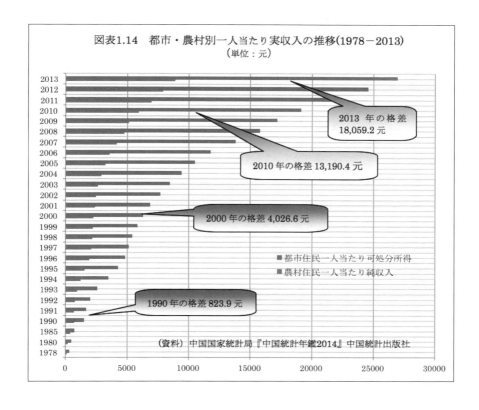

図表1.14　都市・農村別一人当たり実収入の推移(1978－2013)
（単位：元）

（資料）中国国家統計局『中国統計年鑑2014』中国統計出版社

26　「三農問題」とは農業、農村、農民に関わる課題と問題を指す。詳しくは第三章を参照。

貧富の格差は「悪平等」の計画経済時代には想像もつかないほど拡大しており、社会の安定を脅かすとされるジニ係数の警告ラインである 0.4 を超えている。図表 1.15 に 2003 － 2012 年のジニ係数の変動を示しているが、この 10 年間のジニ係数は 0.4 を下回ったことがない。ジニ係数の変動と治安事件の発案率の変化に関する胡聯合らの研究によると（胡聯合・胡鞍鋼ら 2005）、中国の 92.8％の治安事件と 89.3％の犯罪はジニ係数の変動と関係している。ジニ係数が 1 ポイント上昇すると、治安事件の発案率は 0.2081‰上がり、犯罪率は 0.3602‰上昇するとされる。貧富の格差はどこの国にもある共通現象とはいえ、格差の度合を示すジニ係数が 0.4 － 0.5 の間であることは、社会的歪みと経済的アンバランスの著しさへの警鐘である。

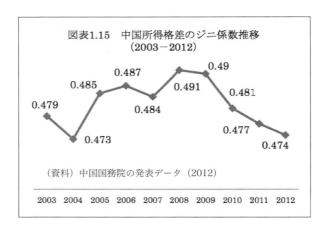

第 3 に、謎に包まれる灰色収入

　「中国人の財布は誰も分からない」とよく言われる。統計項目として設定される定期収入、不定期収入はあくまでも収入の形式を表すものであって、収入の性質を記述するものではない。市場経済化過程に生まれたレント・シーキング（rent-seeking）活動[27]が蔓延するいっぽう、第 2 職業、第 3 職業と呼ばれる兼職収入、海外送金、事業斡旋料、謝礼、マージンなどの不定期収入も増加している。「財不外露」（財外に露かず）と言われるように、中国人の収入実態は謎に包まれている。そのため、収入の性質を表す表現として、「白色収入」（合法合理の収入）、「灰色収入」（合法・不合理の収入）、「黒色収入」（不法収入）といった表現が流行し始めた。「灰色収入」と「黒色収入」を灰色収入とした王小魯

27　特権的利益を追求する活動。

の調査・研究報告によると（王小魯 2012）、2011 年において中国の灰色収入総額は GDP の 12％に相当する 6.2 兆元に達し、その 50％以上は全世帯の 10％を占める高所得世帯が所有し、同 10％を占める低所得世帯の収入の 20 倍であるとされる。またこの 6.2 兆元の主なソースとしては、土地売買絡みが一番多くて 500 億元、正常利息外払いが融資総額の 9％で 2 位、医療業界の医療機器・薬品等の購入マージンや患者からの謝礼が 3 位、教員の正規授業外の補講・指導やその他と並ぶものと指摘された。賛否両論に分かれたものの、腐敗は中高所得層に蔓延し、社会的安定に及ぼすマイナス影響が増大していることは指摘するまでもない。

5. 転換期を迎えた中国経済の行方

中国の GDP 成長率は 2012 年から 3 年連続で 8 ％を割り込んだ。本来は 7 ％台でも喜ばしい成長率ではあるものの、これまで 2 桁成長を続けてきた中国であるだけに、世界に与えたショックは大きい。こうした中で、習近平総書記が 2014 年 5 月に河南省を視察したおり「新常態」に適応し冷静に対応すると発言し、転換期を迎えた象徴的な言葉として、初めて「新常態」に言及した。ここでいう転換とは狭義的には投資・輸出主導型から内需主導型への成長構造のシフトを意味するが、この目標を実現させるための工業化、都市化、情報化、新型農村といった戦略的構築が構造転換の全面的な展開を意味するため、広義的意味においての転換として捉える。

5.1 　構造転換を余儀なくされた背景

中国の工業化は廉価な労働力を活用する労働集約型産業から始まり、消費財の輸入、国内生産、輸出、そして生産財の輸入、国内生産、輸出といったプロセスを一通り歩んできた。この過程において、鉄鋼、造船などの資本集約型産業も世界の最大規模にまで力を伸ばし、35 年の長きにわたる高成長をもたらした。しかしここに至って環境の負荷、人件費の上昇、国際環境の不確定要素の増加など諸々の問題が噴出し、知識・技術集約型産業構造へのステップアップが求められている。中国において構造転換を余儀なくされた要素をまとめると、下記のようになる。

（1）労働力供給の減少と労働賃金の上昇

東部沿海地域において 2004 年に「民工荒」（農村出稼ぎ労働者の供給不足）が発生してからは、労働供給の不足が全国的な現象として定着するようになり、

2011年には製造業の新規募集は未曾有の困難に遭遇した。労働力の需給関係におけるこの新しい変化は、労働資源の無限供給というそれまでの成長過程に存在していた中国的特徴を変え、労働供給の不足と労働賃金の継続的上昇の同時進行をもたらしている。図表1.16はBCG（ボストン・コンサルティンググループ）が主要輸出国の生産コストをまとめたものであるが、中国とアメリカの差は4ポイントに止まっており、インドより9ポイント、インドネシアより13ポイント、タイより5ポイントと、それぞれ中国の方が高いという分析結果となっている。さらに、多くの国の賃金上昇率が年2－3％にとどまる中、低賃金であった中国では10年以上も年10－20％の上昇が続き、賃金の競争優位性が大幅に低下しているとの分析がなされた。労働生産性の向上といった要素を計算に入れても、労働集約型生産業における中国の優位性が消えつつあるのは客観的な事実となっている。

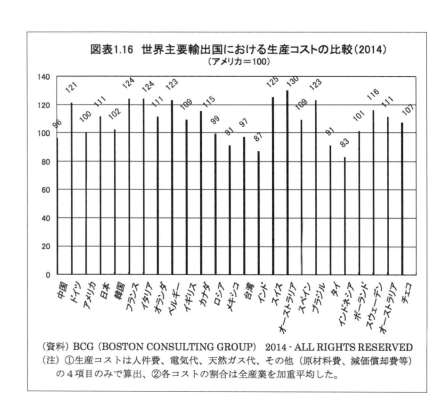

（2）土地資源供給の制約

沿海地域の過度開発と国家政策による耕地の保護に影響され、工業用地資源の供給は次第に減少する傾向にある。いっぽう、国家土地資源省は工業用地の値上げを提起し、レンタルと譲渡の結合、レンタルしてからの譲渡といった弾力的工業用地供給制度を模索し始めている。これら資源要素と政策要素が絡み合った相互作用により、工業用地の値上げは持続的に進行しており、長江デルタ地域や珠江デルタ地域、渤海湾など工業発展の重点エリアにおいて、値上げの傾向はより明らかである。国内土地資源コストの急速な上昇は製造業のコストに跳ね返り、ローコストをベースとするその競争優位を逓減させている。

（3）エネルギーのボトルネック

先進国が最多のエネルギーインフラを有し、最大の消費シェアを占める中で、途上国のエネルギー需要も日増しに増加し、世界のエネルギー消費構造にかつてない変化をもたらした。中国はすでに世界第2のエネルギー消費国であるとともに最大の輸入国となっており、インドもこの隊列に加わるものと見込まれる。工業化や都市化が進むにつれて、化学工業、冶金、金属製品、建材、電力などの原材料生産や一次加工を特徴とする工業が急速に発展し、更なる資源・エネルギーの消費を生み出すことになり、エネルギーのボトルネックがより厳しくなることは予想される。したがって、省エネルギー・省資源型産業の発展と資源再生、新型エネルギーの開発は避けて通れないものである。

（4）大気汚染などの環境悪化による警告

2010年以降、微小粒子物質「PM2.5」などによる大気汚染は大都市を中心に発生している。2013年には主要74都市のうち環境基準内に収まったものがわずか3都市、2014年には海口、ラサ、深圳などを含めた8都市となり5都市増えたものの、中国環境保護省も大気汚染は依然として深刻な状態にあると自認する[28]。いっぽう工業廃水や廃棄物の投棄による河川の汚染、土の汚染も著しく進行し、国民の生活環境を悪化させ、肺がん、ぜんそく、気管支炎といった病気の発生率を高めている。このように、環境の負荷は、資源、エネルギー大量消耗型経済成長の限界を告げている。

このほか、輸出環境の変化なども挙げられる。貿易摩擦の急増、労働集約型製品コストの増加による競争優位の喪失などがその代表的なものである。

---

28 中国環境保護省より2015年2月2日に発表されたデータ。

5.2 構造転換を成功させる要素

構造転換を左右する要素の中で、人的、物的、金銭的、情報的生産要素は当然であるが、外部環境としてのインフラの整備、国際環境、そして制度的な要素も重要である。

(1) 技術水準の急速な向上

技術の進歩は企業の比較優位を築く決定的要素であり、構造転換をスムーズに進行させる基本条件でもある。中国での 2013 年の特許出願数は 825,136 件で前年比 26.4％増、実用新案が 89.2 万件で前年比 20.5％増、意匠が 65.9 万件で前年比 0.3％増となっており、世界トップに位置している。そして、上記 3 種類の合計査定件数と発明特許査定件数は 125.5 万件と 21.7 万件に達し、それぞれ 1994 年の 28 倍と 32 倍に相当する[29]。中国は 2006 年から「自主創新」をスローガンにイノベーション型国家への移行を急いでおり、2008 年 6 月には知的財産権の創造・活用・保護・管理の能力の向上などを盛り込んだ総合的知的財産戦略である「国家知的財産権戦略綱要」が公布された。以来、特許の出願件数・査定件数は急速に増加し、先進国との距離は縮小する傾向にある。これは中国の技術進歩を促進し、資本・技術集約型産業のイノベーションあるいは労働集約型産業部門の技術含有度の向上に寄与するものと期待される。

(2) 充足した資金源

中国経済の安定的な成長は今後も FDI（外国人直接投資）を引き付けると同時に、人民元の国際化、資本自由化が加速することにより、海外の人民元所有者に充足な投資環境を提供し続けるものと見込まれる。さらに、中国国民の貯蓄率は高く、しかも所得が持続的に増加しており、この傾向は今後も継続し得るであろう。さらに企業資金と財政資金の増加も傾向化されており、構造転換のための資金源は比較的充足するものと言えなくもない。

(3) 消費構造のグレードアップ

消費構造のグレードアップが工業構造の変化を促進し、経済成長にプラス的影響を及ぼすることは、第 1 次、第 2 次消費革命の中で実証されてきた。2013 年には、中国の社会消費財の小売総額は前年比 13％ 増加した。0.3％の微増ではあるが、厳しい経済環境で傾向性を示したことは重要な意味を持つものとなる。この中で、情報関係など新しいタイプの消費業態が急速に成長し、消費成長のホットポイントとして注目されている。市場構造調整の進捗に伴って消費

---

29 中国特許庁より 2014 年 1 月 9 日に発表された統計データ。

者にはさらに多くの選択肢が提供され、自動車、医療保健、住宅、教育、文化・レジャー、観光、サービスに関する消費は今後とも脚光を浴び続けるものと予測される。いっぽう内需拡大戦略は消費マインドと消費意欲の向上にプラス的な影響を及ぼしつつあり、家計消費は引き続き構造転換期にある中国経済を牽引していくものと言ってよい。

（4）インフラ整備のニーズ

インフラ総合施設の整備は工業化を加速させる重要な保障である。これまでの30数年間において、中国はインフラ整備に力を入れてきた。日本やドイツなどから新幹線の技術を導入して10年足らずの間に、世界の50％を占める12,000キロまでにのべ運営距離を伸ばし、高速道路の建設は世界トップのアメリカに急接近し、世界最長距離の大連・煙台の海底トンネルが準備体制を整える段階に入ったことなど、当該分野は爆発的とも言える成長を見せている。中国のインフラ整備のニーズは依然として底堅く、鉄道運輸を例にすると、2030年までに旅客輸送ニーズが年間6％増、貨物輸送のニーズが同3.0－3.5％増になると予測されている[30]。2030年までのインフラ整備の目標として、交通運輸、物流、通信、科学技術・教育などの分野において、技術的に進み、効率に優れ、サポート力の高いインフラシステムを構築すると定められている。

以上、産業的要素を中心に、構造転化の成功を左右する4つの要素を挙げたが、肝心の制度的な要素は第2章、そして国際環境については第6章で分析を続けるものとしたい。

おわりに

中国は山積した課題を抱えながら転換期という経済発展の新しい段階に向かってエンジンを始動した。習近平、李克強体制は工業化、都市化、情報化、新型農村の建設を経済成長のニューフロンティアとして、投資・対外貿易主導型成長から内需主導型成長への構造転換を図っている。李克強経済学（li-economics）とも呼ばれるこの成長戦略は、中国経済がかつてのメキシコ、ブラジルなどラテン・アメリカ諸国が「中所得の罠」に陥った時と同じタイミングで提起されただけに、再び注目の的となった。第1章を終えるにあたって、下記の諸点を指摘する。

---

[30] 中国交通運輸省綜合運輸研究所プロジェクト『わが国における現代総合運輸体系の枠組みと道路・水上交通発展優位に関する研究』、中国交通技術網（tranbbs.com）2012.12.23。http://www.tranbbs.com/news/cnnews/news_54167.shtml

第1に、「新常態」入りした中国経済成長のかじ取りが困難を極めるものと思われる中で、ソフトランディングになるかハードランディングになるかで論議が分かれ、中国経済崩壊など極端な意見まで多々見られる。しかし、ここ30数年にわたる中国の経済成長過程においてかつての悲観論の数々が裏切られたように、これらの極端な悲観論は今回も否定されるであろう。中国経済の現実をしっかり見つめていれば、転換期において生じてくるであろう諸問題を克服しうるポテンシャルを備えていることが分かる。さらに、中国の役人たちの学習能力は高くなっており、経済発展過程を通じて積んできたキャリアが活かされることもポイントの1つである。

　第2に、投資主導型成長については伝統的に否定されており、いくつかの国において失敗の経験を積んできたことも極めて重要な示唆となっている。しかし、中国でも必ず失敗するとは限らない。中国は先進国とは発展段階が異なっており、しかも14億人口を抱えているために、投資・消費・成長という循環サイクルが成り立ってきたことは否めない事実である。投資主導を主張するものではないものの、今後の中国経済発展の客観ニーズからいうと、内需主導への構造転換は投資が内需に変換していく過程でもある。この過程において投資が先導的な役割を演じなければ、内需市場の成長が「絵に描いた餅」で終わってしまうことさえある。

　第3に、バランスの取れた需要構造を達成するには、供給構造、要素構造の転換を前提としなくてはならない。このような転換は決して一朝一夕にできるものではない。例えばここ近年、日本の民間消費は概ね名目GDPの56%か57%を占めており、政府がこの比率を先進国平均の60%に近付かせるためさまざまな努力をしてきたにもかかわらず、いまだに功を奏したとは言いがたい。

　第4に、転換期を迎えた今日の中国において、古い矛盾の絡み合いが新しい矛盾を生み出し、矛盾の悪循環といった現象が生じている。こうした矛盾の脈絡を整理し、国民の目を新しい構造転化に向けさせるための政治改革の実施に対する緊迫性はますます高まっている。社会の安定こそが構造転換を成功に導かせる最大かつ最重要な課題なのである。

主要参考文献

【日本語】
安忠栄 (2000)『現代東アジア経済論』岩波書店
関志雄 (2002)『日本人のための中国経済再入門』東洋経済新報社
中兼和津次 (2003)『現代中国経済1・経済発展と体制移行』名古屋大学出版会
南亮進・牧野文雄編 (2006)『中国経済入門 世界の工場から世界の市場へ』第2版、日本評論社
横田高明 (2005)『中国における市場経済移行の理論と実践』蒼土社
劉敬文 (2003)「中国の経済改革と小康戦略」岡山大学『岡山大学大学院文化科学研究科紀要』第16号
劉敬文 (2003)「第1章経済の改革・開放と国民生活の変貌」「第2章 国民消費意識の変化と消費革命」『現代中国地域構造』有信堂
劉敬文 (1997)『中国消費革命』日刊工業新聞社
劉敬文 (2010a)「中国の構造転換と現実的課題 (上)」M.I.D.C. グループ『M&A Review』第 24 巻第5号
劉敬文 (2010b)「中国の構造転換と現実的課題 (下)」M.I.D.C. グループ『M&A Review』第 24 巻第6号

【中国語】
胡聯合・胡鞍鋼等 (2005)「貧富差距対違法犯罪活動影響的実証分析」『管理世界』第 6 期
胡舒立編 (2014)『新常態改変中国 ―首席経済学者談大趨勢』民主与建設出版社
江飛涛等 (2011)「2030 年中国社会経済情景予測―兼論未来中国工業経済発展前景」『宏観経済研究』第6期
林毅夫 (2012)『解読中国経済』北京大学出版社
劉敬文 (2009)「東亜的経済発展模型与成長的持続性―兼論韓国、馬来西亜、中国台湾地区模型与中国的比較」北京大学亜太平洋研究中心・北京大学東南亜研究中心『ASIAN PACIFIC STUDIES PEKING UNIVERSITY』第8号、香港社会科学出版有限公司
宋瑞編 (2013)『2013－2014 年中国旅游発展分析与予測』社会科学文献出版社
王鵬 (2014)『2013－2014 年中国工業技術創新発展藍皮書』人民出版社
王小魯 (2012)『収入的真相』中信出版社
王秀芳 (2007)『中国内需与外需関係協調分析』中国財政経済出版社
武力等編 (2012)『中国経済数字地図 2011』科学出版社
中国国家統計局 (2012)『輝煌的 11・5 計画 2006－2010』中国統計出版社
中国国家統計局 (2014)『中国統計年鑑』中国統計出版社

第 2 章
市場経済化改革と体制移行
―構造転換のプロセスと論理を中心に―

はじめに

　30数年にわたる中国経済の高成長は、1978年代末から始まった市場経済への構造転換を背景として成し遂げられた。このプロセスは、「特殊な国家」と見られていた中国を「普通の国家」にならしめたとともに、経済発展と制度（institutionsまたはsystem）変革、ひいては政府の役割との関係をあらたに提起し、「改革ボーナス」などは実に寓意の多い言葉となった。

　いっぽう、中国経済の高成長は1978年までの経済開発を初期条件にしたのと同じく、市場経済への構造転換も1953年からスタートした新民主主義経済体制から社会主義計画経済体制への構造転換の結果を前提としたものである。現代中国においては、1949－1978年の第1次体制移行と、1978年以降の第2次体制移行を経験した。もし第1次体制移行と構造転換が重化学工業を優先的に発展させるため取らざるを得ない制度的配置であると帰結すれば、第2次体制移行と構造転換は市場経済化に沿って進まないと持続した成長もなければ国家の繁栄もないことを、経験則として世界に知らしめたことになる。

　本章では、第1次体制移行と第2次体制移行を時系列でたどり、第2次体制移行を主軸に、市場経済化を樹立・健全化させるための制度改革のプロセスおよびその論理的背景、特徴、課題を明らかにしつつ、現代中国においての制度変革と経済発展を結ぶ内在的関係を探求し、新しいステージでの改革の行方を考える。

　なお、農村改革、国有企業改革、金融改革の部分については、それぞれ第3章、第4章、第5章でも取り上げているため、参照されたい。

1. 計画経済体制の樹立と行政的分権化改革（1949－1978年）
　―第1次体制移行と社会主義原始蓄積―

　新中国建国と相まって、経済復興と社会主義改造が進められた。毛沢東は、中華人民共和国の設立から社会主義改造が基本的に完成するまでの間を「過渡

期」と定義した上で、「過渡期における総路線と任務は、相当長い期間で、国家の工業化と農業、手工業、資本主義商工業の改造を完成することである」[1]と指摘した。これらの考え方を組み込んだ「過渡期の総路線」は、1953年8月に中共中央の会議で承認され、社会主義計画経済への体制移行は本格的にスタートラインを切った。

もともと、「過渡期」は10年あるいはさらに長い期間として設計されていたが、1952年の土地改革完成と朝鮮戦争の停戦など国内外情勢の変化により、中国共産党と政府の政策に大きな変化が見られる。商工業分野の国有制と準国有の集団所有制を中心とする社会主義改造は1950年代中期にほぼ完成し、農村部においては、初級合作社、高級合作社の段階を経て、1958年に集団所有制の人民公社化が実現した。こうして、国有・準国有制の上に旧ソ連の統制的計画経済体制が全面的に導入され、改革・開放元年と呼ばれる1978年に引き継がれた。

1.1 国有・準国有化経済システム形成のプロセス

1953年までの経済体制は、新民主主義経済というコンセプトのもとで、個人資本主義と国有大型銀行、大型工・商業が併存する混合経済が特徴付けられる。五星紅旗をデザインした曾聯松の説明によると、中国国旗の五星は、中央にあるのが中国共産党、周りの4つの星は、それぞれ労働者階級、農民階級、都市部小ブルジョア階級、民族資産階級を代表するものであり（劉敬文、1997）、どちらかと言うと民族資産階級は新民主主義革命の「味方」であり、新民主主義経済の不可欠な一部であることを裏付けた。しかし、いざ社会主義計画経済への体制移行が始まると、民族資産階級は「味方」から消滅の対象にその立場を移行させざるを得なくなった。民族資産階級に対する社会主義改造を含め、統制的計画経済体制を支える商・工業セクターの国有・準国有化と農業セクターの人民公社化は、概ね4つのルートを通じて制度化を果たした。

第1、旧国民党政府系官僚資本の没収

1949年4月25日に公布された『中国人民解放軍布告』では、「官僚の資産を没収せねばならない。国民党反動政府と高級官僚が経営する工場は、すべて人民政府の手によって接収されねばならない」と明文化し、1949年末までに、政府は130万人の従業員を抱えた約3,000社の官僚資本企業を接収し、これらの企業を国有化した（劉敬文 1997）。

第2、民族資産階級に対する社会主義改造

---

[1] 毛沢東「過渡期における党の総路線」『毛沢東選集』（和訳）第5巻、外文出版社、1977。

新中国建国後の数年間、土地改革はまだ完成せず、朝鮮戦争が続いている状況のもと、民族資産階級に対し、利用と制限という新民主主義経済の政策が実施された。具体的には、民族資本工商業企業が直面する原材料・市場・資本の問題の解決に便宜を図り、国民経済回復に向けてその役割を果たさせると同時に、政府が委託加工と発注を通じてこれらの企業の生産を国家計画の軌道に乗せ、その生産の盲目性に制限を加えるということであった（劉敬文1997）。1953年の体制移行が始まると、民族資産階級に対する社会主義改造は、「公私合営」と呼ばれる国家と民族資本による合同経営へのステップを踏み始めた。1956年に政府主導により民族資本系工商業企業の公私合同経営を果たした上、これらの企業の所在地と業界の特徴に合わせ、国有化政策を遂行した。企業の規模により集団所有制企業に編成されるケースも少なくなかったが、国有企業経営モデルを踏襲したため、管理体制の類似性から準国有企業とも呼ばれる。

このように、利用と制限、そして「公私合営」、国有化といった中・長期的な制度設計は、わずか3年足らずで圧縮的に完成した。朝鮮戦争をきっかけに幕を開けた東西冷戦により、国防力の強化を迫られることは当然のことながら、植民地・半植民地の屈辱を嘗め尽くした中国の指導者と国民は西側諸国に追い付き、追い越すという願望をどこの国よりも強く持ち、中国を独立し統一した国家へ導く中で培った指導者たちの高い威信がその背景にあったことも否めない。

第3、旧ソ連の援助と国家直接投資

上記の第1、第2に加え、中国政府は1953－1957年の第1次5ヵ年計画期において工鉱業分野に対し累計250億元の直接投資を行い、694項目のプロジェクトを立ち上げた。旧ソ連の援助プロジェクト156項目を含め、のべ921の工鉱業企業を新設した（劉敬文、1997）。このように、社会主義改造の目標を基本的に達成したとされる1956年になると、集団所有制企業を含めた公有制企業が工業総生産と従業員に占めるシェアはそれぞれ99.8%と99.4%に達し、統一計画、統一管理を特徴とする高度集中的な国有企業制度は工・鉱・商業の隅々にまで浸透するようになった（劉敬文2003a）。この制度の定着に伴い、工・鉱業やサービス業に対する政府以外の投資メカニズムはことごとく抹消されてしまったのである。

第4、家庭農場制から人民公社化へ

商工業分野の社会主義改造が終盤に近付いた1955年に、毛沢東は農村部の「社会主義ブーム」、つまり「農業社会主義改造」を発動させた。1948－1952年に土地改革を完了し、農民が土地を手に入れて以降、中国の農業は家庭農場制か

集団所有制かの２つの制度的選択に直面した。毛沢東が後者を選択した理由は、主に1953年から開始する第１次５ヵ年計画期において、重化学工業を優先的に発展させる工業化路線を実施し始めたことによる（1.2を参照）。

　1952－1955年の間に、農民たちは農業生産性を高めるため、入社・退社の自由のもと、農業合作社、互助組・初級社といった形態の組織を作り、自主契約を通じて社員労働に対する監督と度量の問題を解決した。しかし、1955年の「社会主義ブーム」により、合作社は自由意思で加入するものから強制的に加入する集団所有の準国有制にその性質を変えられ、初期段階の合作社と区別する意味において高級農業合作社と命名された。そして、1958年３月から小社を合併して大社にする「人民公社化運動」が速やかに展開され、同年末には全国あった74万余の高級農業合作社は2.6万の人民公社に組み替えられた。1959年には2.6万社から7.5万社へと人民公社の数を増やし、１社当たりの平均規模を縮小した。さらに1960－1962年の間に、中共中央は「隊を基礎とする３級所有制」（所有権・分配権・損益計算を、それぞれ公社、生産大隊、生産隊が独立して行う制度）を決定し[2]、労働・分配の基礎単位を生産大隊から生産隊（生産小隊ともいう）に軌道を修正した。

　仮に1958年の人民公社化が、農村経済を重化学工業優先発展戦略の一環として国家のコントロール下に納め、国家価格に基づいて食糧など主要農作物の「統一買付・統一販売」を実現させるための組織保証を提供したとすると、「隊を基礎とする３級所有制」は人民公社の基本的組織形態を完成したと言える。毛沢東は1958年７月に人民公社の特徴を、「一大二公」（大規模かつ公有制）、「政社合一」（政府の行政機能と人民公社の管理機能の一体化）であると表現した。

　このように、国有・準国有経済システムが中国で定着すると、商・工業セクターでは、全般的に旧ソ連型経営方式を導入した。その背景には、旧ソ連の世界初の社会主義国家としての貫禄と、中国の東北地域が旧ソ連に隣接していたことが挙げられる。経済力が薄弱で社会主義建設の経験のない当時の中国にとって、旧ソ連型国有企業経営方式を選択するのは当然の成り行きであると言っても過言ではない。新中国建国前から建国初期までの間、旧満鉄から接収した中・長距離鉄道や大連港などは主として旧ソ連人の手によって経営され、旧ソ連スタイルの国有企業のルールに則って財務・会計計画が編成され、損益決算が実施された。これがモデルケースとなって東北地域から建国後の中国全土に波及し、中国における国有企業経営システムの形成に決定的な影響力を及ぼしたことは

2　国家体制委員会編『中国経済今制改革十年』経済管理出版社、1988、その他の文献資料。

注目に値する。さらに旧ソ連は50年代を通じて中国の最大の援助国であった。旧ソ連の援助で建設された大型プロジェクトと中国の独自投資により立ち上げたプロジェクトが、伝統的な国有企業経営システムのベースをなしたことは言うまでもない。

商・工業セクターとは異なり、農業セクターでは旧ソ連のソフホーズ（国有農場）の代わりに、中国独自の制度設計として集団所有の人民公社経営システムを築いた。生産大隊から生産隊へ労働・分配の基本組織単位をより細分化する政策の変更はあったものの、労働点数を基準とする労働・分配基礎単位の損益自己負担制は原則として引き継がれた（図表2.1を参照）。

図表2.1 「隊を基礎とする3級所有制」の人民公社の組織構造

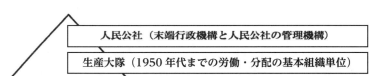

1.2 重化学工業優先発展戦略と計画経済体制の選択
―中国的社会主義原始蓄積のメカニズム―

中国は1.1が示した制度的構築を通じて、商・工業セクターの国有化と農業セクターの人民公社化を完成し、国民経済を統制的計画経済の軌道に乗せるようにした。

いかなる制度変革もそれなりの原理・原則を根拠に選択されるように、マルクス、エンゲルス、レーニンによって描かれた社会主義の基本構図、つまり生産手段の国有化→商品生産の消滅→計画経済の確立という図式が、新民主主義経済から社会主義計画経済へシフトする理論的前提をなしたことは議論するまでもないが、理論的信仰など非経済的制約はあくまでも外在的な要素であって決定的な要素ではない。中国は市場経済化がかなり進んだ今日においてもなお社会主義と自称し続けているように、社会主義といっても時代的背景と政治・経済状況によってさまざまな選択肢が存在していた。長い時間をかけて完成するはずの社会主義改造を前倒しで行い、計画経済への体制移行を果たしたのは、重化学工業優先発展戦略の上に成り立った制度的選択の側面が大きいと考えざ

るを得ない。

　重化学工業優先発展戦略とは、国内資源を総動員して、短期間内に国防産業を中心とする重化学産業を発展させ、重化学工業の発展により工業全体の水準を高めるという経済発展戦略のことで、1953－1957年の第1次5ヵ年計画において具体化されたものである。この戦略を選択した背景として、何よりも国民経済の立ち遅れが挙げられる。1949年のデータが示すように、中国のGDPはわずか358億元で、一人当り平均では66元に過ぎない。まさに世界最多の人口を抱えた最大の最貧国という一言に尽きる。そして、構造的に見ると、工業総生産のGDPに占める比率は12.6％、重工業がその26.4％を占め、先進国平均水準の50－60％をはるかに下回る。鉄鋼総生産高は15.8万トンのみで、アメリカの8,000万トン台、旧ソ連の2,000万トン台と比較するどころか、日本の484万トン（1950年）の30分の1にも及ばなかった（林毅夫1977）。

　このように、きわめて貧弱な経済基盤に加え、東西冷戦の幕開けにより国防力の増強を迫られるいっぽう、先進国との貿易ルートはほぼ断絶の状態にあった。このような国内外環境に置かれた当時の中国にとって、できるだけ早く国民経済を回復させ、独自の重化学工業システムを築くことは、疑いもなく政権の存亡に関わる最重要課題であった。先進国が経験していた工業化の手順をモデルにすることも選択肢の1つとして考えられるが、20世紀中葉の国際政治・経済構造の制約のもとで早期資本主義発展の前提条件はすでに失われてしまい、この選択自体は事実上不可能であった。そのため、できるだけローコスト・短期間で中国経済の回復・発展を可能にし得る新しい道を切り開かねばならなかった。

　ところで、重化学工業は資本集約型産業であるため、資本集約型産業としての属性と当時の中国経済発展水準とのギャップはきわめて大きかった。第1に、重化学工業を発展させるためには大規模な初期投資が欠かせない半面、資本回収の周期サイクルが長い。しかしながら、絶対的な資金不足と貧弱な資金動員力の状況であり、資金を調達するためのコストも高い。第2に、重化学工業関係の設備のほとんどは海外から輸入する必要があるが、輸出可能な製品は極端に少なく、外貨不足現象が著しかった。このような深刻なギャップのもと、市場メカニズムを頼りにする方策では、重化学工業を優先的に発展させるという戦略目標が早期に達成されるとは考えられない。そこで、政府は政策・制度の構築を通じて、人為的にギャップの縮小を図ることにした。

　この制度の構築は、基本的に2つの側面から行われた。その1つは、製品および生産要素の価格を徹底的にコントロールし、重化学工業発展のコストを

低く抑えることである。資本、外貨、原材料・エネルギー、農産物の価格は当然のことながら、労働賃金までも低水準に抑制することで、原材料・エネルギーおよび食料品の低価格→低賃金→高蓄積という工業の成長方式を創り出し、重化学工業発展のためのマクロ的経済環境を提供した。旧ソ連が重化学工業優先発展戦略を選択した背景となるフェルドマン（Grigorii Alexandrovich Feldman）の「目的論」は、外国との貿易がほとんどない閉鎖的な経済を前提に置いて、当面の消費を抑え、生産財を多く生産できるようにしておけば、将来の消費は多くなると主張している。この点において、中国は1950年代－1970年代の間、消費を切り詰めて得られた高蓄積を、重化学工業への投資に回してきた。

　さらに、低水準にコントロールされた価格要素と国民経済の蓄積を重工業の優先発展に生かすための制度的保証として、経済資源の計画配置と集中管理を制度化するとともに、商・工業セクターの国有・準国有化と人民公社と呼ばれる農業セクターの準国有化を実施した。この中で、特に注目されたい制度構築の1つとして、1958年に改訂された戸籍制度において都市戸籍と農村戸籍を設け、農村人口の都市への移動を制限したことがある。農民を土地に固定させることで、重化学工業優先発展戦略をより効率的に機能させるために設計されたが、これは現代中国における「二元化社会」の由来ともなった。農業セクターと重化学工業優先発展戦略の関係については、毛沢東が何度も強調したように、国の工業化を達成するために、「必要な大量の資金のうち、相当な部分は農業から蓄積しなければならない」「もし充分な食糧とその他の生活必需品がないのであれば、まず労働者を養うことができず、そうなれば重工業の発展どころではない」[3] とされていた。

　新民主主義革命の過渡論に則れば、私営商・工業は社会主義商・工業と長期的に並存するものであり、市場メカニズムも資源配置の基本的手段として長期的に存続するはずであった。しかし、実際に重化学工業を優先的に発展させるという社会主義原始蓄積のための戦略を選択したところ、私営経済と市場メカニズムの存続の有用性が論理的に否定されてしまい、中央集権的な資源の計画配置と自主権のないミクロ経営メカニズムが強力な社会主義原始蓄積のための有効な制度として必然的な選択となる。これは、重化学工業を優先的に発展させるという戦略の選択から中国における伝統的な計画経済体制および国有企業制度の形成に至るまでの歴史的、あるいは論理的なプロセスである（馬建堂・

3　毛沢東「農業協同化の問題等について」『毛沢東選集』（和訳）第5巻、外文出版社、1977。

劉海泉 2002)。

1.3 行政的分権化改革の限界と新たな改革の提起 (1958 − 1978 年)

　中国経済は 1951 − 1955 年の間に迅速な回復と安定的な成長を見せてきた。しかし、1950 年代中期、統制的計画経済体制が全面的に樹立すると、新民主主義経済という混合経済体制のもとで比較的自主権を持っていた企業は、資源調達から生産・販売にいたるまでの国家計画の実行者として上級行政管理機関の付属物へと変化し、生気と活力が失われた。いっぽう、1956 年秋から 1957 年春にかけて、毛沢東が提唱した「百花斉放、百家争鳴」という方針のもと、比較的緩やかな政治環境と活発な学術的雰囲気が醸成された。

　このような政治・経済の状況の中、多くの消費者が不平・不満を抱くとともに、一部の経済学者は計画経済とその理論体系に批判の矛先を向け、新たな改革を提起した。その代表的な人物は当時中国国家統計局副局長の任にあった孫冶方[4]と、中国社会科学院経済研究所で仕事をしていた経済学者の顧準[5]である。

　1956 年、孫冶方は自らの社会主義経済理論に基づいて、資金量を基準に「大権集中、小権分散」（大きな権限は集中し、小さな権限は分散させる）を主張する。言い換えると、国家が国有企業に対する供給・販売関係の計画管理を行うという前提条件のもと、国家計画を実施する範囲内において「価値法則」に基づき意思決定ができるよう、企業に自主権を与えるということである。孫冶方は採算手段において「価値法則第一」、利潤指標の重要性を強調しつつも、社会主義の条件のもとでの「商品経済」を否定した。これは彼の社会主義経済理論にあった深刻な内在的矛盾であり、限界であったと言わざるを得ない。

　この流れの中で、顧準は同じく 1956 年に、社会主義経済の問題は市場経済を廃止したことにあると単刀直入に問題所在の急所を突いた上、企業は市場価格の上下変動に基づいて意思決定を行うものであるとし、新たな改革を提起した。これらの学術的観点は間もなく「異端の邪説」と断定され、顧準自身もこのために経済学者としての権利を奪われる悲運に遭ったが、「中国改革理論の発展史

4　孫冶方(1908 − 1983 年) は、1956 年の「計画と統計を価値法則上に置く」と「総生産額から説き起こす」（山西人民出版社より 1984 年に出版した『孫冶方選集』に集録）という 2 つの論文をきっかけに、計画経済とその理論体系を批判し始め、自らの社会主義経済理論体系を確立した。1960 年代から始まった「修正主義粛清運動」の中で最初の被害者となる。

5　顧準 (1915 − 1974 年) は、1956 年の「社会主義制度化の商品生産と価値法則論」（貴州人民出版社より 1994 年に出版した『顧準文集』）において社会主義の条件での市場メカニズムの重要性を提起したが、間もなく彼の学術的観点は異端の邪説と断定され、本人も「ブルジョア右派分子」に区分される悲運にあった。

において市場指向改革を提起した第一人者」としての足跡を残している（呉敬璉、2010）。

　孫冶方らの学術的指向性は、彼らの個人的な運命とは別に、統制的計画経済体制の弊害を広く知らしめることとなった。毛沢東はこの体制の弊害は主に「権力の中央への過度集中」によって機能を失わせるほどに統括していることであり、既成の体制を改革する根本的措置は下級政府と企業、従業員に権限を移譲することであると考えた[6]。この意味では、孫冶方の経済思想と一致する部分が見られる。1956年9月の中共第8期大会第1中全会において、毛沢東が「十大関係を論ず」で示した方針に従って、中国は「経済管理体制改革」を行うことを決定し、1958年初めから体制改革の長旅を開始した（呉敬璉 2010）。

　1958－1978年までの改革は、行政的分権化、つまり中央政府の各級政府への権限移譲と利益譲渡を中心に行われた。毛沢東が「十大関係を論ず」で論じた方針とは異なり、改革を実施し始めた段階から、国有企業と従業員個人への権限・利益移譲はなかった。前者については、1950年代中期のホットな話題でもあった旧ユーゴスラビアの「企業自治」に対し、企業自治権拡大の「参考となる」ものと期待していたことから、中国共産党の政治姿勢が「ユーゴスラビアの修正主義」の中核をなすものへと変化したためである。後者については、中国共産党では1957年から「ユーゴスラビアの修正主義」に対する批判が徐々にエスカレートし、旧ソ連との間でもスターリンに関する意見の食い違いが表面化する流れの中で、1956年まで従業員個人への「物的刺激」を肯定していた毛沢東の考えが、「精神的刺激」を用いるという元来の主張に逆戻りしたことによる。このため、権限・利益の移譲は企業と個人に届かず、地方政府、さらにその下級行政機関を対象とするにとどまった。

　行政的分権は、主に計画管理権、企業管轄権、物質の分配権、基本建設プロジェクトの審査・許可権および投資管理権・信用貸付権、財政権と税収権、労働管理権といった行政権を、下級政府へ委譲する形で実施された。これらの改革は、1950年代中期に樹立した中央集中型計画経済体制から階層的集中型計画経済体制への構造変化をもたらすが、人民公社とともに1958年から始動した「大躍進」の制度的基礎ともなった。各クラスの級政府は、「3年でイギリスに追い付き、10年でアメリカを追い越す」[7]という毛沢東の呼びかけに応え、移譲された人的、物的、金銭的資源をフルに駆使して、新しい建設プロジェクトの立ち上げと資源の奪い合いが繰り広げられた。1958－1960年に実施した大中型プロジェクトはそれぞれ1,589件、1,361件、1,815件となり、各年度の実施プロジェクトはいずれも1953－1957年の第1次5ヵ年計画の総和を凌いでいる[8]。

しかしながら、資源の大量消耗の代わりに得られたものは、経済秩序の混乱と生産効率の低下、水増しの数字だけであった。食糧生産や「鉄鋼の生産量を1年で2倍にする」といった目標の達成などがすべて偽りの数字によってでっちあげられたことは、事実が裏付けている。こうした結果を踏まえ、中央政府は企業管轄権の一部を取り戻し、さらなる権限の取り戻しを図ろうとした。しかし、「廬山会議」と称される1959年7－8月の中共中央第8期8中全会は、「大躍進」への反省から「左」の偏向を正すムードで始まったものの、毛沢東のかじ取りにより「右」の偏向に反対することで収束した。これをきかっけに、「反右派運動」の展開と「大躍進」の継続が是認され、国民経済をどん底にまで追いやった。食糧の生産量を例にすると、1959年は1億7,000万トン、1960年は1億4,350万トンと2年連続して低下し、1958年の実際生産量の2億トンをはるかに下回り、1951年の1億4,370万tより低い状況になった（呉敬璉2004）。そのため、都市部では栄養不良による浮腫病が広がり、農村部では飢饉による死者が1,500万－3,000万人に上ったと推測されている[9]。

　1960年初秋、中共中央が「調整、強化、充実、向上」の8字方針を打ち出し、「大躍進」と「反右派運動」がもたらした国民経済の疲弊と経済秩序の混乱の克服に本格的に取り掛かり、1963年に国民経済を回復の軌道に乗せるようになった。その後「四清運動」「文化大革命」が相次いで起こり、1976年の「四人組」が粉砕されるまで、行政命令によってのみ資源を配分できるといった社会主義イデオロギーの制限のもと、市場指向の改革は政治的に受け入れられる余地がなく、行政的権限の下級政府への譲渡がほとんど唯一の選択肢であった。

　したがって、1958－1978年の体制改革で、既成の経済体制の弊害がなくなるはずはなかった。しかしながら、貴重な経験と教訓を提供する意味において、次なる改革へと繋ぐ種火を残したことは否めない事実である。

6　毛沢東「十大関係を論ず」『毛沢東選集』（和訳）第5巻、外文出版社、1977。
7　毛沢東は1957年11月8日モスクワの共産党および労働党代表会議において「フルシチョフ同志は、15年後ソ連はアメリカを追い越せるとわれわれに告げた。私も15年後にわれわれがイギリスに追い付きあるいは追い越すことは可能である」と話した（『建国以来毛沢東文稿』第7冊、中共文献出版社、1992）。そして1958年6月21日中共中央軍事委員会拡大会議における講話でさらに、「われわれは3年で基本的にイギリスに追い付き、10年でアメリカを追い越すのに充分な自信がある」と宣言した（薄一波『若干重大決策与事件的回顧』中共中央党校出版社、1993）。
8　周大和ら『当代中国的経済体制改革』中国社会科学出版社、1984。
9　孫治方「強化統計業務、改革統計体制」『経済管理』1981年第2期。呉敬璉（2004）を参照。

2. 市場経済への構造転換と制度改革 （1978年以降）
―第2次体制移行と政策構築の論理―

　改革・開放という新しいステージでの経済体制移行は、1978年末に開催された中共第11期3中全会の決議をきっかけに幕を開けた。1990年代初頭までの模索期間を経て1992年初春の鄧小平の「南巡講話」が発表されることにより、これまでの目標のない「航海」から社会主義市場経済の確立という明確な目標へと向かい始めた。旧ソ連や東欧諸国が採用した一気に市場経済を導入する「ビックバン」と呼ばれる急進的な方法とは異なり、中国では体制外経済の育成・発展と体制内経済の段階的な市場経済化という2つのラインが同時進行で行われ、漸進的市場化の道をたどってきた。

　段階的に見ると、1979－1993年の改革目標の確立と体制外改革先行期、1993年から現在の市場経済の制度的整備と改革の全面的推進期に分けられる。こうした改革を通じて統制的計画経済の要素は徐々に消え、市場経済の要素が段階的に成長してきた。1990年代後半に至って、市場メカニズムを生かした国民経済運営は、行政命令による統制的計画経済型経済運営に取って代わった。しかし、漸進的改革の進展とともに、その限界も表面化している。社会主義と市場経済をいかに両立させるか、チャイニーズ・スタンダードとグローバル・スタンダードの溝をどのように埋めるかなど、数多くの課題が残っており、社会主義市場経済システムを確立するための改革はいまだ未完の状態にある。

図表2.2　第2次経済体制移行のイメージ図

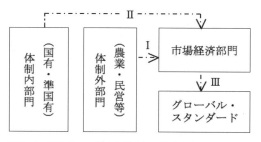

（注）Ⅰ-Ⅲは3つの基本的段取りの順序を意味するもの。

2.1　改革目標の確立と体制外先行戦略 （1979－1993年）

　この段階の改革は、終始一貫した目標モデルを共有するわけではない。社会主義市場経済を目標に定めた1992年までに、「摸着石過河」（石を探りながら河

を渡る）と言われるように、社会主義イデオロギーとのバランスの中で、経済発展の実際問題を解決するための改革目標モデルを設けてきた。図表2.3 が示すように、計画経済から計画経済を主とし市場調節を従とする「鳥籠経済」を経て計画経済と市場経済との結合へと、目標モデルの設定は段階的に異なっていた。その基本的なプロセスは「実験・学習、再実験・再学習、選択・普及」（植竹晃久・仲田正機1999）というように、できるだけコンセンサスを取りながら漸進的に展開している。

図表2.3　改革目標モデルの推移

期　　　間	目 標 モ デ ル の 設 定
1978 － 1979 年	商品取引ルールの設置
1979 － 1984 年 10 月	計画経済を主とし市場調節を従とする「鳥籠経済」
1984 年 10 月 － 1987 年 10 月	計画的商品経済
1987 年 10 月 － 1989 年 6 月	国家による市場調節、市場による企業調節
1989 年 6 月 － 1991 年	計画経済と市場経済との結合
1992 年初春 － 1993 年	社会主義市場経済の提起・当該概念の確立

(資料) 当該期間の中国共産党の決議および政府の関係書類より作成。

　この段階となると、1958 年から引き続いてきた権限移譲・利益譲渡はもはや改革の主軸ではなくなったが、1978 年以降も関係措置が次々と取られた。「財政全面請負制」、中央政府と地方政府の「分税制」の導入、中央と省の「2層的マクロ・コントロール」による経済運営・通貨政策システムの構築、瀋陽、大連、長春、ハルピン、南京、寧波、厦門、青島、武漢、広州、深圳、成都、重慶、西安の14 都市を「計画単列市」（政令指定都市）に指定し、省クラス政府の経済管理権限を与えたことは、その代表的な事例である。

　国有企業への権限移譲・利益譲渡は1976 年から「自主権拡大」の形で実験を始めた。しかし、権限移譲・利益譲渡を主軸とするこれらの体制内改革は試行錯誤（trial and error）を繰り返し、捗らなかった。いっぽう、やや遅れてスタートした農業など非国有経済の改革は著しい成果を収め、伏線であった非国有経済の育成・発展が国有経済への権限・利益移譲に取って代わり、1990 年代前期までの改革の主線となった。体制外改革先行戦略と呼ばれるこれらの改革の実施によって非国有経済部門という新たな成長ポイントが生み出され、国民経済全体の活性化にも大きく寄与した。

2.1.1　権限移譲・利益譲渡を主軸とする国有経済の改革

　中国経済を崩壊の縁に追いやった「文化大革命」が、1976年の「四人組」の粉砕で収束すると、「撥乱反正」（混乱を鎮めて正常に戻す）ための一環として、権限移譲の改革が新たに立案された。1978年12月の「中共第11期3中全会公報」では、「中央部門、地方、企業、労働者個人の4つの自発性、積極性、創造性を発揮させる」ために、「地方と農工業企業に、国家の統一計画の指導のもとでさらに多くの経済管理自主権を持たせるべきである」との指針を示した。

　これに先立ち、早くも1978年10月には四川省の国有企業6社を選んで国有企業への権限移譲・利益譲渡といった「企業自主権拡大」の実験を実施し、その後、実験の範囲を国有企業100社に拡大した。国務院は四川省の経験を踏まえ、1979年7月に「国有工業企業の経営自主権拡大に関する若干規定」などの文書を公表し、実験範囲を全国に広げるよう要求した。1980年の実験企業数は6,600社に達し、これらの実験企業の総生産額と利潤は、それぞれ同期間での予算内工業企業の総生産額の60％と全国工業企業総利潤の70％を占めるまでに至った（呉敬璉2004）。

　いわゆる権限の拡大とは、政府の企業に対する計画管理を緩め、これまで政府が握っていた一部のコントロール権を企業に移譲することで、企業の管理層が自主的に経営の意思決定を行えるようにすることである。これは、計画指標の簡素化および計画によるコントロールの緩和と、奨励基金の増大および企業と従業員に対する物的インセンティブの強化といった2つの側面の内容からなる1965年の旧ソ連の「完全的経済採算性」[10]と類似する。結果的に見ても、旧ソ連のこの改革と同じように、短期間で企業の増産・増益の積極性を大いに高めたものの、効率の明らかな向上を見せないまま、ほどなくしてその限界が露呈された。

　自主権を与えられた実験企業は、体制改革の前期という特定の歴史条件のもと、市場メカニズムの制約を受けない。企業の増産・増収に活かされた「積極性」が社会資源の有効的配分と社会的収益の増加に役立つとは限らず、企業自主権を拡大し続けた末、財政赤字の激増やインフレのエスカレートなどといった経済の混乱を生み出し、総需要コントロールのバランスが取れなくなった。

　「企業権限拡大」の改革が苦境に陥ると、計画のさらなる整備と計画実施における規律の厳粛化を図るべきとの後ろ向きの主張と、段階的に行政による価格

10　「完全的経済採算性」改革は1956年当時首相の任にあったコスイギンのイニシアティブのもとで行われたため、「コスイギン改革」とも呼ぶ。

決定制をなくし、商品市場と金融市場を樹立させる方向に向かうべきとの前向きの主張に意見が分かれた[11]。いっぽう、国有経済改革の頓挫とは裏腹に、農村での「農家請負責任制」改革は大きな成功を収めている。このような状況のもとで、請負責任制を国有企業に導入することは、制度的選択の自然の成り行きとなった。

国有企業への経営責任請負制の導入は1983年初めから始まり、わずか3ヶ月足らずで都市部の商工業企業においてあまねく実施されるようになった。その後、経済の混乱を鎮静化するために請負制の推進を一時停止するが、代わりに同年の6月と1984年10月の2段階に分けて「利改税」（利益の上納から税金交付へ）改革を施し、さらに1986年末から「会社制」の導入が試みられた。前者は市場メカニズムの段階的導入によりタイムラグで効果が現れたが、後者はマクロ経済条件の制約と法的不備などで頓挫した。こうした紆余曲折の中、国有経済改革は再び請負責任制の推進に逆戻りし、1987年から第2次経営請負責任制の導入ブームが起こった。

請負制の基本的な原則は、請負基数の固定による上納の保証、超過収益の保留、欠損の自己補塡といったものからなり、企業により大きな自主権を持たせ、行政と企業の分離と企業間の平等競争を図るものである。しかし、自主権拡大の段階で保留していた一部の残余コントロール権と残余請求権を請負者に譲渡すると、企業財産所有権の境界線はより曖昧さを増し、請負権の譲渡側と引受側の利害衝突が一段と激しくなったため、「リスク抵当請負」「入札請負」などの追加措置を取ることで請負制の改善を図ろうと試みたが、期待されていた目標を達成することはできなかった。

2.1.2 国有経済改革の頓挫と「体制外先行戦略」の形成

企業自主権の拡大や経営請負制の導入など権限移譲・利益譲渡を主軸とする改革は、「企業の損益自己負担」という目標を設定していたが、この最初から達成不可能な目標とは別に、国家と企業内部の関係および企業経営の意思決定の2つの側面で伝統的国有経済制度を改善し、第2次体制移行前期における社会と経済の安定を維持するのに貢献した。

まず、国家と企業内部の関係において、もともと行政機関の付属物であった企業の請負人および従業員と所有権を持つ国家との間で利益が分かち合えるた

---

11 薛暮橋「体制改革に関するいくつかの意見」(1980.6) で市場指向の改革を主張。1990年の『論中国経済体制改革』（天津人民出版社）に収録。

め、努力さえすれば利益の向上に繋がることから、一部の企業では利潤メカニズムが働くようになった。次に、企業内部では多くの自主経営権が与えられたため、行政命令が企業を支配する従来のやり方に比べると、企業が独自の情報収集などを通じてタイムリーに意思決定できる範囲が徐々に広がった。さらに、後発的で成長が著しい民営経済と競争を余儀なくされる中で、国有企業に市場指向の意識が注ぎ込まれ、その後の企業改制の下準備ともなった。

しかしながら、権限移譲・利益譲渡を主軸とする改革はあくまでも国有企業制度の基本的枠組みの中で行われたため、この制度の制約を逸脱し得るはずはなかった。第1に、既成の国有企業制度を変えない限り、所有権を持つ国家と企業の請負者との間には、つねに経営目標を巡る利益の衝突が存在する。国家が権限・利益の移譲を通じて国有企業の中・長期的発展を狙うのに対し、請負者側は与えられた権限をフルに動員して請負期間内に最大の利益を創出しようとするのである。第2に、企業の発展がなければ、いかなる目標も絵に描いた餅であるという意味で、所有権を持つ国家側は企業活性化のために次から次へと権限と利益を移譲する半面、企業の請負側の短期行為に対してはブレーキをかけなければならない。このジレンマは必然的に企業に対する監督と介入の強化へと繋がり、しかも行政的手法を頼りにするしか選択肢がなかった。第3に、「所有権と経営権の分離」は所有権を国家と企業内部の間で分割することだと単純に理解されたため、企業のインサイダー・コントロールは事実上閉鎖的なシステムであった。いっぽう「党委員会の指導下の工場長責任制」と呼ばれる制度は、工場長と党委員会の権限と責任がはっきりしないため機能的に働かず、企業内コントロールの深刻な混乱と利権追求のための腐敗を招いた。

国有経済の改革が頓挫すると、鄧小平ら中国の指導者は、いくつかの修繕的な方法を施して何とか国有経済の運営を維持しつつ、都市の国有経済から農村の非国有経済に改革の重点を移し、体制外改革の模索を始めた。この中で、もっとも重要な政策的選択は、農村の家庭生産請負制を禁止から許可へ転換したことである。

1979年9月の中共中央第11期4次大会の「農業発展加速の若干問題に関する中共中央の決定」においては「分田単幹」(つまり家庭生産請負制あるいは家庭農場制を指す) を禁止すると明確に定めていたが、1980年9月の「農業生産責任制のさらなる強化・改善に関するいくつかの問題 ―1980年9月14日から22日までの各省・直轄市・自治区党委員会第一書記座談会紀要」[12]では、家庭

---

12 中共中央の許可によるという形で公表した書類で、当然ながら中国共産党と政府の意図を反映したものである。

生産請負制を許可するといった画期的な政策転換を全国に知らしめた。これを皮切りに、家庭生産請負制は雨後の筍のごとく普及し、1982年末になると、絶対多数の地域で生産隊を基礎とする3級所有制の人民公社に取って代わった。また、農村経済の変貌とともに、家庭生産請負制の導入を突破口として、集団所有制を主とする郷鎮企業が勢いよく発展し始めた。

このように、中国は、国有企業の改革を主軸にし、旧ソ連や東ヨーロッパ諸国と異なった新しい戦略を採用することにより、1990年前期までの中国経済を支える新しい成長ポイントを見つけ出した。この戦略の基本は、決定的な改革のステップを踏まずに国有経済の運営を維持しつつ非国有部門に改革の重点を置くことで、非国有経済の活性化を図り市場指向型企業を創出することであり、非国有経済を経済発展の先導部門に仕上げるのがその狙いであった。この戦略は、改革の見地においては「体制外先行戦略」、成長の意味では「増分成長戦略」と呼ばれている。

2.1.3 「体制外先行戦略」の政策的枠組みと効果

農業部門改革の成功を背景に、中国政府はこれらの経験をその他の部門に活かし、市場指向企業の全面的な生成と発展を促進した。その施策は、主に3つの側面からなるものと考えられる。

第1は、国民経済における国有経済の主体的地位を保証する条件のもと、段階的な規制緩和と奨励政策を通じて民営経済発展のために政策的保証を提供することである。

社会主義理念が浸透した中国では、非国有経済の発展を許可するか、どの程度、どういう形で存続させるかという点が一貫して政治的に敏感な問題である。社会主義初期段階論など理論的構築によって非国有経済の発展を妨げる思想と政策的障害を取り除き、非国有経済発展の機運をもたらしたものの、初段階においては私営企業に対する雇用人数の制限などさまざまな制限を加えざるを得なかった。ようやく1983年に、事実を追認するという形で私営企業に対しての雇用人数の制限を撤廃し、合法的権益を獲得した。その後、私有経済の発展はますます勢い付いた。

第2は、資源の計画的配分システムが排除されていない条件のもとで、市場原理に基づく原材料の調達と製品販売のルールを作り、民営経済の生成と発展の土俵を築き上げたことである。いわゆる「二重構造」「二重性」はこの計画経済のルールと市場経済のルールが併存する現象を指している。

計画経済のもとでは、国がすべての資源を支配・配分し、価格は国有経済体

間での決済と管理を行う手段にすぎず、消費財の価格決定も国家の行政部門によって行われ、事実上改革開放までの長きにわたり、生活必需品の配給制は広く存在していた。旧ソ連や東ヨーロッパ諸国よりさらに厳しい行政的規制の中にあっては、非国有経済の発展はとうてい考えられない。

このルールに関する規制緩和は、1979年に国務院が公表した「国営工業企業の経営自主権拡大に関する若干規定」が企業の計画超過達成の製品について自主販売を許可し、物資流通の第2のルートを開いたことに由来する。そして、非国有経済の成長と国有企業の計画超過達成部分の増加に伴い、1985年に国家物価局と国家物資局の連名で出した「ノルマを超過達成した工業生産品自主販売の価格自由化に関する通知」によって、生産手段の供給と価格設定の「二重構造」が本格的に形成された。具体的には、1983年までに取得した計画内調達物資の権利を基数とし、これを超えた部分は自由価格で市場から調達するということである。1990年初期になると、計画による価格設定と市場価格が商品流通総額に占める割合において逆転し始めるとともに、対外貿易の発展により、国内価格と国際市場価格が接近する傾向となった。

第3は、改革と開放を結び付け、国際市場とリンクする形で、地域漸進的に市場指向経済の発展を図ることである。

中国においては伝統的に商業文化が弱い上、長期にわたる計画経済体制により市場メカニズムが抹消されてしまい、短期間内での国内市場の形成は困難を極めていた。このような状況を踏まえ、中国は条件の備わった一部の地域から対外開放と経済体制改革実験を実施し始めた。1979年に香港と隣接する広東と台湾に最も近い福建両省で「特別政策、弾力的措置」の実行を手始めに、1980年に深圳、珠海、汕頭、厦門を「経済特区」に指定し、1984年に大連など東部沿海14都市を「対外開放都市」に定めた。つまり「経済特区」の「点」から東部沿海都市の「線」に、さらに、1990年代後期においては西部地域の「面」へというように、対外開放空間の地域漸進的に拡大することにより、経済発展に必要な資金や技術を海外から導入できた上、市場競争メカニズムを取り入れることに成功し、民営企業の創業活動と成長のための空間とモデルケースを提供した。

「体制外先行戦略」を実施した最大の結果は、民営経済の全面的な勃興をもたらしたからにほかならない。1980年代は農業部門と民営工商業部門が勢いよく発展する時期であった。同年代中期となると、民営工業が工業総生産の3分の1を、民営小売業が小売業総額の約6割を占めるまでになり、農業の速やかな発展とともに、1980年代における年平均14.5％の高成長率に決定的な役割を果

たした。今日に至って、中国内外とも名を馳せるようになった企業の多くがこのような環境の中で育ってきたことは言うまでもない。

　次に挙げられるのは、対外開放の空間的拡大と経済体制改革実験区の後背地への波及により、1990年代初期には、遼東半島から広西に至る中国の東部沿海地域において帯状の市場がひととおり形成されたことである。これに加え、内陸部の「経済技術開発区」「高新技術開発区」など先導的開発エリアの発信効果が徐々に現れ、市場経済メカニズムの魅力は全国に伝わりつつあった。

　中国は1970年代後期において、かつての旧ソ連や東ヨーロッパと同じように、国有企業を真の意味での企業へと変化させることに重点を置いていたため、これらの国々の二の轍を踏む結果に至ったことは否めない事実である。しかし、「体制外先行戦略」に重点を移したことによって民営経済を蘇らせ、改革前期の経済高成長をもたらしただけでなく、その後の国有経済の改革のための「地ならし」作業を行ったと言うことができる。

2.2　市場経済の制度的整備と改革の全面的推進（1993年－現在）

　「体制外先行戦略」は1990年代初期までの改革を推進する上で望ましい実績を残したが、角度を換えると、この戦略は改革の抵抗力を減らし、改革をスムーズに展開させるために段階的に取らざるを得ない制度的選択であった。改革の目標が計画経済から市場経済への体制移行を完成することである限り、最終的には計画経済の中核をなす国有経済改革の成否によって決まるのである。

2.2.1　「体制外先行戦略」の長期的採用の歪み

　国有経済に重大な改革のステップを踏まず、長期にわたって体制外の非国有経済に改革の重点を置くことにより、活性化した非国有経済と伝統的体制の束縛下にある国有経済の摩擦はますます激しくなり、そのマイナス影響はしばしば国民経済全般に及ぼされた。

　長期にわたって「体制外先行戦略」を実施することの歪みは、時の経過とともに顕在化されてきた。まず、めざましい発展を遂げている非国有経済とは対照的に、国有経済の財務状況は悪化し続け、「二重構造」のもとでは計画によるコントロールの有効性が低下し続けた。これによって高額な財政赤字を招き、インフレの圧力が高まった。しかも成長率が高いほどインフレの圧力が高く、たびたび爆発した。このように、改革前期の経済成長はつねにインフレの圧力を伴っていた。

また、二重構造のもとでは経済格差が拡大し、国民経済の安定が脅かされがちである。「体制外先行戦略」のもとで、国有経済の改革を遅らせただけでなく、地域漸進的推進政策として地域内でも異なる政策が実施されたため、地域格差、貧富の格差などの経済的格差が広がり、格差を是正する要求は日増しに高まってきた。

さらに、農村経済の発展や農業生産率の向上と比べて、都市部の工商業の発展は追い付いていかず、「レイオフ」[13]を抱える国有企業がほとんどで、その規模は農村部の剰余労働力を収容できるほどにはまるで達していなかった。この構造的社会失業問題は改革前期において中国経済を困らせる大きな課題として存在し、国有企業の集中する東北地域では、国有企業の低迷、失業率の高まりなどにより、「東北現象」とまで呼ばれた。

最後に、経済がかなり市場化・貨幣化しているにもかかわらず、行政機関は重要な生産財、土地、財政投資、金融貸付などの資源分配権を保有しており、計画経済による行政の市場介入は依然として存在する。このような制度的配置のもと、行政的独占を利用して私利・私益をむさぼる「レント・シーキング」(Rent-seeking) などさまざまな腐敗が蔓延し、改革の成果を蝕んでいる。

こうした制度的アンバランスにより、経済システムに多くの抜け穴が生じ、改革リスクの増幅およびそのコスト・アップに繋がった。言い換えれば、「体制外先行戦略」を構成する諸制度は、その他の制度との釣り合いの中でこそ存続し得るものであって、それに相応する政策的コーディネートがなければ、制度的構築がもたらしたせっかくの成果も逓減していき、最終的には消えてしまう。「体制外先行戦略」の長期実施の歪みは、改革の全面的展開を促し、改革のさらなる深化を呼びかけている。

2.2.2 社会主義市場経済を確立するための制度整備 (1993 – 2001 年)

高成長を遂げるいっぽうで、インフレの圧力、国有経済の低迷、失業率の増加、「レント・シーキング」の蔓延などが日増しに顕在化し、1988 年の経済危機と 1989 年の「天安門事件」が立て続けに起こった。それまでに鳴りを潜めていた

---

13 一時帰休、あるいは再雇用を条件とした一時解雇を指す言葉として使われ、企業の業績悪化時に一時的な人員削減を行い、人件費を抑えるための手段である。ただし、この時期の中国のレイオフは「離崗」、「在職失業」(職場を離れる) と言い、定期的にある一定の手当てを支給して、従業員を一時的に帰休させるという形を採った。結果的に、「帰崗」(職場復帰) の場合もあったものの、企業業績の回復度合いあるいは改革の進み具合によって早期退職や破産企業の後始末として対応されたケースが多かった。

一部の政治家と理論家は、これらの原因を市場指向の改革とし、市場経済化は「社会主義制度を変え、資本主義制度を実施するもの」と非難を始めた[14]。

こうしたイデオロギー重視論の中で、鄧小平は1992年初春に深圳、上海、武漢など中国南部の都市を視察し、その先々で改革の抵抗勢力の巻き返しに批判を加え、「経済建設を中心とする」中国共産党11期3中全会路線を堅持することと、「市場経済は資本主義の特許ではない」ことを大いにアピールした。同年2月、鄧氏の一連の講話は「鄧小平同志の重要談話の伝達・学習に関する中共中央の通知」という形で全国に伝達された。「鄧旋風」とも呼ばれるこの「南巡講話」により、それまで明確にした目標を持たなかった改革・開放は一挙に社会主義市場経済の確立というはっきりした目標へと向かい始め、これをきっかけとして新しい改革の高まりを迎えた。

1993年11月の中共第14期3中全会では「社会主義市場経済体制を確立するための若干問題に関する中共中央の決定」を採択し、社会主義市場経済を確立するための目標モデルとプログラムを提示した。その1つに、改革の「全体的推進、重点的突破」を明確に出したことがある。特に周辺地帯だけでなく、国有部門に対しても攻略戦を行う必要があると強調し、20世紀末に、一応の社会主義市場経済体制を樹立するよう目標を設定した。もう1つは、財政税制、金融・銀行、外国為替管理、社会保障システムといった各分野の改革の目標設定とプログラムを提示したことである。

中国政府は中共14期3中全会の「決定」を踏まえ、1994年から財政、金融、外国為替管理などの分野で重大な市場指向の改革を取り入れ始め、これらの分野の改革は1990年代後期には概ね目標を達した。そのうち、外国為替管理システムの改革においては予定より早く一般口座の「管理的変動相場制」を実施し、1996年下半期から経常項目の人民元自由交換を実行し始めた。こういった改革は、1990年代中期以降、中国の対外貿易の発展および国際収支の改善に貢献し、輸出主導型経済の全面的な展開を図る制度的整備として大きな意味を持った。

いっぽうで社会保障システムなどの改革は、第14期3中全会の「決定」に定められた目標を達成しなかった。例えば、国民生活ともっとも密接に関係する老齢年金と医療保険の改革において、個人口座とのリンクや社会保障の行政管理と社会保障基金経営の分離を原則とするといった目標は、従来の行政管理機関の権限と利益などに阻まれ、社会保障システムの制度設計は期間内に完成し

---

14 王忍之『資本主義自由化の反対について―1989年12月15日党建設理論研究班における講話』『求是』1990年4号。呉敬璉『当代中国経済改革教程』上海遠東出版社（2010.1）を参照。

なかった。

いっぽう、所有制構造の改革は1990年代後半に入ってから大きな進展が見られた。「体制外先行戦略」の段階においても、国有経済が主体であり、国有経済が国民経済に占める割合は大きいほど望ましいという伝統的な考え方は根強く存在していた。これは、所有制構造の調整と改善を図る上でもっとも大きな障害である。1997年の中共第15期全会の決定は、まず、国有経済比例の多寡と社会主義性質の強弱とのリンクを否定し、多様な所有制がともに発展することは少なくとも今後100年続く社会主義諸段階の「基本的経済制度」であると規定した。そして、生産力の発展に有利、総合的国力の増強に有利、人民の生活水準の向上に有利という「3つの有利」[15]を判断基準として国民経済の所有制構造の調整と改善を図り、第15期全会の決定に定められた基本的経済制度を実現するよう要求した。さらに、所有制構造の調整と改善の内容について下記の3点を定めた。（1）国有経済の構造調整を図り、国有経済の範囲を縮小、国有資本は国民経済の命脈に関わらない分野から退出する。（2）生産力の発展を促進し得る公有制の実現形式を探求し、多様な公有制経済を発展させる。（3）個体、私営など非国有制経済の発展を奨励し、これらを社会主義市場経済の重要な構成部分とする（呉敬璉2001）。

翌1998年の「中華人民共和国憲法修正案」は、「国家は社会主義初期段階において公有制を主体とし、多様な所有制経済がともに発展する基本的経済制度を堅持する」と提示した上で、「法律に定められる範囲内の個体経済、私営経済などの非国有経済は社会主義市場経済の重要な構成部分」であり、「国家は個人経済、私営経済の合法的権利と利益を保護する」と明文化し、上述の中共第15期全会の基本的方針を法律化した。これらの改革と制度的保障のもと、20世紀末までには混合所有制を特徴とする社会主義市場経済の雛形が見えるような形になっていった。

2.2.3 チャイニーズ・スタンダードからグローバル・スタンダードへ
（2001年－現在）

2001年12月、中国は念願のWTO加盟を果たし、市場経済を前提とした世界経済システムのレールに中国経済を乗せるようになった。仮にWTO加盟までの経済改革の課題を経済体制の選択と市場経済への移行に集約し得るとすれ

---

15 中国第3代目の指導者江沢民が提唱したコンセプト。中共第15期全会の決定に書き込まれることにより、中国経済改革の指針として正式に定まったものである。

ば、その後の課題は世界経済の流れに応じて機能的にチャイニーズ・スタンダードをグローバル・スタンダードに切り換えられるかどうかという点にある。市場経済の選択を後戻りのできない確固たるものにしたという意味で、WTO加盟は中国の経済改革の一里塚であり、グローバル・スタンダードに適応したさらなる改革を促進するための原動力である。この時期の改革は、主に中共第14期3中全会と15期全会の決定に定められた市場経済化の基本方針や目標に沿って継続的に行われた。

第1、WTO加盟時の承諾事項に合せた市場化改革と対外開放の同時進行

図表2.4はWTOに対する承諾事項のインドと中国の国際比較を示している。これは1999年4月8日に米国貿易交渉代表が公表したデータをもとに作成した8分野の比較である。その評価は（中国がインドより）良い、分からない、（中国がインドより）悪い、で表記される。1990年代後期でのインドと中国との比較では、インドがWTOの加盟国であるため、その貿易体制は中国より分りやすい。しかし、図表2.4で分かるように、WTOに対しての承諾事項で比べると、中国がインドと同じかその上のレベルにある。この調査報告書の趣旨は市場経済化レベルと開放度にあるものの、20世紀末の時点で中国がすでにインドに遜色ない市場開放国家であるという結論が引き出せる。

こうした承諾事項を履行するに伴い、市場の全面的開放とそれに合わせた市場経済化制度整備が求められている。21世紀に入ると、中国の空間的対外開放は「点」から「線」の段階を経て、全面的開放の段階に入った。1999年9月の中共第15期4中全会の決定では西部開発を実施すると明確に提起し、2003年10月に中共中央と国務院の連名で「東北地域など古い工業基地の振興に関する中共中央・国民院の若干意見」を公表した。これらの措置と並行して、中共中央と国務院は「中部地域の発展促進に関する中共中央・国務院の若干意見」を発表し、中国全域開放時代の到来を告げた。そして、2006年4月に国務院は上海浦東地区に続き、天津濱海新区の総合コーディネート改革の実験を許可した。空間的対外開放の全面的展開とともに、対外貿易権限の移譲、関税障壁と非関税障壁による国内産業保護水準の引き下げ、為替レート管理体制などの改革が段階的に実施された。WTOに加盟して3年の過渡期を経た2003年の中国関税平均法定税率は1980年代の50％台から12％台に下がり、その他のWTO加盟途上国と同じ水準に達して、貿易権限、輸入割当、輸入許可書、輸入代替目録などの非関税障壁も段階的に撤廃してきた。為替レートの管理においては1994年1月2日から「二重相場制」を廃止し、管理的変動相場制を導入したが、2005年7月21日から従来の米ドル単一通貨へのペッグ制をやめ、通貨バスケッ

図表2.4 WTO加盟時の承諾事項に関するインドと中国の比較

項　目	インド	中　国	評価
GATT加盟の時期	1947年	1947年、1950年脱退	—
人口 (100万人／1997)	961	1,227	—
GDP（1997）	3,740億米ドル	10,550億米ドル	—
一人当たり平均GDP	390米ドル	860米ドル	—
世界貿易に　・輸出 占める割合　・輸入	339億米ドル　　0.8％ 404億米ドル　　0.9％	1872億米ドル　　4.4％ 1424億米ドル　　3.3％	—
関税障壁に関する合意事項	2005年まで完成品税率40％、半製品税率25％に、これを67％の関税種類に適用。高関税率範囲30％。	2005年まで平均関税率を9.44％に（若干の例外を除く）。すべての関税種類に適用。	良い
農業に関する合意事項	関税率0～300％	2004年まで平均関税率を17％に。すべての関税種類に適用。農業輸出補助の取消。大豆油、小麦、穀物、水稲、羊毛、砂糖、棕櫚、アブラナについて割当を定める。	良い
貿易・投資政策に関する合意事項	自動車業界に対し特別に国産化含有量を定めるほか、他の分野については逐次WTOに相応しくない規定を撤廃。	WTO原則の完全遵守、過渡措置なし。	分からないか良い
IT関係に関する合意事項	2000年までに95種類の関税を0関税率に。2003までに平均関税率4、2004年までに3、2005年までに残りの116種類IT製品の関税を撤廃。	2003年までに大多数の関税種類を0関税率に、残りの関税種類は2005年までに撤廃。	分からない
非関税障壁に関する合意事項	総関税の32％を占める2714の関税種類（消費財中心）を維持。6－7年で問題の解決を図る。	2002年までに大多数の問題を解決し、残りの問題（自動車を含む）は2005年までに一括解決。	分からないか良い
サービス分野に関する合意事項	銀行、非生命保険と再保険分野では外国側の株式所有率は51％以内に。 電信分野での外国側の株式は25％以内に。	◇金融業：合弁保険会社では1年以内の場合、外資側の株式所有率は51％、2年以内の場合、外資100％出資の非生命保険子会社の設立可。◇電信業：4年後、外資が49％の株式所有可。◇電信・コールサービス増値の場合、外資の株式保有率は51％可。音声・映像：音声・映像製品販売分野での外資株式所有率は49％可。	分からない
貿易・知的財産権保護に関する合意事項	2000年までに完全にWTOのルールに移行。薬品、化学品、微生物製品の特許は除外。	1992年アメリカとの合意内容：貿易に関する知的財産権保護規定を遵守し、薬品特許に保護を与える。WTO加盟後、完全に貿易に関する知的財産権の保護規定を遵守。	良い
輸出補助手当	工業製品輸出手当なし。	工業製品輸出手当なし。	分からない
輸出補助手当	工業製品輸出手当なし。	工業製品輸出手当なし。	分からない

（資料）「中国とWTO」（黄仁偉訳）『美国通訊』2000年2号より作成。

ト制に移行した。さらに 2010 年 6 月 20 日から中国人民銀行は人民元の弾力性を高めるため、人民元為替レート形成メカニズムの改革を新たに実施した[16]。このように、中国は経済発展の実際状況を踏まえて、対外経済の活性化を図るための制度整備および関連分野の改革を推進してきた。

第2、現代企業制度を樹立するための改革の継続的実施

1993 年 14 期 3 中全会の「社会主義市場経済体制確立問題に関する中共中央の若干決定」では、社会主義市場経済体制を樹立するための主な政策的構築として、現代企業制度の導入を提起した。その政策的構築は 1995 年の第 14 期 5 中全会で定められた国有企業の戦略的改組、つまり「掴大放小」方針によって具体化され、さらに 1999 年 9 月の「国有企業改革と発展の若干の重大問題に関する中共中央の決定」では、国有経済の株式改革を中心とする「戦略的な改組」を推進する方針が決められた。この流れに沿って、21 世紀に入ってからは大型国有企業の子会社による上場が多く見られ、工商銀行、建設銀行、中国銀行、農業銀行といった四大国有銀行は 2006 年までに海外株式市場での上場を相次いで果たし、中国金融市場の整備に必要なミクロ的基礎を提供した。

また、中国証券監督管理委員会（CSRC）は、2002 年 1 月 7 日に OECD のコーポレート・ガバナンス原則を参照して「上場会社企業統治原則」を制定し、国内の上場会社に適用した。その後、2003 年 3 月の第 10 期全人大第 1 次会議の決定に則って「国有資産監督管理委員会」を設立した。これらの措置を実施することにより、国有経済の運営をグローバル・スタンダードの軌道に概ね乗せるようにした。さらに、2010 年 12 月に国務院は国有資産の管理会社として「国新持株有限責任公司」を設立した。この会社は、グループ全体の上場による中央所属企業の活性化、非中核事業の売却などを中心に中央所属国有企業の再編を行う国有資産の管理委託会社であり、国新公司の設立、国資委から国新公司への業務移譲、そして独立性を保有する中央企業の確立、といった 3 つのステップで、中央所属企業の管理および再編を行うはずであったが、残念ながらこれといった活発な活動を見せることなく今日に至っている。

第3、市場指向の社会保障システムの構築

新しい社会保障システムの構築は、1993 年の中共中央第 14 期 3 中全会の「決定」において、基本的老齢年金保険と医療保険に個人口座を導入し、社会保障の行政管理と社会保障の基金経営を分離すべきであると決定したことを背景として 1995 年から始まった。しかし、新しい老齢年金保険や医療保険といった社

---

16 『中国経済数字地図 2011』科学出版社、2012。

会保険システムの構築は短期内に奏功しにくいと想定される中で、中国政府は都市における社会保障制度の導入を決定した。そして、21世紀に入ってから老齢年金保険や医療保険などの改革は徐々に進展を見せた。

図表2.5 中国の社会保険・保障システム （2013年）

項目	公的年金保険	公的医療保険	公的労災保険	失業保険	生育保険	最低生活保障制度
都市	・従業員年金保険（強制加入） ・住民（非従業員）年金保険	・従業員医療保険（強制加入） ・住民（非従業員）医療保険	都市部従業員向けの公的保証	従業員への失業補助	一人っ子奨励政策の一環	都市部住民向けの公的生活保障
農村	農村年金保険	農村医療保険				農村部住民向けの公的生活保障

（1）都市住民最低生活保障制度

1997年9月に国務院が公布した「全国都市住民の最低生活保障制度の建設に関する通知」を背景に、都市住民最低生活保障制度は「9・5計画」（1996－2000年）期間中に樹立することを目標とした。この制度は基本的に次の3つから構築される。①都市住民最低生活保障の対象は、家庭の一人当たり平均収入が現地の最低生活保障標準を下回る非農業戸籍を持つ都市住民である。②都市住民最低生活保障制度の実施に必要な資金は、各地方政府の財政予算において社会救済専用別枠資金支出科目を編成し、専用勘定による管理を行う。③都市住民最低生活保障の基準は、地方政府がそれぞれの地域の基本生活必需品の費用と財政の引き受け能力を踏まえて定め、また生活必需品の価格の変化と住民生活水準の向上に応じて調整する。この制度はほぼ予定通りに樹立し、2002－2012年の10年間で都市における住民最低生活保障の対象者は1,963万人から2,143.5万人に、一人当たり平均支給額は月152元から330.1元に増加した。いっぽう、21世紀に入ってからは、農村における最低生活保障システムも徐々に完成し、2012年末の同保障対象は5,344.5万人、支給額は年2,067.8元となった。また、2012年における中央財政の補助金支出は、都市の最低生活保障総支出の65.1％、農村の同総支出の60.1％を占めるまでに至った[17]。

---

17 中国国家統計局編『2013年中国発展報告』中国統計出版社。

(2) 老齢年金制度

　老齢年金制度は1951年に旧ソ連をモデルとした社会保障制度の導入から始まった。現行制度の枠組みは1997年に示され、2001年から国有企業の多い遼寧省でテストを実施した上で、普及された。2006年以降の年金制度の仕組みをまとめると、下記の特徴が見られる。①就業者、企業、財政の3者負担をベースとする。就業者は賃金の8％、企業は賃金の20％、財政補助は社会保険機構の管理運営費と基金の不足分の補充を、それぞれ負担する。②就業者負担は個人口座を形成し、その計算式は、残高÷（地域の平均寿命－退職時の年齢）×12となる。ただし、個人口座の残高がなくなった場合は、同様の額が基金から給付される。企業負担分は社内プールとして計上し、〔（地域の平均賃金＋本人の加入期間の平均賃金）÷2〕×（加入期間÷100）といった割合で個人口座に組み入れ、それに財政補助が加わる[18]。③1990年代初期に、年金行政の主導的役割は中央から地方に移転されたが、省、市、県でプールするなど、まちまちであった。第11次5ヵ年計画（2006－2010年）には、制度の簡素化、社会プールによる調整能力の向上を通じて、制度のさらなる普及を図るため、省レベルでの社会プールに統合するよう訴えた。2010年末に老齢年金の加入者は2005年より8,219万人増の25,707万人に達し、年平均伸び率では8％となった。ちなみに、2014年から公務員系列とこれに準ずる大学など機関事業部門も独自の制度からこの制度への軌道転換を実施し始めた。

　農村の老齢年金の制度整備は、1991年に山東省などの地域での実験的運用を皮切りとし、翌1992年にはこれをモデルとした年金制度を全国へ普及することを試みた。この年金制度の根幹は、①保険料は個人が基金に納付し、郷鎮企業および郷鎮政府がこれを補助し、中央政府は郷鎮企業の保険料を免税扱いとすることで支援する、②個人、郷鎮企業、郷鎮政府の保険料の負担（月額）は、2－20元まで2元刻みに10ランクとして個人の事情に合わせて選択し、60歳を超えた段階で個人口座に積み立て残額の120分の1を毎月受け取る、③制度の安定性および信頼性を高めるため、基金の管理は県レベルで行うというものである[19]。しかし、この制度は未熟で評価は惨憺たるものとなり、特に豊かで普及可能な地域で商業保険が選好されていたことが問題点として注目を集めた。制度の見直しは、21世紀に入ってから段階的に行われたが、2009年に至って、ようやく全国範囲での新しい農村老齢年金の実験的運用が行われ、2010年末に

18　財団法人自治体国際化協会Web『http://www.clair.org.cn/act_cont_3_3_2006.htm』を参照。
19　注26と同じ。

はモデルケースが、27の省・自治区・直轄市の838の県レベルの行政区画に普及し、新しい老齢年金に加入する人口は20,277万人、年金の受給人口は2,863万人となった。なお、2010年の年金総収入額は453.4億元で、そのうち個人の支払総額は225.4億元、総残高は422.5億元である[20]。新しい農村老齢年金基金は、個人負担、集団補助、政府補助を原則とするものの、農村の実情を踏まえ、地方・中央財政の財政補助と個人口座との結合による支給方式を採用している。また、農村、農民への国民所得再分配の傾斜が見られる。

（3）医療保険の改革

医療保険改革は、企業全額負担＝社会全額負担から個人＋企業＋政府＝三者負担方式へと移行する形で行われた。1998年に都市部従業員を対象にした「都市従業者基本医療保険」を実施し、市場指向の社会保険システムへ移行する第一歩を踏み入れた。2003年に「新型農村合作医療保険」を導入、さらに2007年に「都市住民基本医療保険」（非従業者が対象）の実験的運用を始め、第11次5ヵ年計画終了年次の2010年に、これら3つの医療保険のカバー率は12.6億人に達し、90.9％の地域において医療費の即時決済ができるようになった[21]。2012年は、「都市従業者基本医療保険」と「都市住民基本医療保険」の加入者がそれぞれ2.65億人と2.72億人で、「新型農村合作医療保険」の加入者は2011年の8.32億人から8.05億人に減少したものの、そのカバー率は都市化の進捗により97.5％から98.3％に増加した[22]。中国医療保険システムの特徴は、以下の3点である。①運営主体は、省をベースとした地方政府であり、保険料の算定は地域の平均的賃金を参考基準にしているため、地域による社会保険の格差が大きい、②公的医療保険でありつつも強制加入と任意加入が混在し、都市部労働者と公務員系統は強制加入の対象となるが、都市部の自営業あるいは無職者、農民は任意加入となっている、③ハイブリッド型の保険料負担、つまり都市部労働者と公務員系統が所得に応じて支払い、企業側がより重い保障料金を課されるのに対し、把握しにくい都市部の自営業あるいは無職者、農民の場合は定額の支払いとなり、地方財政と中央財政の負担がより重い。

（4）課題への対応

いずれにせよ、中国の社会保険システムは、経済発展の実情に合わせたものであり、企業と財政の負担が多いことが大きな特徴であるため、その持続性が

20　中国国家統計局『輝煌的"11.5" 2006－2010』（輝かしい「11.5」2006－2010）中国統計出版社、2011.7。
21　注28と同じ。
22　『中国統計年鑑』2014より算出。

問われる。また、省・自治区・直轄市をベースとした運営は、端的に地域的格差および地域内での都市部と農村部の格差を反映しており、公的ならではの公平性、公正性が欠ける以上、改革の深化によってそれを是正することが待たれている。こうした中で、国務院は2013年5月、国家発展および改革委員会による『2013年経済体制改革を深化させるための重点的取組に関する意見』を批准し、都市部および農村部の住民の基本医療保険制度を統一させること、基礎養老金の全国統一化について研究・制定することなどと訴え、社会保障システムの改善に向けた具体的なロードマップを提示している。

3. 市場経済化改革の成果、特徴と課題

　中国における市場経済化改革は、20世紀末までに計画経済から市場経済への体制転換を概ね成功させた。ここ30数年の長きにわたるプロセスの中で、中央集権的計画経済体制に抑圧されていた経済的ポテンシャルは改革の進捗とともに釈放され、経済成長、ひいては国民生活の向上に結び付いた。市場経済化改革がなければ経済の繁栄はないという意味において、中国の経験は制度変革と経済発展の関係を裏付けるケースとして恰好の存在である。その主なものをピックアップすると、（1）家庭生産請負制、つまり家庭農場制の導入がもたらした農業生産性の向上と郷鎮企業の勃興、（2）「体制外先行戦略」により育まれた市場と私営企業の発展、（3）「掴大放小」や現代企業制度の導入による国有企業の活性化などが挙げられる。しかし、だからといって市場経済改革をすれば、必ず成功するといった保証があるわけではなく、中国の経験に潜む示唆の多くは、旧ソ連・東欧社会主義諸国と異なった中国経済改革ならではの道筋とその手法によるものである。

　また、市場経済体制への構造転換が達成されたからといって、改革が終わったわけではない。市場経済化改革がスムーズに遂行された影に課題は山積しており、中国は改革を未完の状態で終わらせてしまうのか、それともさらなる改革を敢行して新しい課題に挑むかという選択を迫られている。

3.1 「社会主義市場経済」という中国特色のある市場経済体制の樹立

　「社会主義市場経済」の概念については「中国の特色のある市場経済」あるいは「共産党・政府の主導による市場経済」などで解釈され、いずれにしても開発独裁的側面をクローズアップさせるものである。これらの概念とは別に、市場原理が国民経済運営の中で中心的な機能を果たし始めた時期を、市場経済体

制の確立を基準に判断するとすれば、20世紀末辺りがこれに該当するものと考えられる。

そもそも中国における市場経済の形成期については、1980年代中期説（何暁星2003）と1990年代中期説[23]に大別される。胡鞍鋼の定量分析によると、1979年の中国の市場指数は25％で、1985年に50％を超え、1992年は63％に伸び、2010年までに75％前後に達すると見込まれている（胡鞍鋼1999）。50％が量的拡大と質的変化を測る分岐点であるとすると、中国は1985年から初期市場経済の形成期に入ったことになる。しかし、民営経済と国有経済間のアンバランス、政府による生産財価格のコントロール、私営経済に対する法的認知の不在など、さまざまな疑問点が残る。これに対し、1990年代中期説は1994－1999年という時間的な許容範囲を設定した。この範囲内では定量測定に差異こそあるものの、市場化指数が50％をはるかに超えたという点では、ほとんどのケースで一致しており、2000年までに、中国特色のある市場経済体制はすでに確立していると結論付けられる。価格および給与、人口移動、マクロ経済運営から市場化要素を考察すると、下記のようになる。

第1、政府定価・政府指導価格から市場価格へ

図表2.6が示すように、1992年に社会商品小売および農産品買い付け、生産財販売という3項目の市場価格率がいずれも50％を超えた。このうち、市場価格率の低い生産財販売価格でさえ前年の45.7％から73.8％にまで上がり、1996年には80％を突破した。1998年になると、当該3項目の市場価格に政府指導価格を加えた数値はいずれも90％を超えている。その後、国民生活に関わる重要な資源、例えばガソリン、医薬品などごく少数のケース以外は、ほとんどと言っていいほど市場メカニズムによる価格形成となった。

第2、統一の等級給与制から給与制度の多様化へ

計画経済時代の等級給与制は、国有企業制度を支える柱の1つであった。この制度によると、労働者は8等級、幹部は23等級、技術系は図表2.7のランク分けにより幹部の23等級に準じて換算される。いっぽう農村部では自給自足を基本とする「工分制」を実施していた。「金持ちもなければ貧乏人もなし」「働くとも働かなくとも同じ給料だ」というように、悪平等の社会は上記の制度下に作り上げられたが、人民公社の崩壊と家庭を単位とする生産請負責任制の実施により、農村部の「工分制」は早くも1980年代初期にその終焉が宣告された。

---

23 アメリカ国際経済研究所1999レポートによる。何暁星（2003）『中国における初期市場経済の謎を解く』広東人民出版社から引用。

1984年からは改革の重点が農村部から都市部へと移行し、所有権と経営権の分離を中心とした国有企業での経営請負責任制が実施された。1980年代の国有企業改革は試行錯誤を繰り返すものであったが、伝統的な等級給与制がなくなり、市場原理を働かせる給与制の多様化時代を迎えるきっかけとなった。

図表2.6　1990－98年における3種類価格の比重　（％）

項　目	価格形式	1990	1991	1992	1993	1994	1995	1996	1997	1998
社会商品小売総額	政府定価	29.8	20.9	5.9	4.8	7.2	8.8	6.3	5.5	4.1
	政府指導価格	17.2	10.3	1.1	1.4	2.4	2.4	1.2	1.3	1.2
	市場価格	53.0	68.8	93.0	93.8	90.4	90.4	92.5	93.2	94.7
農産品買い付け総額	政府定価	25.0	22.2	12.5	10.4	16.6	17.0	16.9	16.1	9.1
	政府指導価格	23.4	20.0	5.7	2.1	4.1	4.4	4.1	3.4	7.1
	市場価格	51.6	57.8	81.8	87.5	79.3	78.6	79.0	80.5	83.8
生産財販売総額	政府定価	44.6	36.0	18.7	13.8	14.7	15.6	14.0	13.6	9.6
	政府指導価格	19.0	18.3	7.5	5.1	5.3	6.5	4.9	4.8	4.4
	市場価格	36.4	45.7	73.8	81.0	80.0	77.9	81.1	81.6	86.0

（資料）『中国物価』1998年12号と1999年12号より作成。

図表2.7　業務・技術職のランク付け

系列	ランク区分			
	1	2	3	4
工程技術関係	高級工程師	工程師	助理工程師	技術員
大学教師	教授　副教授	講師	助教	
編集関係	編審　副編審	編輯	助理編集	
外国語翻訳・通訳	訳審　副訳審	翻訳	助理翻訳	
新聞記者	特級記者　高級記者	記者	助理記者	
図書・档案資料関係	研究館員　副研究館員	館員	助理館員	
医療関係	主任医師　副主任医師	主治医師	住院・医師助理	医士
会計関係	高級会計師	会計師	助理会計師	会計員
統計関係	高級統計師	統計師	助理統計師	統計員
経済関係	高級経済師	経済師	助理経済師	経済員

（資料）中国国家統計局社会経済調査総隊『中国城市住戸調査手冊』1990年より作成。

第3、人口移動の自由化と戸籍制度の段階撤廃

現代中国において、地域間・職業間の人口移動は、1949－1958年の自由移動期、1958－1978年の厳格的規制期を経て、1978年以降の段階的規制緩和期に至る。「戸籍制度」と呼ばれる中国独特の戸籍管理制度は、都市戸籍と農村戸籍を区別し、地域間の人口移動、特に農村部から都市部への人口移動、第1次産業から第2次・第3次産業への人口移動を厳しく制限していた。これにより、都市と農村という「二元化社会」が形成され、農民が農業分野に固定させられるとともに、国民所得分配、生活必需品の供給、就職、教育、社会福祉などさまざまな面で差別的に処遇されていた（図表2.8は戸籍制度をなす主な制度的構築）。1978年以降は人口移動への規制がなくなったものの、「二元化社会」は「二元化労働市場」という形で構造化され、「農民工」と呼ばれる出稼ぎ労働者は、依然として職業の選択、賃金・社会保障の水準などの面で差別的に処遇されている。

「戸籍制度」は、人口移動を左右する基本的制度構築として、過去において重化学工業を優先的に発展させるための原始蓄積に寄与する側面があったことは否めない。しかし、市場経済化の流れの中では、いかに経済発展のニーズにそれをマッチさせ得るかがきわめて重要なポイントとなり、1990年代に入ってからは省・直轄市・自治区ごとに戸籍制度管理に改革を行ってきた。その代表的な取り組みとして、以下の3点が挙げられる。（1）エリートを対象にした「藍印戸籍」制度。上海や深圳などの大都市では、投資、住宅購入、技術人材などを取得の基本条件として当該制度を導入した。人材集積において優位性を持つ上海は都市再開発の資金を目的とすることが多かったのに対し、深圳は若い都市であるため人材の導入を目的とするケースが多かった[24]。（2）一般出稼ぎ労働者を対象にした「暫居証」制度。1994年に深圳市は率先して「暫居証」制度を導入した。これを皮切りに「暫居証」制度は大都市への広がりを見せた。この制度を導入した背景には、都市部第2次、第3次産業の発展および出稼ぎ労働者の管理があったと考えられる。2008年に深圳市では「暫居証」を地域住民と同一視する「居住証」に変更したが、北京市などのように「暫居証」の段階にとどまっている都市もある[25]。（3）地方主導による戸籍併合のモデルケース。広東省では、2010年から「農民工積分入戸城鎮」（農民工点数蓄積型都市戸籍

24　「藍印戸籍」は依然として差別的な側面を持つ。①当地の戸籍との違い、②エリートを対象にする属性、つまり低層の農民工を対象から除外している。

25　北京市では2012年から「暫居証」を持つ人が払ってきた暫住料金や「借読費」（居住地学校へ子供を通わせる場合の料金）を廃止した。「暫居証」の機能は「人の管理」から「人へのサービス提供」に転換する傾向が見られる。

取得)[26] 制度を実施し、省内都市化率を 67.5% に目標を定めた。いっぽう、同じ 2010 年に、重慶市では、都市・農村二元化社会構造をなくすための戸籍制度改革をスタートさせ、2011 年までに一日当たり平均して 6,299 人が農村戸籍から都市戸籍に転換した[27]。

図表 2.8　戸籍制度の主たる内容 (1949 – 1959)

年	規定・条例・法規などの名称	主要内容
1550	特殊人口の管理に関する暫定規定	特殊人口の管理
1951	都市戸籍管理暫定条例	都市部常住人口の登録と管理
1953	食糧統一購入・統一販売に関する中共中央の決議	食糧買取と供給範囲の規定
1954	内務部・公安部・国家統計局聯合通告	農村部戸籍登記制度の普及
1955	経常戸籍登記制度の確立に関する指示	人口および戸籍変動の登記と管理
	市・鎮食糧供給暫定規則	食糧供給・配給切符、食油の管理
	都市・農村区分基準に関する規定	農業と非農業人口の区分
1956	第 1 次全国戸籍工作会議の 3 つの文書	戸籍管理 3 つの任務
1958	農村人口盲目的流出に関する指示の補充通知	農村人口の都市部流出への規制
1959	新職工と固定臨時工の募集停止に関する通知	農村から従業員募集の停止

(資料) 下記の資料より作成。①陸益龍『超越戸籍 ―解読中国戸籍制度―』中国社会科学出版社、2004。②蔡欣言の修士論文「中国における農村・都市間の経済格差と戸籍制度改革」2013 年 7 月、桜美林大学図書館にて保存。

　2011 年 2 月に、国務院の『積極的かつ穏やかに戸籍管理制度の改革を推進するための通知』が公表された。この中で、「国家基本戸籍管理制度は中央職権に属する。地方政府は国家基本戸籍管理制度の原則と政策の範囲内において地元の実情を踏まえ、具体的な措置を探求・実施する」と規定し、権限が中央政府にあるという前提のもと、地方政府は地元の実情を踏まえて戸籍管理制度の改革を実施するという政策を明らかにした。戸籍制度をめぐる改革は、職業の選択、社会福祉、教育などさまざまな面に及んでおり、膨大なコストが必要なだけに、困難を極めるものと想定される。しかしながら、1980 年代中期以降、人口移動の自由を保証する制度が徐々に整備され、農村の剰余労働力は順次都市

26　戸籍登録地、教育水準、技術・技能などに点数を配分し、規定された点数を取得すると広東省の都市戸籍が取得できるとの規定。2010 年の段階で、180 万人の農民工がこのプロセスに入った。
27　農村人口の都市人口への転換は大よそ 2,010 億元コストが必要で、企業がそのうちの 1,229 億元、残りは中央政府と地方政府の財政補助と個人が負担するとの計画。資料：蔡欣言の修士論文。

部に移転し、第1次産業から第2次、第3次産業への産業構造の転換を促進した。1978－2013年の間に、第1次産業の就業人口が全産業の70.5％から3分の1に縮小したことは、これを端的に裏付けている。

第4、行政主導からマクロ・コントロールへ

1980－1995年の16年間、経済の年間平均成長率は9.75％の高い水準をキープしたが、3－4年ごとに過熱と冷え込みが繰り返される周期的なサイクルが特徴であった。成長加速と政策的な後押しがあれば必ずそれがブーム的様相を呈するのであるが、いざインフレが高騰すると、交通・エネルギーの供給が追い付かずにボトルネックとなり、さらに国際収支が悪化するため、経済調整期になると経済は急速に冷えてしまう。これは当然ながら中国の経済改革が置かれていたマクロ経済環境などと密接に関係するが、計画管理の強化に基づいたマクロ経済運営の結果とも言えることは否めない。

1992年中期－1993年中期の約1年間、中国では拡張的通貨政策を用いて経済成長を刺激したため、全域において、開発区ブーム、不動産ブーム、債券ブーム、株式ブーム、先物ブームなど経済のバブルが巻き起こり、経済はあっという間に過熱状況に達した。こうした状況への応急措置として、中国政府は1993年6月に経済を安定化させるための「16の計画」を公表した。さらに、1993年11月の中共第14期3中全会で採択した「社会主義市場経済体制建設の若干問題に関する中共中央の決定」では、改革の深化を通じて、経済過熱に至らせる制度的な諸要因を取り除き、20世紀末までに社会主義市場経済体形の一応の樹立を確保するよう求めた。具体的な内容とは別に、1990年代前期の経済過熱への対応措置において、これまでの計画管理の強化を中心にした方法と異なる点として、下記の3つが挙げられる。（1）中共中央第14期3中全会の決定が、改革の深化を通じて過熱を生み出す制度的諸要素を取り除いたことを集中的に示していること、（2）中国政府が鄧小平「南巡講話」が発表された1992年から財政、金融を介在して間接的に行うマクロ・コントロールシステムの導入を試み、今回の過熱への対応過程においてこれを実践し、貫いてきたこと、（3）行政としては市場ルールを確立し、その遵守を貫かせたことである。

1994年となると、経済の過熱状況は次第に緩和し、ソフトランディングという政策目標を達成した。その後も試行錯誤はあり、「上有政策、下有対策」（上に政策あれば、下に対策あり）といった現象も見られたが、中央政府・省レベルの地方政府の2層からなるマクロ・コントロールシステムは改革の深化に伴って定着し、転換期にある国民経済を健全的に発展させることに寄与した。

体制移行と制度改革の成果が多岐にわたったとはいえ、その総合的な成果は

改革のコストを最大限に抑えながら計画経済体制を市場経済体制へ導いたことに尽き、その他の成果はいずれも市場メカニズムの導入および市場経済体制の確立によってもたらされた派生的なものであると位置付けられる。

3.2　改革のプロセスに込められた中国的特徴と示唆

　中国は政治体制改革ではなく、経済体制改革を先行させることにより、社会主義市場経済と呼ばれる市場経済体制にたどり着いた。これに対し、旧ソ連および東欧の社会主義諸国はいずれも激しい政治変動を経て、市場指向の構造転換に踏み切った。経済学者らはこうした構造転換を「漸進主義」（Gradualism）と「ショック療法」（Shock Therapy）に分類し、両者の優劣を比較した。30 数年の長きにわたった中国経済のパフォーマンスと、1991 − 2000 年のロシアの構造転換の過程で生まれた経済衰退、組織的犯罪、社会的不安、国有資産の喪失などのマイナス効果、ひいては現在でもエネルギー頼りの経済構造の偏在とを比べると、「ショック療法」あるいは「ビックバン」と呼ばれる政策を採用した結果であると帰結してもやむを得ない側面がある。いずれ中国も政治体制と経済体制の釣り合いの問題に直面せねばならないが、体制移行と制度改革の道のりを遡ってみるとその特徴は明らかであり、今日までの成功に至った「秘訣」が多く込められるものである。

　第 1、プラグマティズムを貫いた漸進的遂行

　中国の改革は最初から一貫した目標を持つものではない。「摸着石頭過河」（石を探りながら河を渡る）、「不管黒猫白猫、捉住耗子就是好猫」（黒猫でも白猫でもネズミを捕まえれば良い猫だ）と鄧小平は言う。つまり、前人未踏の改革であるからこそ、経済発展の実際問題を解決するための改革目標モデルを段階的に設け、「実験・学習、再実験・再学習、選択・普及」というプロセスに沿って、新しい制度を確立してきた。その具体的な取り組みは、（1）社会主義イデオロギーとのバランスを取ること。1992 年において社会主義市場経済を前面に出すとともに、「社会主義初期段階論」を国民に徹底周知させるようにしたのはその典型的な事例である[28]。（2）モデルケースから制度の構築をスタートさせること。家庭生産請負制は安徽省小岡村のケースをベースにしたものであり、私営企業は「下放知識青年」の就職問題を解決することから合法化されたものである。

28　「社会主義初期段階論」とは、市場経済が高度に発達してこそ社会主義、ひいては共産主義に至るといったマルクスの理論に基づくとすれば、中国が市場経済の未発達の段階にあるため、まず市場経済の段階を経験すべきであるとの説。

（3）漸進遂行の中には急進的突破もあること。1996年から実施した国有企業の改革は「掴大放小」（大は掴み、小は手放す）によって象徴されるが、これもまたそれまでの国有企業改革の失敗の上に成り立ったものである。

第2、成果を出し易いところからのスタート

「豊かになれるところから先に豊かになれ」と言われるように、条件の整った一部の企業あるいは地域を先に発展させ、改革なくしては苦境を抜け出せないと認識させることにより、さらなる改革への土台を創り上げていく。このように、結果を出し易いところから着手し、広範にわたって国民と幹部の間でコンセンサスを取り、改革への抵抗を減らしながらステップアップを図り、改革の難関に挑んできた。経済体制改革が沿海部から内陸部へ、地方中心都市から周辺地域へと拡大していく過程は、これを集中的に示している。また、経済体制改革・対外開放の先導エリアとして、広東省の深圳、珠海、汕頭、福建省の厦門を選択したのは、これらの地域が香港、マカオ、台湾との地縁的、血縁的関係が近く、結果を出し易いことを考慮したものであり、そして万が一失敗したとしても大局に影響を及ぼさないこともポイントの1つであった。

第3、体制外から体制内への段階的深化

国有経済は社会主義計画経済体制の中で支配的地位を占めるため、それを活性化させる改革を行わなければならない半面、それによって国民経済を支えなければならない。そのため、国有経済の改革は短期間に功を奏さなければ、国民経済をのっぴきならない状態に陥れる恐れさえある。これは、旧ソ連と東欧の社会主義諸国において国有経済の改革に集中した理由であり、ジレンマでもあった。中国は第2次体制移行の中で、こうしたやり方の代わりに「体制外先行戦略」を採用し、非国有経済の活性化と育成を先行させた。この戦略は市場と企業家を育み、民間部門を底辺から成長させることによって、改革を進める中で避けられないショックを吸収し、経済的繁栄と政治的安定を維持するサポート的な要素となった。また、改革の力を蓄える意味では、国有経済改革という最終難関を突破するためのステップを用意した。非国有経済改革を国有経済改革と繋ぐメカニズムは、主にモデル効果と競争圧力を通じて国有部門の改革を促進することで示されるが、結果として、市場経済化改革の道に沿って進まなければ活路はなく、経済的繁栄も維持できないという相互促進の態勢を醸し出し、中国の経済改革の成功に積極的な役割を果たした。

第4、市場経済化改革と対外開放の結合

第2次体制移行は、1978年末の中共第11期3中全会の決議によって敷かれた改革・開放路線に沿って行われてきた。体制移行と対外開放の同時進行が両

者間の相互促進による相乗効果を生み出し、2011年のWTO加盟およびその後のダイナミックな輸出主導型経済成長はこれを裏付けている。体制移行を伴った市場経済化改革の側面から述べると、市場メカニズムの導入、人的、物的、金銭的、技術・ノウハウを含めた情報的経営資源の提供、内外価格差の縮小など何一つ取ってみても、対外開放なくしては語れない。つまり、改革と開放は体制移行を成功させるための双璧であり、車の両輪である。このことは中国の実践から積み上げられた経験則として、市場経済への転換を目指すポスト社会主義諸国にとって示唆に富むものである。

3.3 市場経済化改革の課題

30数年にわたった高成長は「改革のボーナス」と呼ばれる新しい制度の構築・導入によるものが多かったが、こうした光の部分に隠された課題も多々存在し、改革の推進なくして課題を解決するための道は開かれない。

改革の課題としてまず挙げられるのは、政治改革の遅れである。市場経済社会において、公認された法律と独立性を保った公正的な司法システムが機能しなければ、市場の参加者らは自らの財産の安全を保護する、あるいはより多くの利益を得るために、官との癒着を選ばざるを得ない。このことが「レント・シーキング」の新しい動力となる。2014年に摘発された前中共中央政治局常務委員・公安部長周永康らの「レント・シーキング」の実情には目を疑うものがあったが、それは氷山の一角に過ぎない。社会的公正と市場経済のニーズに適応した党・政府・経済活動の関係およびその基本ルールを定めることは当然のことであり、さらなる法整備および司法の剛性を強めることが、「レント・シーキング」といった市場経済運営上の障害を根絶する基礎となる。

第2に挙げられるのは、投資・貿易依存型成長方式から内需中心型成長方式への構造転換を図るための制度整備である。この中で、「二元化社会構造」と呼ばれる都市・農村間の格差を縮めるには、戸籍を単一の人口管理の台帳にするだけでなく、社会保障や教育などを含めた総合的な対応が必要で、それは、都市化、国民所得再分配といった政策と密接に関係している。また、工業化を推進する上で、いかに資源・エネルギー大量消耗型産業構造を資源・エネルギー節約型産業構造へステップアップさせるかが政策構築の中心となる。さらに、市場メカニズムを活かしながら資源配置の最適化を図ることはきわめて重要である。そもそもマクロ・コントロールは、財政、金融を介在して間接的に行うのが基本的であるが、2003年から経済の「過熱」が生じると、主管部門はこれを「局部的過熱」と断定し、鉄鋼、電解アルミ、セメント業界への投資に対し

て直接的関与を行い、これらの分野の産能過剰を膨らませた。このことは教訓として残っている。

　第3に挙げられるのは、混合経済における国有経済の位置付けである。国有経済の改革には大きな進展が見られたとはいえ、エネルギー、電信、石油、金融など国有独占の分野となると、改革のペースは明らかに鈍化する。また、それらの分野ではその膨大な資金力を後ろ盾にM&Aを通じて民営企業を買収し、さらに肥大化している。マス媒体で報道される「再国有化」「新国有化」といった「国進民退」（国有が前進、民営は後退）の現象さえ生まれ、国有企業の在り方が問われている。

　このほか、財政・金融など課題は枚挙に暇がない。これらの課題を背負って、習近平李克強体制は2012年に発足している。

4.「新常態」入りした改革の新しいステージ

　2012年になると、中国経済成長のスピードは2桁から7－8％台に落ち込み、高成長から中・高速成長への「新常態」入りを余儀なくされている。30数年の長きにわたった改革と成長によってもたらされた諸々の歪みと課題に直面し、いかに「改革のボーナス」を引き出し、経済の繁栄を支えていくかが、最重要課題として注目の的となった。

　習近平・李克強体制はまさしく中国の経済改革が重大な節目に差し掛かったこのタイミングで誕生し、腐敗摘発、法治中国をめぐる制度構築など一連のアクションおよび改革の提起により、「新常態」という新しいステージでの改革を強烈にアピールしている。習・李体制の改革の綱領とも言える文書は、2013年11月の中共第18期3中全会で採択した「改革の全面的深化の若干問題に関する中共中央の決定」および2014年10月の中共第18期4中全会で採択した「法による治国の全面的推進の若干問題に関する中共中央の決定」である。

　政治分野では「虎と蝿は一斉に退治する」として、党、政府、国有企業を中心に、全国規模で反腐敗キャンペーンを繰り広げ、2014年だけでも前中共中央政治局常務委員・公安部長周永康、前中共中央政治局委員・軍事員会副主席徐才厚を含む20数名の政府高官が摘発された。習、李体制は反腐敗の「本気度」を示すとともに、法により国を治めることを「常態化」させるための法的整備と司法の独自性・剛性の強化について、「改革の全面的深化の若干問題に関する中共中央の決定」で明文化した。その中心的な内容は、①憲法実施および監督制度の健全化、②立法と改革意思決定のリンケージの実現、③高級幹部の司法活動へ

の関与・具体案件処理への干渉に関する記録、通報と責任追及制度の樹立、④検察機関による公益訴訟提起制度の樹立の探索などからなる[29]。党、政府、経済活動の3者関係およびその基本ルールを定め、党および政府高官の司法独自性への干渉をなくし、改革と経済活動の健全化を図ることが、その主な目的である。

経済分野では、「改革の全面的深化の若干問題に関する中共中央の決定」において、「基本経済制度の堅持と健全化」「現代市場体系健全化の促進」「政府機能転換の加速、財・税体制改革の深化」「都市・農村発展の一体化体制メカニズムの確立」「法治中国建設の推進」「権力運営の制約・監督体系の強化」「社会主義民主主義政治制度建設の強化」など16題目を設け、60に及ぶ改革の課題と目標を盛り込んだ。そのポイントは下記の通りである[30]。

第1に、経済体制改革は改革を全面的に深化させる重点であり、そのコアとなる問題は政府と市場の関係を正しく処理することにより、市場を資源配置において決定的な役目を果たさせることである。

第2に、公有制を主体とし、多種類所有制経済がともに発展する基本経済制度は社会主義市場経済体制の根幹であるという前提のもと、財産権は所有制のコアであり、各所有制経済の財産権の保護制度を健全化させること、国有資本、集団資本、非公有資本などの交叉による混合所有制経済を積極的に発展させること、国有資本が公益性企業への投下に傾斜し国有資本のコントロール下にある業界では、行政と企業・資本の分離を実施し、非公有制経済が市場参入できるようにすること、非国有制経済に対しての差別的な規定、市場参入の障壁を取り除き、公有経済と同等の権利・機会を付与することなどと、社会主義市場経済体制の基本的所有制構造および企業改革の枠組みを示した。

第3に、政府機能転換の目標と基本内容を、①マクロ・コントロールシステムを健全化させる目標と併せて、マクロ・コントロールの主な任務はマクロ経済のバランスの保持、要となる経済構造調整および生産力構成最適化の促進、経済周期サイクルによる影響の緩和、局部的・系統的リスクの防備であり、その主な手段は財政政策と通貨政策であると規定したこと、②さらなる行政の簡素化と権限移譲、市場メカニズムが活かせる経済活動からの撤退などの内容を含めた政府機能の全面かつ正確な履行、③政府組織構造の最適化、という3つ

---

29 2014年10月の中共第18期4中全会で採択した「法による治国の全面的推進の若干問題に関する中強中央の決定」『新華網』(xinhuanet.com)、2014.10.30。
30 2013年11月の中共第18期3中全会で採択した「改革の全面的深化の若干問題に関する中共中央の決定」『中国経済網』(www.ce.cn) 2013.11.18。

に絞った。

　第4に、都市と農村をともに発展させるための一体化体制メカニズムを確立するという目標のもとで、都市・農村の二元化構造はこれを妨げる主要因であると指摘し、新しいタイプの農業経営体系の構築を速めること、農民により多くの財産権を与えること、都市・農村間の要素資源の平等的交換と公共資源の均衡的配置を推し進めること、都市化の健全な発展を図る体制メカニズムを確立することなどを目標達成の基本的内容として挙げている。

　このように、2013年に開催された中共第18期3中全会を境として、新しいステージでの改革が本格的にスタートした。ただし、政府機能の転換および財・税制改革などで段階的な進展が見られるいっぽうで、国有経済改革にはこれといった進展がなく、ほぼ「笛吹けど踊らず」といったような状態にある。こうした中で、都市化戦略とも呼ばれる都市・農村一体化改革はダイナミックな展開を見せ、一日当たり数万人のペースで農村戸籍人口から都市戸籍人口への移行が進んでおり、近い将来における中国社会・経済の変貌を思わせる。

　そもそも都市化戦略は、二元化構造から都市・農村一体化構造に変化すること自体の政治・社会的意義と、それによって「新状態」入りした中国経済の新しい成長ポイントを引き出すという経済的意義を併せ持つものである。この戦略は、①大・中・小都市と小型タウンとのバランス、産業と都市との融合、都市化と新型農村建設との調和といった都市構造、都市とその他とのリンケージ政策、②行政区画の鎮と小型都市戸籍の全面的開放、中型都市戸籍入り制限の順次撤廃、大型都市戸籍入りの合理的確定、特大型都市人口規模の厳格的コントロールといったプロセス関係の規定、③都市戸籍入りした農民を都市住宅および社会保障システムに組み入れること、農村で加入された老齢・医療保険を規範的に都市社会保険システムと接続させること、財政的移転支出と農業人口市民化とのリンケージメカニズムを樹立することといったサポートシステムから構築されている。これら3本柱のうち③のサポートシステムは国家財政の体力およびマクロ政策の全般に関わっており、戦略の進捗ひいてはその成否を左右するものであると言わねばならない。

　また、技術イノベーション、ビジネスシステムのクリエートについて、知的所有権の保護および監督システムの強化、科学・技術研究費の投資の増加、海外からの人材導入、科学技術研究者の待遇向上、産・官・学三位一体体制による科学技術の研究およびその成果の普及、さらなる対外開放による技術キャッチアップの加速など、全般にわたって政策的対応を講じているが、科学技術発展の法則に基づいて、物心ともに科学研究と技術開発に専念できる社会・経済

環境を提供することこそが、その要となるポイントである。これは、産業構造転換の根幹をなしており、高成長から中高速成長に入った中国経済の今後に関わっている以上、さらなる政策的深耕と制度改革が必要不可欠である。

おわりに

新しいステージでの改革は、政治経済などのさまざまな矛盾が交じり合い、国際環境が絶えず変化し不確定要素が増幅する中で行われており、いわば「深水域での改革」である。しかし、1978年から21世紀初頭までの経験が示したように、市場経済化の道に沿って進まなければ、経済の繁栄、ひいては社会の安定は維持できない。それのため、たとえリスクはあろうとも、中国は前進していかなければならない。

主要参考文献

【日本語】
青木昌彦・寺西茂郎編（2000）『転換期の東アジアと日本企業』東洋経済新報社
植竹晃久・仲田正機編（1999）『現代企業の所有・支配・管理』蒼蒼社
呉敬璉（2004）『現代中国の経済改革』（和訳）NTT出版
三浦有史（2007）「中国の年金制度 ―分岐点を迎えた改革の行方―」『環太平洋ビジネス情報』RIM、Vol.7 No.25
劉敬文（1997）『中国消費革命』日刊工業新聞社
劉敬文（2003）「中国の経済改革と小康戦略」『岡山大学大学院文化科学研究科紀要』第16号

【中国語】
蔡昉（2010）「戸籍制度改革与城郷社会福祉制度統竹籌」『経済動態』第12期
何暁星（2003）『破解中国初期市場経済之謎』広東人民出版社
胡鞍鋼（1999）『中国発展前景』浙江人民出版社
林義夫等（1997）『充分信息与国有企業改革』上海三聯書店
陸益龍（2004）『超越戸籍 ―解読中国戸籍制度―』中国社会科学出版社
馬建堂・劉海泉（2002）『中国国有企業の改革と展望』首都経済貿易大学出版社
孫福全・宋克勤（1999）『中国企業制度選択』工商出版社
王清（2012）『利益分化与制度変遷 ―当代中国戸籍制度改革研究』北京大学出版社
呉敬璉（2010）『当代中国経済改革教程』上海遠東出版社
中共中央党校（2002）『全面建設小康社会学習読本』中共中央党校出版社
中国国家統計局（2012）『輝煌的11・5計画2006－2010』中国統計出版社
中国国家統計局（2013）『中国発展報告2013』中国統計出版社

第 3 章
農村の改革・発展と課題

はじめに

　第2章で述べられたように、1950年代後半から中国では人民公社制度のもとで生産要素が集中し、集団労働による農業生産が行われていた。農民は退出の自由はもちろんのこと、移動する可能性もなく、専ら集団労働の形で農作物の生産を強いられた。また、1年を通して生産物の分配も集団労働への参加時間だけに基づく、生産性を無視した平均的配分システムで決められた。そのため農民の労働インセンティブは欠如し、産出量も常に低かった。筆者の子供時代の記憶では、「魚米之郷」と呼ばれた江漢平野地域でも、1970年代頃は米などの食糧が足りず、よく薯類を食べていた。改革開放直前の1978年頃の農村の絶対貧困人口はおよそ2.5億人で、大半の農家の生活は貧しいものであった。

　1978年になって安徽省の貧困農民は密かに家庭生産請負制を実施し、全国規模の改革のきっかけを作った。これにより産出が増加し、農民の生活状況は一変した。以来、30数年間の農業の発展は中国人の生活改善の支えとなった。また、数億人に上る農民工の農業から他の産業への移動、あるいは農村から都市への大移動は、中国経済の持続的成長を推し進めてきた。黄宗智（2007）の言葉を借りていえば、中国の農業はまさに歴史的な転機を迎え、大きな変貌を成し遂げている。しかしその一方で、工業化・都市化の進展と比べ、農業の疲弊、農民の貧困および農村の没落という、いわゆる「三農」問題は一時期に深刻になったことも事実である。2006年以降に新農村建設などによって三農状況がいくぶん改善されたものの、その根本的な好転はいまだ実現していない。

　本章では、1978年以降の中国農村改革の過程を振り返り、3節に分けて重点的に農業経済の構造変化と農業現代化の現状、農民の就業・労働力の移動趨勢と所得状況、および農村社会の発展と現状を分析する。また、最後には三農問題のネックとなる根本的課題を検討し、農村改革の最新の動向を踏えて、改革の方向を展望する。

1. 農業・農村改革の過程

1.1　改革の第一波：農業経営制度の大転換（1978年-1980年代末）[1]

　1978年から1980年代の後半までを、農村改革の第一段階と見なすことができる。この段階では、家庭生産請負制が導入・普及・定着した。農民は集団労働と平均主義の配分システムを捨てて生産量や生産単位での請負制を選び、農業経営の制度を根本から覆した。

　家庭生産請負制は最初に安徽、四川、貴州省の一部の貧困地域で自発的に行われたが、政府の黙認や追認を得て急速に全国へと広がった。1984年には、全国すべての生産隊および98％の農家がそれを導入した。それと同時に、1983年から1985年にかけて、政府は農産品買付価格の引き上げや国家による統一買付制を契約買付制などへと変更するといった一連の改革を通じて、価格面において農民の生産インセンティブを刺激した。また、この農業経営体制の変動に伴い、従来の生産活動と農民の管理を統括してきた農村の行政組織である人民公社が、1985年までに解体され、公社－生産大隊－生産小隊の三級所有体制が消滅して、代わりに郷・鎮－村による農村管理の仕組みができた。

　農村改革成功のポイントは、家庭生産請負制が集団経済制度より優位であったことにある。その理由として、①家庭生産請負制は中国農業の生産力レベルに適していたため、実行可能性が高かった。②家庭の収入が各家庭の産出とリンクしたため、集団作業に起こりやすい「ただ乗り」の問題がなくなり、農作業のインセンティブが高くなった。また、それに伴い集団生産で必ず生じる高い監督費用もカットされた。③生産に関して農民が相当な自由裁量権を得たため、資源配置の効率性も高められたなどの点が考えられる。家庭生産請負制の導入により、生産性はスムーズに回復し、食糧難の問題が解消され、非農産業や都市居民への農産品供給も大幅に増えた。林義夫（1994）によると、1978－1984年の農業の総生産における家庭生産請負制の貢献率は42％で、価格の上昇による貢献率は15％であった。

　同時に、生産性の大幅な上昇により農業生産に必要な労働力が減少したため、余剰労働力が大量に発生し、伝統的食糧生産から次々に他の産業へとシフトし始めた。作付農業の多種経営や林業・牧畜業・漁業などの副業が発展し、郷鎮企業も著しく成長した。

　郷鎮企業の中には過去の公社・隊企業が生まれ変わった企業もあるが、多く

1　主に蔡等（2008）、党（2008）を参照した。日本語文献には、厳（2002）がある。

では個人または数人の合弁で設立したものもある。総じて経営体制が柔軟かつ機動的であり、安価の労働力が利用できたため、短期間で大きな発展を成し遂げた。約翰遜（2005）によると、1978－1984年の間に農業生産は年率7.2%成長であったのに対し、個体や家庭の副業は11.8%、郷鎮企業は30%成長した。この郷鎮企業の勃興によって農民の収入が増え、また農民が「離土不離郷、進廠不進城」（農地から離れたが郷村から離れず、工場に入ったが都市に行かず）のため、都市問題や社会安定に悩む政府にとっても好都合であった。鄧小平も「農村改革がもたらした一つの予期しなかった収穫は、郷鎮企業の勃興だ」と郷鎮企業の成果を大いに評価した。1998年には郷鎮企業の数は1,888万社、従業員数は1978年の2,826万人から9,546万人にまで増加した。

　以上をまとめると、この段階の改革はインセンティブの改善と生産要素の解放を通して、農村経済の効率性と潜在力を大幅にアップさせた。この改革は、誰も損をしないパレート改善である（蔡等2008, p.3）。しかし家庭生産請負制による労働生産性の上昇効果は1回きりであり、1980年代の半ば、全国に家庭請負制が普及した時点で、その上昇効果はほぼ停滞した。そのため、一部の学者は1985年以降の農業生産の成長率の低下を1つの基準とし、農村改革の第1段階がこの時点で終了したと述べている。ただし、他の要因、例えば農民による付加価値の高い農産業および郷鎮企業へのシフトにより、1980年代末期までは農民の生産性と所得の向上が続いていた。また、都市と農村の所得格差も1978年の2.57倍から1988年の1.51倍にまで縮小した。

1.2　改革の停滞期と「三農問題」の提起（1980年代末－2002年）

　1980年代半ばから、中国の経済改革の重点は都市部と国有企業の改革にシフトした。都市部の改革は農村改革の成果、すなわち農産品の十分な供給および農村経済の安定などに依存するところが多く、また、従来の都市・農村部の関係と都市部の利益を維持することを前提として行わざるを得なかった。そのため、都市部の改革が加速される中、農村改革は停滞した。

　1985年の食糧統一買付制度の改革により、農民の契約超過部分に対する買い付け価格は大幅に下がったが、食糧市場において期待された本当の開放が進まなかったため、農民の所得は圧迫された。また、この時期に農業生産投入財の値上げ幅が農産品価格の上昇を上回り、収益も減少した。この問題は1990年代後半から一層深刻になり、1997年以降は農産品価格の下落や投入品価格の上昇により、農業経営の純収入が減って一部の農民は赤字さえ出した。

　その一方で、国の歳出における三農支出の比率は1990年の21.9%から2004

年の 10.16％にまで低下した。地方財政を見ても、2004 年の三農支出金額は 999 億元で 1991 年の 3.5 倍であったが、その比重は 9.6％から 5.8％に下がった。特にこの期間において、三農への財政投入が三農に関係のない部門や使途に流用されるケースも多かった（蘇 2008）。それと同時に農民の各種税・費用負担が突出するようになっていた。なぜなら、1994 年に国税と地方税を分ける分税制が導入されたことによって県・郷鎮の財源が乏しくなり、東部などの郷鎮企業が盛んである地域と比較して、中西部の農業県では郷鎮の行政や公共サービスの機能を維持するために、主に農民から資金を徴収せざるを得なくなったからである。農民は法定の農業税以外にも国家が許可した村委員会に収める 3 種類の賦課金と郷鎮に納める 5 項目の賦課金（三提五統）、さらに地方類の各種費用を上納しなければならなくなった。統計では、1996 年に農民一世帯当たりが支払った農業税は 303.9 億元でそれほど多くはなかったが、税・費総額は 943 億元に上った（緑書 1999, p.40）。また、その負担の累退率が高く、貧困地域や貧困農家の負担は特に重くなった。なお、上記の諸税・費は基本的に郷鎮と村の幹部によって戸別に逐一徴収されるため、幹部と農家の対立が高まり、衝突もたびたび発生した。

　農村のインフラと公共サービスもきわめて疲弊していた。2001 年においても 3 分の 1 以上の村で道路が未開通で、2002 年の農村教育投入は全国の教育投入の 23.1％、農村医療は全国医療財政支出の 15.5％しかなかった（温等 2009, pp.173-174）。なお、農村の社会保障制度はほぼ皆無の状態であった。

　このように、農民の収益減と負担増によって 1980 年代末から農村と都市との格差が再び拡大し始め、都市対農村の収入比は 1988 年の 1.51 から 2000 年の 2.04 へと上昇した[2]。また、農業生産は低迷し、農村の社会問題も深刻になりつつあった。2000 年末に湖北省監利県棋盤郷の党の書記長李昌平は時の総理に手紙を出し、「農民が本当に苦しく、農村が本当に貧しく、農業が本当に危ない」と「三農問題」を訴え、大きな社会関心を集めた。

　ただ、この時期においても制度の束縛から解放されつつある農民は増収の可能性を探り続け、在来の都市・農村関係を大きく変化させた。その変化をもたらしたのは、とりもなおさず農村労働力の地域を超えた大規模な移動である。

　1988 年の時点で、深圳とその周辺地域の三資企業はすでに百万人以上の農民

2　農民住宅および自産自消の食料品の価格の査定が難しいなどの理由から、都市・農村収入の単純な比較ではその格差が誇張されるという意見がある（蔡等 2008, pp.194-196）。薛・高（2013）は、都市に移住した農民の収入を都市住民の収入として、また出稼ぎ労働者が一部の収入を家に送金した場合、送金額ではなくその農民工の所得を一括にして農家の収入に算入した場合、2009 年の所得格差は 3.33 ではなく 2.36 倍であると計算した。

工を吸収した。農民工の月収は決して高くはないが故郷で農作業をする場合よりもかなり高いため、出稼ぎで運命を変えようとする地方の若者が急増した。1990年代初頭には中西部から沿海に来た出稼ぎ労働者があふれて一時的な社会問題となり、出稼ぎ先の地方政府は制限措置を採用したりもしたが、1992年以降は徐々に支持もしくは誘導へと政策を転換した（厳2002）。郷鎮企業の雇用吸収力が1993年頃から弱まったこともあり、1990年代後半以降の農村労働力の移動は主に都市や沿海工業地帯へと大規模にシフトした。計量研究では、1978－1998年のGDP年平均9％の成長において、労働力数量拡大の貢献率は24％、人的資本の貢献率は24％、労働力の農業から非農業への移転による貢献率は21％となった（蔡2008, p.104）。

1.3　改革の第二波：農工関係の調整と新農村建設（2002年－現在）

2000年に、中国の第1次産業のGDPと労働者数における比重はそれぞれ15.1％、50.0％に低下した。韓国や台湾の経験から見ると、中国は「都市が農村を支援し、工業が農業を反哺する」という段階に来ていたと言える。2002年に共産党第16回党大会は「科学の発展観」と「調和社会の建設」を目指すことを宣言し、都市と農村の関係を是正する方針を打ち出した。

政府はまず農業税の改革に取り組み、2000年に安徽省で実験的に行った農業税の減免政策を2002年からは複数の省に広げ、2005年にはさらに28の省・市・自治区で農業税の免除や減免策を導入した。2006年には、ついに2千年以上の歴史を有する農業税の廃止を決め、これによって当年全国の農民の一人当たりの負担200元以上が削減された。また、2004年の中央第1号通達『農民増収に関する若干の政策的意見』により、国家は農家の農業生産への直接補助及び農村合作医療補助を支給し始め、農村教育交付税の大幅増も実施した。さらに、農村公共サービスの改善とインフラの整備に取り組み始めた。それと同時に、国家は郷鎮の財政の県による直接管理や、郷鎮の統廃合・行政組織の再編と人員の削減に取り組み、地方の財政負担を大幅に軽減した[3]。郷鎮政府の役割も過去の「銭を取り、糧を取り、命を取り（一人子政策による厳しい出産管理）」から、公共サービスの供給および新農村建設の組織・管理へとシフトするようになった。

2006年に、共産党中央・国務院は第1号通達『新農村建設推進することに関

---

[3] 郷鎮の数は1998年の45,462個から2007年の34,052に減らされ、郷鎮の公務員人数及び部門も3割前後カットされた（緑書2007、コラム2）。

する若干の意見』を公表し、第11次5ヶ年計画（2006 − 2010）年において新農村建設が三農事業の重点であることを表明した。通達では新農村建設の目標を「生産は発展し、生活は豊かでゆとりがあり、村の気風は文明的で、村容は整い清潔で、管理は民主的である」と定め、インフラ建設と公共財政の農村への傾斜、都市と農村の雇用および社会保障の統一した按配などの意向を明確にした。

　2008年10月の共産党第17回三中全会では、『党中央の農村改革発展を推進するための決定』が通過した。決定は社会主義新農村建設を戦略的任務、中国の特色ある農業現代化を基本方針、また都市・農村の一体化を根本的要求として、農村経済と社会の発展を推進すると強調した。そして「工業は農業を反哺し、都市は農村を支援する」方針を再度明確にした。決定の中に盛り込まれた、農民の土地請負制度を安定させ、永久に変更しないという文言も注目点であった[4]。

　この一連の政策と方針の実施に伴い、対三農への財政投入（農業経済関係の投入と農村公共サービス・教育費など）も大幅に増えた。財政部の公表データから、中央財政の三農への支出は2006年の3,517億元（中央支出に占める比率14.97％）から2012年の1.238兆元（19.16％）に上昇した（図表3.1）ことが分かる。なお、2012年には農家に対する4つの中央財政の補助金（食糧生産、優良品種、生産資料、農用機械）は1,653億元で2004年の11.4倍、農村インフラ建設補助は2,200億元で2004年の3.6倍となっている。地方財政の三農資金

図表3.1　中央財政の三農への投入およびその比率の推移

年度	支出額（億元）	増加率（％）	対中央財政支出比（％）
2006	3,517	29.5	14.97
2007	4,318.3	36.1	14.6
2008	5,955.5	37.9	16.39
2009	7,253.1	21.8	16.55
2010	8,579.7	18.3	18.38
2011	10,497.7	22.4	18.6
2012	12,387.6	18	19.16

（資料）財政部『中国財政基本情況2009，2011』『中国財政情況2012 − 13』。

4　1984年中央1号通達は土地の請負制を15年の期限と定めたが、1993年の11号通達では15年満期後さらに30年延ばすと明言した。2008年の「永久不変」という言い方は、意義が重大である。

支出を合わせると、全国三農財政の支出総額は年々増加して、2011年には3兆元弱に達し、全国財政支出の27.2％を占めるようになった（図表3.2）。

図表3.2　全国財政の三農への投入およびその内訳のシェア

年度	総投入 (億元)	上昇率 (％)	対財政総 支出比 (％)	農業生産 シェア (％)	農村社会事業 シェア (％)	農家補助金 シェア (％)	食糧貯蔵費 シェア (％)
2006	20,042.6	28.2	26.3	35	53.8	6.5	4.7
2007	24,213.4	20.8％	26.9	35.4	54.6	5.2	4.8
2011	29,727.2	22.8％	27.2	35.2	55.5	4.7	4.6

（資料）財政部『中国財政基本情況 2009、2011』より算出。

　もちろん、全国財政総収入が2000年の1.3兆元（2012年価格）から2012年の11.7兆元に上昇したことは、三農に対して「多く与え、少なく取る」という政策実行の重要な保障となっている。

　以上の農村政策の転換と財政投入の増加に伴い、2004年から連続10年間で食糧が増産している。また、いったん拡大した都市と農村の所得格差も近年ようやく縮小に転じ、2009年の3.3倍から3.23、3.13、3.10倍と年々低下して、2013年の3.03倍まで縮小した。以下、「三農」の各領域の変化と現状を3節に分けてより詳しく分析することにする。

2. 農業経済：構造転換と現代化

2.1　農業生産の構造調整

　改革開放以来、GDPに占める農業の比重は年々低下し、2013年は10％しかなかったが、一方で農業の生産高は毎年平均6％の勢いで増え、2010年は価格換算で1980年の6倍超となった。2013年はさらに2010年の1.4倍となっている。よく言われているが、中国は地球全体の8％以下の耕地で、世界の約2割の人口を養うことを可能にした。

　生産量の大幅な増加だけではなく、農産物の構造転換と付加価値の向上も大きな特徴である。図表3.3のように、農作物の割合は1970年の82％から2013年の53％まで減少し、牧畜・水産が1970年の16％から40％に上昇した。また、耕作地の中では野菜や果物等の栽培面積が大幅に増えた（図表3.4）。例えば、2013年には野菜の栽培面積が1978年の6.27倍に拡大し、生産高は農作物の3割強を占めた。なお、図表3.5は国民一人当たりの農産品生産量の推移を示している。

図表3.3　各分野産出の農業総生産に占めるシェア（%）

年度	1970	1980	1985	1990	1995	2000	2005	2010	2011	2013
農作物	82	75.63	69.24	64.65	58.42	55.68	49.72	53.29	51.64	53.1
林業	2	4.23	5.21	4.31	3.49	3.76	3.61	3.74	3.84	4.02
牧畜業	14	18.42	22.06	25.67	29.72	29.67	33.74	30.04	31.70	29.32
水産業	2	1.71	3.48	5.36	8.36	10.89	10.18	9.26	9.31	9.93

（資料）：黄季焜等（2008,p.8)、『改革開放30年農業統計資料汇编』及び中国統計年鑑各年版。

図表3.4　食糧と野菜の作付面積のシェア（%）及び果樹園面積（千h）

年度	1970	1980	1985	1990	1995	2000	2005	2010	2011	2013
食糧	83.12	80.09	75.78	76.47	73.43	69.39	67.07	68.38	68.14	68.0
野菜	2	2.2	3.2	4.3	6.35	9.75	11.4	11.82	12.1	12.7
果樹園		1783	2736	5179	8098	8932	9043	11544	11831	12371

（資料）：同上図表

図表3.5　一人当たりの主な農産品の生産量（kg）

年度	食糧	綿花	食用油	豚・牛羊肉	水産品	牛乳
1978	319	2.3	5.5	9.1	4.9	
1980	327	2.8	7.8	12.3	4.6	1.2
1985	361	3.9	15.0	16.8	6.7	2.4
1990	393	4.0	14.2	22.1	10.9	3.7
1995	387	4.0	18.7	27.4	20.9	4.6
2000	366	3.5	23.4	37.6	29.4	6.6
2005	371	4.4	23.6	42.0	33.9	21.1
2010	409	4.5	24.2	45.8	40.2	26.7
2011	425	4.9	24.6	45.4	41.7	27.2
2012	436.5	5.06	25.44	47.4	43.7	27.7
2013	443.46	4.64	25.91	48.3	45.4	26.0

（資料）中国統計年鑑各年版より算出。

鐘等（2000）によると、1978 − 2000年の農業総生産に与える農業の構造調整の寄与率は約60％で、その内訳は33％が農・林・牧畜・水産業の間での構造調整、27％が各分野の内部の構造調整による。農業の労働生産性の上昇は、産出量の上昇よりむしろその産業構造の大きな調整によるものだという見方もできる。黄宗智（2010）は、このような構造転換と生産性上昇は以前の農業革命と異なり、隠れた農業革命であると唱えている[5]。

　もちろん、農業生産の増加には技術進歩の寄与が大きい。黄季焜等（2008, pp.94-96）によると、食糧5品目の全要素生産性の上昇率は1985 − 1994年間の年平均1％前後から1995 − 2004年の年平均2.4％に上昇し、他の収益性の高い作物および畜産品は3.5％に達した。ごく一部の例外はあるが、ほとんどの農産物での全要素生産性の上昇は技術進歩によるものである。また、2011年における農業への技術進歩の寄与率は53％であり、農業の耕・植・収穫の総合機械化レベルも54.5％に達した（陳2012）。

　このような農業生産の構造転換は、農民の自由裁量権の拡大や市場化改革、さらに技術進歩などによって実現したが、それには政府の積極的な誘導と支援も関係している。例えば1981年に食糧の生産が過剰になると、国務院は『積極的に農村の多種経営を発展させる報告』で「決して食糧生産を緩めず、他方積極的に多様な経営を発展する」という方針を打ち出した。1992年には『高産出良質高効率の農業を発展する決定』により、市場の誘導で農業産業構造を適正化し、農産品の加工産業を発展させた。さらに1998年末には農業経済の構造転換を中心的政策として確立した。政府は耕作農業の経営規模の拡大を促進する一方で、施設・労働集約型農業（養殖、畜産、野菜等）を誘導し、各地域も地域の資源や比較優位を生かす「一村一品、一郷一業」の特色産業の発展に力を入れてきた。2006年、農業部は中央1号通達の一村一品事業を強化する意思を受けて「発展一村一品弁公室」を設立し、全国一村一品事業の推進・誘導に取り込んできた。全国・省・市レベルで毎年一村一品のモデル専業村が評定・表彰されている。筆者は近年東・中・西部の5省における農村調査に参加し、各地の一村一品特色産業の振興状況を調べてきた。一部の地域では画一的な行政指導で事業が展開され、農民の利益が損なわれたこともあるが、全体として一村一品事業は多くの農家に収益増をもたらし、その効果は評価できる（任2014a）。

5　黄宗智は、非農経済の発展や国民の所得上昇により消費構造が大きく変貌し、食糧：肉類乳製品：菜果が改革以前の8：1：1から4：3：3の比率に変わったことが、農業構造の大転換を促したという。

しかしながら、中国の農業生産は近年いくつかの新たな大きな課題を抱えている。まず食の安全と環境問題である。中国は耕地面積が世界の8％にも満たないが、世界の化学肥料の35％を使っている。その畝平均の使用量は21.2kgでアメリカの3倍、EUとインドの2.5倍となっている（緑書2013, p.79）。また、2005年頃の中国の農薬の使用量は130万トンであり、一単位面積当たりの平均使用量は先進国の2倍以上である（国務院発展研究中心2012, p.112）[6]。近年、化学肥料などの投入による限界収益率がかなり低下しているのみならず、重金属・化学肥料・農薬・牧畜業の排出物、水産養殖業などによる汚染がかなり深刻になり、食品の安全性に関する問題も一段と突出している。

次に、食糧供給の安定性の問題である。農民の自発的な非食糧生産への転換、地方政府による伝統農業から付加価値の比較的高い施設農業ならびに他の特色産業に対する支持と誘導、さらには近年の工業化・都市化の進展によって良質な農業用地が大量に都市用地に転換したなどの理由により、食糧生産が脅かされている。一方、経済の発展により高品質農産物への需要が高まり、国内外の農産物との価格ギャップもあって、海外農産品の輸入が年々増えている。2011年の穀物の自給率は依然98％を維持しているものの、大豆の80％、食用油の60％、綿花の30％、乳製品および糖類の20％が輸入されている。2012年食糧（米・小麦・大豆・トウモロコシ）の純輸入はすでに7,748万トンに達し、国内食糧消費量の全体の11.6％を占めている（図表3.6）。

図表3.6　中国の食糧生産高および食糧の純輸入量の推移

年度	2004	2005	2006	2007	2008	2009	2010	2011	2012
生産高（億斤）	9,389.4	9,680.4	9,960	10,030	10,570	10,616	10,928.2	11,424.2	11,791.4
年増加率（％）	9	3.1	2.9	0.7	5.4	0.44	2.9	4.5	3.2
純輸入（万トン）	-2,484	-2,227	-2,463	-2,119	-3,665	4,894.3	6,420.4	6,102.8	7,748

（資料）焦健（2013）および中国税関統計より算出。

農業部大臣の韓長賦は2013年9月に行った「実現中国夢，基礎在三農」報告会において、穀物を優先的に確保し（米・小麦・トウモロコシの自給率は95％以上、特に米と小麦は100％を維持する）、他の品目は取捨してもよいとの政府

---

[6] 統計年鑑を見ると、2011年の年間化学肥料と農薬の使用量はそれぞれ5,704万トン、178.7万トンであった。

方針を示した。しかし同報告で指摘したように、近年主要農産物の生産コストは大幅に増えたにもかかわらず価格はそれほど上昇していないため、農業生産の収益性は低下しつつある。2012年の小麦、米と菜油の畝当たりの純収益は152元、321元、55元にとどまり、水田で数カ月苦労した結果より、2日間の出稼ぎで稼いだ収入のほうが多い。このように、農民の食糧生産へのインセンティブをいかに高めるかも大きな課題になっている。

2.2 農業経営体制と生産方式の転換

改革開放以降、中国は家庭請負制を基礎とし、集団所有と農家経営の統一と分離を結合する経営モデルを維持してきた。しかし実態として長い間にわたって集団の役割は低下したままで、農家の事実上の分散経営が主な形態である。

中国では、明・清から民国初期にかけて人口は6倍に増えたにもかかわらず、耕地面積は倍しか増加しなかった。その後は状況がさらに悪化し、一人当たりの耕地は1900年の約2.3畝から2004年の1.41畝に下がった。2011年の農村人口平均耕地は2.3畝、山地0.49畝、園地0.11畝、水産養殖0.04畝で(統計年鑑2012)、農家一世帯の耕地面積は家族を養い続けることのできる面積の10－15畝よりはるかに少ない。このように、長期にわたって単位面積における労働投入の過密化や、一単位当たりの労働限界収益性の逓減、いわゆる「農業の内巻き」(agricultural involution)が進行してきた(黄宗智2007)。こうした状況では間作の実施や複耕技術の向上をしたところで限界があり、新中国建国まで多くの地域では、家庭内農業生産に副業(手工業・商業など)を加えたものが経営方式の主流であった。人民公社の時代に入っても、集団経済は伝統農業と副業の両方に依存していた。当時の社・隊企業は基本的に副業を行い、それは後の郷鎮企業に変化した。1978年の生産請負制の実行により、中国は一人当たり2畝前後、世帯当たり7畝前後の小農経済に戻り、過密化、内巻き化の問題は、相変わらず中国農業を困難なものとさせていた。

しかし近年10数年間においては、出生率の低下、農村人口の大量の流出および食品消費構造の転換という3つの歴史的な転換によって、中国の農業経営のモデルは未曽有の大転換を迎えつつある(黄宗智2007、第20章)。例えば、第1次産業の就労者数は1991年の39,098万人から2012年の26,594万人に減少したが、総耕地面積はほぼ安定しているため、農業生産過密化の問題は確実に緩和され、近年、以下の変化が顕著になっている[7]。

---

[7] 以下のデータは特に説明がなければ、農業部公式サイトおよび関係年度の緑書による。

① 規模化と専業化レベルの向上

都市へ移住した農家や非農経営の農家が増える中、多くの土地がこれらの家庭から専業農家へと貸し出された。2012年末現在、全国の農地のうち2.78億畝が元の請負者から移転されて請負土地全体の21.5％を占め、これに伴い一定規模の経営農家や家庭農場が増えている。発展改革委員会農業経済局の報道によると、2012年末の全国の食糧専業農家数は68.2万世帯で、1.34億畝の土地を経営している。その畝平均生産量は486kgで、全国平均の353kgより38％高い。また、食糧専業合作社は5.59万社で0.72億畝の土地を経営し、畝平均生産量は545kgで、全国の平均より54％高い。このような専業戸および合作社は合計で全国の8分の1の土地を経営し、その生産性ならびに収入も高い。近年、多くの地域において政府は積極的に家庭農場の設立を誘導・奨励し、規模化経営を推し進めている。例えば上海市の松江区では1,200世帯余りの家庭農場が計13万畝の土地を経営し、全区の食糧生産の80％を占めている。家庭農場の純収益は出稼ぎより高く、農業技術や経営知識を持つ一部の農民にとっては魅力的である[8]。

食糧以外の特色産業における専業戸の数と経営規模も拡大している。2012年時点での非食糧生産専業戸は270万戸、家庭農場数は87.8万戸で、施設野菜栽培の生産量は野菜生産の25％、施設水産養殖は全国の15％、牛と豚の工場化養殖は全国のそれぞれ38％、50％超となっている。

② 農民の組織化レベルの向上

家庭生産請負制の実行以来、農民の合作経済をいかに発展させるかが常に課題であった。1990年代初期においても市場化・商品化レベルの制約や政府の政策支援の欠如などにより、農民が自ら設立した専業協会の数は少なかった。しかし、1990年代後半以降、協会合作社などの協同組織が徐々に増加し、業種や業務範囲も広がり、技術面の協力に加え、生産投入財の共同購入や共同販売などを行うようになった。2003年以降、中央1号通達は、専業合作社に対する政策的優遇やその具体的促進策を毎年言及している。2006年の時点で全国の専業合作社は15万社あり、農家メンバーは3,480万戸であった。2007年以降、合作社は2006年に通過した「農民専業合作法」の新基準で工商局への登録が求められており、図表3.7は新基準以降の合作社数と加入者数の推移を示している。2013年末、合作社の数は95万社、参加農家数は7,221万戸を超え、農家世代の

---

8 楼棟等（2013）は上海松江、吉林延辺、湖北武漢および浙江慈溪の4か所の家庭農場について詳しく分析している。家庭農場は工商局に登録され、企業並みの経済実体と見なされている。

27.8％を占めている。2014年11月時点では、工商総局の専業合作社登録数はさらに126万社を突破している。

専業合作社の内枠を見ると、2011年には耕作業が45.9％、牧畜・水産養殖業が27.7％、農業・農村サービス業が18.6％を占めている。これらの合作社は農産品の生産と販売以外にも、農業機械、植物保護、民芸、観光農業など多くの領域をカバーしている。

図表3.7　専業合作社数および加入農家数の推移

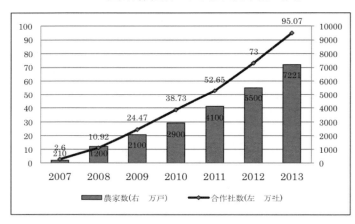

（資料）韓等（2012,p.364）、全国工商総局公報及び『中国財経報』（2014年2月17日付け）より作成。

③　産業化レベルの向上

国家は農業の産業化、とりわけ農業生産・加工のリーディング企業である「龍頭企業」の育成に関して多くの優遇政策を出している。農業産業化企業や事業者数は2005年末の14万社から2012年9月の28万社に急増し、1.1億世帯の農民をカバーしている。「龍頭企業」の数も2012年末には11万社に上り、公司＋基地＋農家、または公司＋専業合作社＋農家の経営モデルが普及した。「龍頭企業」の農産品生産基地の規模は栽培農業の6割強、家禽牧畜業の7割、水産養殖の8割強を占め、1億戸以上の農家をカバーしている。また、「龍頭企業」は1,500万人の農村労働力を直接雇用し、全国の3分の1以上となる農産品・加工製品、都市部においては3分の2以上の食材、そして輸出額の80％を生産・供給している。なお、2011年には売上高2,000万元を超えたいわゆる「規模龍頭企業」[9]の農産品加工生産高は農業生産高の1.8倍に達しており、先進国には

まだおよばないが、1994 年の 0.45 倍から 3 倍も上昇した。

　ただし工商業が直接農業に進出すること自体に長所と短所がある。2012 年末現在、工商企業は農村土地流転面積の 1 割で約 2,800 万畝を取得している。工商業企業が農業に従事することは農業への資金・技術・装備の投入増に繋がり、企業経営のノウハウを生かすこともでき、農業の現代化を促進する一面がある。その反面、農民から土地をリースすることで 3 つの問題が生じ得る。まず、企業が土地を経営する場合、土地の元使用者の 2 割の人数しか雇用できず、地代が徴収できて給料も受け取れる土地提供農家は少数にとどまり、農家の将来的な増収や発展の可能性が奪われるおそれがある。次に、多くの工商業企業が農地を転用して収益の高い事業を行い、一部の地域では企業は取得した土地の 6 ％でしか農業生産を行わず、食糧の安全保障を脅かしている。また、農家からの土地借り上げ期間が 30 年ないし 50 年という契約も多く、規模も大きいため、農村の経済ならびに社会構造が完全に変わり、ガバナンスなどの新たな問題が発生し得る。筆者も現地調査でこれら諸問題の一部を目の当りにしてきた。例えば四川省成都市温江区では、外部から誘致された複数の花栽培・植木の会社が大量の土地を囲み込んでいるわりには少数の農家しか雇用していないため、高齢者は将来どうやったら食糧を手に入れられるかと心配していた[10]。また、四川省沐川県で調査したところ、一部の農民は早い段階にきわめて低価格で企業と 30 年契約を結んで山林を貸し出したが、近年相場が上昇したにもかかわらず契約が更新できないため、農民と企業や郷鎮・村の幹部との間でトラブルが起きている。

　以上のように、近年においては「龍頭企業」、専業合作社、家庭農場、専業戸、兼業経営など、多様な農業経営主体が発展している。また農業生産の前方連関や後方連関の繋がり、第 1 次産業と第 2 次、第 3 次産業との融合も進んでいる。最近、有機農業、循環経済、バイオエネルギー農業、レジャー観光農業、農村文化などの産業が注目され、農業の経済的機能だけではなく、その社会的、文化的、環境的機能も強化されている[11]。2013 年に、中央の 1 号通達は集約化、

9　中国では、鉱工業のうち、主営業売上高が一定規模を超えた企業を規模（工業）企業と呼ぶ。詳しくは第 4 章 4.1 節を参照されたい。
10　2008 年に国土資源省は温江区の農地転用問題について調査を行った。また、2010 年 8 月 18 日に『中国青年報』は温江区の耕地の大量転用を報道した。ちなみに筆者は 8 月にまさに温江区の現場にいた。
11　農村観光業を見ると、2012 年末に全国で 9 万以上の村、180 万世帯の農家がこの産業の経営に携わり、農家旅館・レストランは 150 万軒以上に上り、一定規模以上のレジャー農業園は 3.3 万軒存在している。

専業化、組織化、社会化を結合させる新型農業経営体系の構築を再び強調し、初めて専業大戸および合作社と並んで、家庭農場の設立を加速することを明言した。近い将来、家庭農場、専業大戸と合作社は農業経営の主体となり、規模経営はさらに拡大するであろう。他方、施設農業や特色農業分野においては労働・資本集約の小農場モデルも発展できると想像できる。

3. 農民の状況：労働力の移動と所得増の課題

3.1 農村農動力の移動

統計年鑑のデータを見ると、1978年には第1次産業の労働者数は28,318万人で全国労働力の70.5％を占めたが、それ以来、第1次産業の割合は年々低下していた。しかし人口の上昇と人口構成の変化により、その絶対数は1991年の時点で39,098万人に上昇し、1996年に34,820万人、2002年には再び36,640万人にまで上昇した。2003年以降、第1次産業における農村労働者数は本格的に下降して、2013年には24,171万まで減少し、その割合も31.4％に下がった。ちなみに2013年の第2次、第3次産業就労者の割合はそれぞれ30.1％、38.5％である。

農村労働人口の減少は出生率の低下以外にも、非農業への移転による部分が大きい。改革開放の早期においては郷鎮企業が農民の非農就業の主な受け皿であったが、1990年代以降は郷鎮外への出稼ぎ、とりわけ中西部から東南沿海地域への出稼ぎが主流となった。その人数は2002年に1億人を突破し、2013年には1.66億人に達した（図表3.8）。しかし図表3.9で示されたように、8割の出稼ぎ者は家族離れの形で、家族全員を連れた出稼ぎ者は少数に止まっている。なお、近年郷鎮内での非農就業者も年々増え、2013年には1.028億人に達した。非農就業の農民工総数は2.68億人超え、農村戸籍の労働者のうち半分以上はすでに非農産業に就職している。

また、年齢別で見ると、2009年時点の統計では、農村戸籍労働力人口のうち、30歳以下の92.9％の労働力が非農就職をしており、31－40歳でも非農就業者が42.8％を占めている。これに対して農業生産を行う2.65億人のうち、7割を超える人が41歳以上であり、農業従事者の中・高年齢化問題も突出しつつある（国務院発展研究中心 2012, p.209）。

図表3.8　出稼ぎ労働者数の推移（万人）

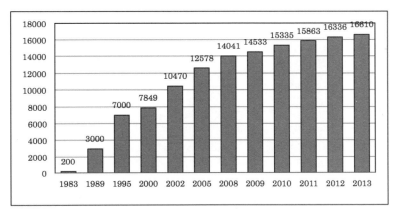

（資料）『中国農民工調研報告』及び『中国統計年鑑』より作成。
注：対象は本年度郷鎮外で6か月以上出稼ぎをする者。

図表3.9　中国の農民工数の推移（万人）

	2008年	2009年	2010年	2011年	2012年	2013年
農民工の総人数	22,542	22,978	24,223	25,278	26,261	26,894
1．出稼ぎ農民工数	14,041	14,533	15,335	15,863	16,336	16,610
（1）家族離れの出稼ぎ	11,182	11,567	12,264	12,584	12,961	13,085
（2）家族連れの出稼ぎ	2,859	2,966	3,071	3,279	3,375	3,525
2．郷鎮内就業者数	8,501	8,445	8,888	9,415	9,925	10,284

（資料）国家統計局2010、2012、2013年「農民工監測報告」より作成。

　こうした農民工の都市への移動によって都市化率は年々上昇し、2011年には初めて50％を突破した（1978年の都市化率は17.9％）。2013年には都市居住人口が73,111万人と農村の62,961万人を上回り、都市化率も53.73％に達した。
　農民の出稼ぎには以下のメリットがある。①生産要素の流動と資源の配置の効率性を高め、要素の賦存条件を変化させ、農業の専業化と近代化を促進する。②農民の所得を大幅に高める。2011年には農家の100世帯当たりの冷蔵庫、空調、携帯電話の保有量はそれぞれ61.5台、22.6台、179.7台で、それぞれ2002年より3.1倍、8.9倍、12.1倍に増加した。また、エンゲル係数も2000年の約50％から2012年の39.3％に低下した（緑書2013, p.122）。2012年の農家平均年収

のうち、賃金収入（43.6％）と非農経営純収入（10.2％）の合計は、農業経営の純収入（34.4％）を大幅に上回っている。③農民工の出稼ぎにより人的資源が向上している。多くの農民工は沿海の外資系企業に勤め、技術や管理知識を学び、意識も変化した。彼らの中には創業資金を貯めて技術を生かし、都市や故郷でビジネスを興した成功者も少なくない。筆者は湖北省や四川省で農民工の「返郷創業」の成功例を多く見た。政府も積極的に農民工の「返郷創業」事業をサポートしている。④出稼ぎ労働者は出稼ぎ地の経済・社会の発展にも大きな貢献を果たしている。このように、出稼ぎは経済と社会に多くのメリットをもたらしていると言える。

その反面、出稼ぎにおける問題点もしばしば指摘されている。①出稼ぎ者の大半は若者であり、高学歴者の出稼ぎ比率が高い。そのため、有能な農業の担い手が減少し、現代の農業技術を理解できずに、生産革新に遅れをとる中高年の農業生産者が少なくない。②若者や男性の大半が遠距離へと出稼ぎに行き、農村に残されるのは中年以上の女性と子供ならびに老人だけとなり、386199現象[12]と揶揄されている。その結果、数千万人に上る子供が両親と離れ、多くの家庭では夫婦が長期的に分かれたままとなり、子供の教育問題や家庭内のトラブルが多発している。③農村におけるエリートの流出により、村のガバナンス能力が低下し、公共事業も振るわない。例えば水利建設が長年手つかずで放棄されていたため、近年では多くの地域が自然災害により大打撃を受けた。さらには戸籍制度の制約により、沿海の大都市で出稼ぎをしている労働者および家族は居住地の戸籍を取得できず、福祉の面でさまざまな差別を被っている（任2014b）。これについては第5節で詳しく論じる。

2008年の金融危機以降、東部から中西部への産業移転が進み、農民による出稼ぎの流れも変わりつつある。まず、県内や県の周辺都市など省内での出稼ぎが増え、特に中西部の省内付近での出稼ぎ者数は着実に増えている。一方で中西部の労働者の東部沿海地域への出稼ぎはそれほど増えていない。図表3.10にあるように、省内出稼ぎ（県内含む）の割合は2008年の46.7％から2013年の53.4％へと上昇している。内訳を見ると東部、中部、西部でそれぞれ2.4％、8.5％、6.7％に上昇し、中西部の上昇が大きい。次に、中西部地域の工業化の急速な発展によって労働者の需要が増え、賃金の上昇幅は東部より大きくなっている。例えば、2011年における東、中、西部の農民工の平均月給はそれぞれ2,053元、

---

12 3月8日、6月1日、9月9日はそれぞれ女性の日、児童の日、老人の日である。したがって386199は婦人、児童、老人を指す。

2,006 元、1,990 元であったが、2012 年におけるそれぞれの増幅は 233 元、251 元、236 元で、賃金格差は縮まっている。他の要素も考えると、中西部近辺での就業は以前より魅力を増している。

図表3.10　各地域の農民工の出稼ぎ先の推移 (%)

出身地域	省内	省外	省内	省外	省内	省外	省内 (県内)	省外	省内 (県内)	省外	省内	省外
東部	79.7	20.3	79.6	20.4	80.3	19.7	83.4 (32.1)	16.6	83.7 (32.0)	16.3	82.1	17.9
中部	29.0	71.0	30.6	69.4	30.9	69.1	32.8 (13.0)	67.2	33.8 (13.1)	66.2	37.5	62.5
西部	37.0	63.0	40.9	59.1	43.1	56.9	43.0 (15.4)	57.0	43.4 (15.4)	56.6	45.9	54.1
全国平均	46.7	53.3	48.8	51.2	49.7	50.3	52.9 (20.2)	47.1	53.2 (20.0)	46.8	53.4	46.6

(資料) 国家統計局 2010、2012、2013 年「農民工観測報告」より算出。

　県内等の近辺における就職増は地域経済の活性化に繋がり、農村社会問題の緩和などに寄与している。筆者は近年の調査で、中西部では地方の工業化が進み、今まで遠方へ出稼ぎに行っていた多くの農民工、とりわけ 30 − 40 代の既婚女性が故郷に帰り、県内の紡績・服装・食品加工工場で働いているケースを数多く見た。彼女たちは家庭の面倒を見る一方、就職して農業より高い収入を得ることもでき、また農作業が忙しい時期には農業生産に参加することもできる（任 2014b）。特に中年女性の非農就業率の上昇は、農村労働力の非農への流動率を高めている（蔡等 2013）。これによって、中国経済発展における「ルイスの転換点」の到来は一部の学者の予測より遅れるのではないかと考えられる。

　注目すべきは、近年の出稼ぎ労働者の多数がもはや彼らの親世代の出稼ぎ労働者とは異なり、比較的豊かな生活の中で育てられ、農作業の経験も持たず、将来農村に戻って農業を継ぐ意思もないことである。国務院発展研究中心（2011）が 2010 年に行った 7 つの省の計 7,000 人の出稼ぎ農民工調査によると、80％の農民は戸籍がなくても都市に居住しているか都市・農村の関係なく自由に住みたいと答え、とりわけ 30 歳以下の農民工で最終的に農村に戻りたいと答えた人は 18.3％しかない。また戸籍制度が緩和されれば農村に戻ってもよいと答えた人も、8.8％にまで低下した [13]。このように、若い農民工の

13　農村に戻りたくない農民工の中で、県市・県庁鎮などに居住したいと答えた人は 25.2％、どの町でもよいと答えた人は 7.9％、就職先で住みたいと答えた人は 27.9％である。

大多数がすでに農村に戻ろうとしない状況にある中で、彼らを都市市民として受け入れるための、戸籍制度を始めとする諸制度改革はもはや待ったなしの状態だといえよう。

3.2 所得増の課題と貧困撲滅対策

繰り返しになるが、近年の農家所得の上昇率は都市住民より高く、都市・農村所得比は2009年の3.3倍から2013年の3.03倍に縮まっている。しかし絶対値を見れば、農家の2013年の純所得増は979元で、都市住民の同期における所得増の2,390元の40％にも及ばない。また、一人当たりの都市と農村の所得格差は2009年の12,022元から2013年の18,059元に拡大している。このように、農民の所得問題は現在でも三農問題の最大なネックであると言える。

農家の所得を見る場合、内部の格差に注目する必要もある。1995－2007年の間に、農村一人当たりの純収入は年率9.6％上昇したが、所得五分位の最下位（Ⅰ階級）グループの上昇率は7％しかなかった。最下位と最上位（Ⅴ階級）との所得格差は1995年の5.7倍から2007年の7.3倍に、さらに2012年の8.2倍に開いた。図表3.11は2012年における農家所得五分位の状況を示している。最下位（Ⅰ階級）の上昇率は15.8％で以前より少し速まったものの、比較的低収入（Ⅱ階級）と中等収入（Ⅲ階級）の所得上昇率はそれぞれ13％、13.4％にとどまり、これらのグループの増収も最下位と同様に難しいと言える。また、

図表3.11　2012年農村五分位階級別一人当たり平均収入およびその増加率

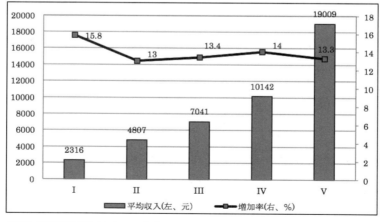

（資料）『中国統計年鑑2013』より作成。

2012年の農村のジェニ係数は0.3867で2011年の最高値0.3897よりいくぶん低下したものの依然として高い。このように、農民の所得を増やすためには、低所得農家の所得向上がもっとも肝要となっている。

2012年最下位グループの所得構成を見ると、まず移転収入は322元（前年より25.4％上昇）で、主に農業の補助金と年金収入が占めている。次に第1次産業の純収入は891元で13.7％増加したが、農家平均の2,548元より大幅に低い。さらに、非農収入（賃金、資産収入、家庭非農経営収入）は収入全体の47.6％しか占めておらず、農家平均の56.9％よりもかなり低い。

農民の低収入の原因を考えると、生産・生活条件がきわめて悪いという立地要因、家庭の諸事情によって出稼ぎや非農就職が不可能であるということ、または低付加価値の伝統農産業しか営めない、といったようなさまざまな原因がある。こう考えると、低所得者に対して社会保障で対処する救済策はもちろん必要であるが、最も重要なアプローチは、やはり非農就業の促進、特色産業・高付加価値農業への誘導や支援などの開発援助策であるといえよう。

農村扶貧事業は1980年代初期からスタートしたが、最初は主に実物支給救済で、その効果も限定的であり、1980年代末に、国の扶貧政策の重点は救済から開発に切り替えられた。1994－2000年の87扶貧計画では、政府が529の国家貧困県を選び、集中的に扶貧事業を推進した。その後の2001－2010年の97扶貧計画において、政府は全国の14.8万の貧困村をターゲットに村全体の開発を行い、産業開発、教育の整備、労働力の訓練、資金の援助など包括的な事業を推進した。また、地理・自然条件がきわめて悪い貧困地域では、住民の居住地の移動と再配置が行われ、10年間で約770万の貧困者に居住地の変更による生産・生活条件の改善が見られた。2011年の新扶貧綱要では、全国11の山岳地域と2つの少数民族居住地域が重点的開発目標と指定された。これらの重点地域に対して、財政資金の重点的な傾斜投入および東部の発達地方の一対一の支援などの支援策が講じられている。

筆者は湖北省・四川省等の貧困地域ででさまざまな貧困支援対策の実施内容と効果を調査してきた。例えば、湖北省五峰県では、大山の頂上に孤立した農家を麓の小鎮や農業生産条件の良いところに移転させた上で、住宅建設資金や農業生産資料の提供によって農業生産に従事させている。また、無償での職業訓練やマイクロファイナンス資金の提供などを通して非農就職もしくは起業の推進も行っている。そして四川省沐川県では国家・地方財政および農家の共同出資で貧困村扶貧資金互助社が設立された。このマイクロファイナンスをテコにして、村は茶葉や竹林の栽培・加工業などを振興し、農民の増収に繋げた（任

2012)。また、新農村建設運動以来、各政府の部・局や国有大企業が貧困地域の貧困村とペアを組み、「幇扶工作隊」を農村に派遣して「村の管理体制をよりよく構築して、資金や資源の不足を補充し、特色産業を誘致・発展させる」という方針で援助を行い、一定の成果を収めている。

こうした経済開発や貧困対策の実施に伴い、農村の貧困問題は以前より大幅に緩和され、貧困人口も1978年約2.5億人から2007年の1,479万人へと減少した。ただし貧困ラインが長年低い水準に設定されていたため、問題が過小評価されたという指摘もある。2008年に、政府は農村貧困ラインを別に定めていた低所得基準までに引き上げ、2011年にはさらに国連の一人当たり1日1ドルの基準へと照準し改定した。これで年間所得の貧困ラインは2,300元となり、貧困人口は2010年の2,688万人から2011年の1.28億人に上昇し、貧困率も2.8%から19.1%へと修正された。なお、この基準で換算したところ、農村の貧困ライン相対値[14]は0.39であった（図表3.12参照）。近年、経済開発の進展により、新基準での貧困人口は2013年末に8千万人台にまで低下したものの、依然として規模は大きい。

図表3.12　中国農村の貧困ライン、貧困率と貧困人口数

年度	貧困ライン（元）	実質貧困ライン（元）	貧困ライン相対値（倍）	貧困率（%）	貧困人口（万人）
1980	130	130	0.68	26.8	22,000
1985	206	191	0.52	14.8	12,500
1990	300	267	0.44	9.4	8,500
1995	530	267	0.34	7.1	6,500
2000	625	292	0.28	3.5	3,209
2005	683	292	0.21	2.5	2,360
2007	785	314	0.19	1.6	1,479
2008	1,196	450	0.25	4.2	4,007
2009	1,196	450	0.23	3.8	3,597
2010	1,247	450	0.19	2.8	2,688
2011	2,300	836	0.39	19.1	12,800

（資料）陳宗勝等（2013）。注：実質貧困ラインは1980年の価格で計算されたものである。

14　農村の貧困ライン相対値＝名目貧困ライン÷前年度農村居民の平均純収入。一般的に、OECDでは貧困ラインは中位所得の半分、つまり貧困ライン相対値は0.5として設定されている。したがって（相対）貧困率の定義も中位所得の半額以下の世帯が占める比率を用いている。中国の定義はこれとは明らかに異なっている。

4. 農村の発展：新農村建設の成果と課題
4.1　公共サービスの改善

　20世紀の長きにわたり、中国の農村では基本的公共サービスとインフラへの資金投入がきわめて少なかった。新農村建設以来、国家はようやく都市と農村の公共サービスの均等化を唱え始め、農村の公共事業に大幅な投入を始めた。

　教育分野においては、国家は2007年から農村義務教育の「両免一補」の政策を開始し、同年農村の小中学生1.5億人分の学費および3,800万人の貧困家庭学生の教科書費用の免除、そして780万人の貧困農家学生の学校での下宿補助金の支給（1日当たり小学生4元、中学生5元）を施した。さらに、2010年に、政府は中西部貧困地域学校での栄養給食補助プロジェクトを開始し、すべての子供に毎日3元の食費補助金を出した。2011年には、中西部地域で下宿補助金を受けている子供は1,228万人に増え、中西部農村地域学生の47％を占めた。また、政府による農村学校および農村教員のための専用補助金が設けられ、その投入額も年々増加している。

　医療分野では、政府は2003年に新型農村合作医療保険に関する実験を304の県で開始し、2006年は全国の県の4割に、さらに2008年にはこの制度を全国に普及させた。2013年現在、農村人口の98％が医療保険に加入しており、年間利用回数も17.45億回に上った（図表3.13）。なお、保険料の約8割は中央および地方政府の財政補助で、農民は約2割を負担している。保険料総額も2008年の100元から2012年の300元にまで引き上げられた。農民が入院した場合の個人負担率は2008年の4割から2011年の3割、さらには2012年の2.5割にまで軽減された。また、保険金最高額は農民の平均収入の8倍以上かつ6万元を超えなければならないと規定されている。なお、特殊な重病に対する補助金の支給制度も設けられ、その適用対象や項目、金額も拡大している。

図表3.13　新型農村合作医療保険の利用状況

年度	2004	2005	2006	2007	2008	2009	2010	2011	2012
参加人数（億人）	0.8	1.8	4.10	7.3	8.15	8.33	8.36	8.32	8.05
参加率（％）	75.2	75.5	80.7	86.2	91.5	94	96.0	97.5	98.3
保険基金総額（億元）				213.6	427.96	785	944.4	1,308.3	2,047.6	2,484.7
保険基金支出（億元）	26.37	61.75	155.8	346.6	662.3	922.9	1,187.8	1,710.2	2,408.0
利用回数（億）	0.76	1.22	2.72	4.5	5.85	7.59	1,0.87	13.15	17.45

（資料）中国衛生年鑑各年版、および国家衛生和計画生育委員会2012年年度公報。

政府は農村基礎医療の整備と充実にも力を入れている。図表3.14のように、郷鎮の合併で公立病院の数は減少したものの、ベッド数や医療人員の数は増加している。また、村医療室の数が拡大し、資格医および助手の人数は2004年から2012年の間に2.5倍増加し、さらに看護師や薬剤師を含めた医療業総人数は40万人に増えた。筆者が中西部の数村の医療室を訪問した印象としては、施設や設備は総じて良好だった。常備薬も充実されており、常勤医も一般の病気なら対応できるようで、医薬費や基本薬物も国の定価によって比較的安い価格に定められている。そして聞き取りの結果、農民は医療室のサービスを概ね評価していることが分かった。このように、農村における「看病貴、看病難」（医療費が高く、病院に行けない）の問題は確実に緩和しつつあるといえよう。

図表3.14　郷鎮衛生院および村衛生室の状況（単位：万人、万個）

年度	郷鎮					村			
	郷鎮数	病院数	ベッド数	医者数	医療関係者数	村の数	医療室数	医者数	医療関係者数
2004	3.73	4.16	66.9	40.3	102.7	64.4	55.2	9.3	97.6
2006	3.47	3.99	69.6	39.3	100	62.5	60.9	10.4	106.1
2010	3.4	3.78	99.4	42.3	115.1	59.4	64.8	17.3	129.2
2012	3.32	3.71	109.9	42.3	120.5	58.9	65.3	23.3	137.1

（資料）国家衛生和計画生育委員会（衛生部）各年公報より算出。

　年金制度の整備については、1990年代に一部の省が農村年金制度を構築し、1998年には8,025万人をカバーしていたが、2004年以降、新型農村年金保険制度が作られた。2007年の新型保険の加入者数は5,171万人、年金受給者数は392万人、年金受給額は40億元であった。政府は2009年に全国で新型農村社会年金の実験を推進すると定め、個人負担と村集団の資金補充、および財政補助によって農村保険基金を創設した。国家人力資源と社会保障部の公報によると、2010年には全国23％の農村、計838県でその制度が導入され、加入者数は10,277万人、年金受給者数は2,863万人であった。この年金保険制度は2011年に全国農村地域の6割（1,914県）に拡大され、さらに2012年には全国に普及した。2012年末の加入者数は48,370万人、受給者数は13,075万人、受給金額は1,150億元になっている。また、その年末の年金基金の余剰金は2,302億元であった。なお、農村年金保険は都市年金と同じ仕組みで、国家財政補填が一人当たり月55元の基礎年金となっているため、農村と都市部の年金システム

の一本化に良い条件を提供した。

　農村貧困人口の救済制度については、2004年に農村最低生活保障制度を導入した省は東南沿海の発展地域の5省・市にとどまったが、2006年末には22の省・市でその制度が整備され、1,262万人が毎月平均70元の生活保護を受けた。2007年、政府は全国の農村地域でその制度を普及させ、3,566.3万人に生活保護を与えた。2012年末、全国の農村における生活保護受給者は2,814.9万世帯5,344.5万人、支給金額は718億元で、そのうち中央財政の支出が60.1%を占めた。ただし、各地の経済発展水準や財政状況は異なるため、最低生活保障金および財政の補填にも開きがある。国家民政部の『社会服務発展統計公告』2013年7月の統計によると、最高水準の北京市海淀区は最低地域の10倍もあった。

4.2　インフラ整備と農民居住環境の改善

　農村インフラ整備の重点は道路、電力網および通信・テレビ受信網である。2000年以降、政府は電力網の整備に多くの資金を投入し、都市と農村の電力価格差を解消した。また、電信・テレビ受信網もほぼすべての村で構築された。道路建設に関しては、2001年に県・郷鎮レベルの道路の総延長は約100万キロであったが、その後は建設のスピードが速まり、2006年からの第11次5ヶ年計画期間において、県・郷鎮・村の新開通道路は59.13万キロ、改修は187.12万キロに上った。道路建設への財政投資額は5年間で9,540.58億元に上り、第10次5ヶ年計画期間から2.5倍増えた。なお、2013年末現在、農村地域（県・郷・村）の道路の総延長は378.48万キロで、2001年から3.7倍増えただけではなく、舗装率も大幅に上昇している（図表3.15）。

図表3.15　農村道路の建設状況

年度	道路総延長（万キロ）	郷鎮道路開通率（％）	村の道路開通率（％）	村道路の舗装率（％）
2005	291.53	93.64	76.1	58.89
2010	350.66	99.97	99.21	81.70
2012	367.84	99.97	99.55	86.46
2013	378.48	99.97	99.70	89.00

（資料）交通運輸部2010、2012、2013年交通運輸行業発展統計公報より作成。

また、政府は農民の居住と生活環境を改善するための財政支援を行い、生活施設の改築や整備プロジェクトを推進した。主な内容は、「四改」（水道、トイレ、豚小屋、台所の改築）、「五化」（美化、緑化、道路舗装化、ライトアップ化、排泄物の浄化）などである。衛生部の統計では、農村の飲用水の安全率、水道の普及率、水洗トイレの装備率は 2005 年のそれぞれの 71.5％、37.6％、13.1％から、2012 年末の 95.3％、74.6％、71.7％に上昇した。

　上記の各インフラ建設に必要な資金は、中央の専門項目の特別資金と地方財政による中央財政専門項目への足し合わせ資金のほか、政府各部門や国有大企業の農村に対する特別支援や社会寄付、さらに農民自身の一部の出資によって賄われている。農家はまた労働参加という形で関わっている。調査では、大多数の農民が農村インフラ建設や環境改善事業に賛成し、とりわけ村・家までの道路開通を高く評価していることが分かった。ただ、一部の地域では、建設の時期や補助名目の違いによっては同様の改築でも補助金が異なり、農民は不公平だと苦情を訴えていた。

　近年、地方政府は農村の集中居住区の建設を推奨している。農村の住宅を集約させることによって、水・電・道路等のインフラ整備と維持のコストが大幅に削減され、公共サービスの集中的供給と質的向上が可能になり、農民の生活も便利になるというメリットがある。しかし地方政府にはもう一つの思惑もある。食糧の安定供給を確保するために全国の耕地面積 18 億畝以上を死守するという中央政府の国策がある一方、地方政府は工業化や都市化を推進するためにより多くの農村土地を徴収したいと考えているのだ。地方政府は、農民を集中的に居住させることによって宅地の一部を節約することを可能にし、域内の農地面積を一定量に保ちながらより多くの土地を徴収できるのである[15]。

　本来、この住宅の集中は一定の経済合理性があり、政府も農家の移転を誘導するためにそれなりの補助金を出している。しかし、一部の地方政府がこれを強引かつ性急に推し進めている面は否めない。我々の調査では、一部の農家では住宅を建てて数年もしないうちに移転させられたという事実も明らかとなった。さらに、移転した一部の農民からは、農作業の場所が遠くなり、食糧を干す作業場や農具を置く場所が足りないなどの苦情もあった。また、政府が進ん

---

[15] 確かに農村土地の利用率はさらに向上する余地がある。2007 年は農民宅地などの非耕地面積が 18 万平方キロもあるが、その容積率は低い。また、農民の都市への移転が進んでいるにもかかわらず、農村の住宅棟数が逆に増加している（党国英（2012））。なお、近年は全国規模での住宅の集約にとどまらず、「三集中」、すなわち工業団地への集約、農家の居住区への集約、耕地の規模化経営体への集約も推奨されている。

で建設した集中住宅の大半は全く画一的であり、景観が悪く、さらにトップの交代などの理由で計画が変更され、プロジェクトが途中で変更や廃止に追い込まれるケースもあった。[16]

5. 三農問題の根源

　ここまで近年の新農村建設に伴う三農問題の改善と現状について説明してきた。三農問題の状況は1990年代末よりは総じて良くなり、新農村建設など諸政策の実施効果は大きい。しかし率直に述べると、中国農村の変化は根本的改善とは言えず、日本、韓国、台湾の高度成長期における農村変貌の速度と比べても、中国農村の発展と農民所得の上昇はまだ比較的緩慢である。なぜ中国の三農問題の解決は難しいのであろうか。

　その原因はさまざまな視点から検討することができる。例えば、政府財政資金の三農への投入は1990年代に比べて増加したものの、国際比較ではまた少ない。2007－2009年、OECD諸国の農業補助金率の平均は22％であるのに対し、中国は9.1％でしかない（韓等2012, p.123）。2012年の中央政府の農林水利支出は5,491億元で中央政府財政支出64,120億元の8.56％であり、清水（2003）が示した1970年の日本における農林水産省所管の農業生産・開発支出のみ対中央政府財政比の14.1％と比べると、やはりまだ低水準である。社会保障の給付額にしても、統計年鑑のデータによれば2013年の都市住民の平均移転所得（年金等）は7,010元で、農村の784元の約9倍である。このように、財政面での三農支援は依然として不十分である。

　さらに、金融面のサポートがきわめて不足していることも当然挙げられる。中国では政策農村金融、商業農村金融、名目上の合作農村金融の三層体系が構築されているが、これらの金融機関はいずれも強い規制などによって専業農家や専業合作社の金融ニーズに対応しきれていない。逆に金融機関は農村地域の貯蓄の大半を吸い上げ、都市部や沿海地域に注ぎこんでいる。また、農民が自ら作った資金互助社などの金融組織は小規模かつ閉鎖的であり、その経済的継続可能性は低い。近年は農村金融参入の規制緩和を求める声がますます高まっている（任2012）。

　筆者は上記の資金面の問題より、三農政策の策定と農村開発において農民の主体性が軽視されていること、都市と農村の二元構造により農民の権利や利益

16　ただし、都市近郊の農村では農民が自ら進んで住宅を集約し、節約した宅地を工業団地に変え、外部企業の誘致や村の企業を発展することで大きな富を築いた例も多くある。北京大学国家発展研究院（2010）参照。

が侵害されやすいことなど、体制・制度上の欠陥こそ三農問題の解決を困難にする根本的な原因であると考える。

5.1 農民の主体的地位の未確立

中国では政府主導の色彩が強く、農村政策の形成・実行などのプロセスにおいてはトップダウン形式で推し進められる傾向があり、農民の意向は無視されがちである。地方の党と政府の首長は例外なしに共産党のルールによる外部からの派遣者であり、また交代が頻繁で任期が短い。彼らは短期的な業績を追求し、メンツのある事業を好みがちで、後片付けについてはあまり考慮しない。そのため農業特色産業の選定・遂行や農村地域建設の企画はしばしば変更され、前述したようにさまざまな強引とも言えるプロジェクトがを採用しがちである。また、中央・省・市・県の重層的かつ多部門管理の縦割り行政で、多部門から政令が出されるために矛盾するケースがしばしば起こり、中央・省・市の三農財政資金の大半は名目が煩雑な専項資金として地方県に下りてくるため、資金の整合性・一貫性に欠け、あるいは現場の状況に合わないなど、資金利用の効率性が悪い[17]。これらの諸問題により、現場の幹部と農民が右往左往させられ、政府と農民の間の信頼関係の構築もうまくいかない。こうした状況では、第一線で働く郷鎮や村の幹部が板挟みとなり、非常に苦しい立場を強いられている。筆者は2009年にある郷鎮で若い鎮長から「私たちは朝から晩までいかに農村を振興するかについて苦心しているのに、農民に理解されていない」というやりきれない心情を聞き、驚いたことを覚えている。

上記の問題は中国の政治体制、村民委員会のガバナンス機能の不足、そして改革開放以来の農業経済が基本的には小農経済で、農民がきわめて分散されていたため、その経済力、組織力・交渉力が弱いことと大きく関係している。当面、農民の主体的地位を強化するためには、専業合作社だけではなく総合農協などの設立によって、政府や市場に対する農民の交渉力アップを図ることが大事ではないかと思われる[18]。また、行財政体制の改革、例えば財政・税収体制と行政権のミスマッチを解消するため、地方権限の強化が求められている。

---

17 ある県での調査では、農地整理のプロジェクトで現地に適していない無用な施設が建設されたり、農民にとって使いにくい道路整理が行われたりしていると、県の幹部や現場の農民が口を揃えて不満を訴えていた。

18 専業合作社は単一業種での合作組織であり、企業や専業大戸が主宰している専業合作社は最下位の一般農家を軽視・排斥しがちで、入社のハードルも高い。また、一部の合作社は優遇政策を享受するためにだけ設立されて農家の利益を考慮していない、などの問題が広範に存在している（張暁山 2009）。農民の専業合作社への参加率は2013年6月時点で25％しかなく、一般農家は合作社の中でも発言権を持たない。

5.2 土地制度の欠陥と農民利益の劣位

　中国の土地は国有地と農村「集体」土地に分けられている。農民は、集体から農業生産用地を請負うことで経営活動を行い、また集体建設用地から住宅用地が割り当てられている。

　その農村土地の請負制は、長期にわたって請負期間の曖昧さや請負土地の不安定性などの問題があり、トラブルも多かった。国務院発展研究中心が2007年に2,749の村で行った調査によると、「上訪」（上級部門に陳情する）を行う人の中で陳情内容が土地の請負や土地貸し出しのトラブルによるものだと答えた回答者は26％を占めた（温等2009, p.25）。このように、農民の合理的期待は損なわれていて、土地への投資も過小で、土地の価値は十分発揮されていなかった。

　2002年の『農村土地請負法』の執行、2008年党の第17回三中全会で打ち出された政策およびその後の法律整備で、農家の土地永久的請負権（相続権も含む）が認められるようになった。しかし現状では、農民の土地請負権が侵害されるケースが依然として多く、権限保障の具体策が求められている。2007年に四川省成都市から始まった土地の「確権」（請負農地と宅地の面積の再確認と永久契約化）がこうした問題を解決するための一つのモデルとなっている。「確権」は農民の請負権と宅地権を正確に規定し、請負経営権の確保や、請負権と経営権が分離した場合、つまり土地が他人貸した場合の請負権の利益を確保する前提を完備させた。実証研究によると、「確権」によって農民は土地に安定した期待を持つようになり、土地における有機肥料の利用が増え、また土地の他人との貸し借りがより活発化している（北京大学国家発展研究院2010）。中央政府は2011年からこの「確権」事業を全国で段階的に推進し始めた。2015年末までに、全国農地の1/4は「確権」される見通しになっている。

　農村土地制度のもう一つの大きな欠点は、土地徴用ならびに売買制度と関連している。すなわち、国有地が建設・経営用地として市場価格で売買できるのに対し、農村の建設用地は村が直接売買することはできないのだ。農村土地は政府の徴収によって農民の手元からいったん取り上げられ、国有地に変更された上で、初めて市場での売買が認められるようになるわけである。これと関連するが、農民の請負農地や自宅・自宅用地などは当然担保や抵当として認められていない。このことは、農民、特に専業大戸の生産・投資性の金融ニーズが長年制約されている主な原因の一つとなっている。また、これにより農民の財産・資産所得も低く抑えられていたわけである。

　このような土地徴用制度において政府は低い価格で農村土地を徴収できるの

で、より高い値段で売って土地の売却益をほぼ独占できる。実際に、「土地財政」は近年地方政府の主な収入源となっている。地方政府は「土地財政」でインフラの整備と公共サービスの充実のための資金を得る一方、外部企業の誘致するための廉価な土地供給も可能になる。こうした土地をめぐる利益配分ゲームの中で、政府や企業は大きな利益を得られるが、農民の利益は往々にして侵害されやすい。

近年、農村土地の徴収をめぐるトラブルが急増している。上記の国務院発展研究中心の調査では、陳情者のうち、土地徴収のトラブルによるケースが39.4％で最も多かった。もちろん法外な要求をする農家もいるが、大半は政府が短期間で強引に徴収し、補償金額も比較的少なかったために、対立と衝突が激化したケースである。しかしながら、農民が抵抗したところで初めから結果は決まっている。周（2013, pp.91-92）の指摘通り、農村土地の徴収は国有地への変更であり、都市計画および行政の許認可制度で決定されたら農民はその徴収を拒否できない。また、補償の基準は法律で定められているため交渉の余地はあまりない。

農民の利益を保護し、土地の市場要素の役割を発揮させるため、土地の私有化を主張する意見が少なくない（文 2006、許 2013）。許（2013）は土地の私有制を禁止することこそが不平等をもたらす最大の要因だと断じている。しかし土地の私有化で自由売買が可能になると、現在のように社会保障制度が不完備な状態において貧困農家がいったん土地を失えば、彼らの生存が脅かされるおそれがある。この現状から考えると、農村土地の集団所有制は当面維持しながら、まずは土地徴収制度の改革で集団所有の土地と国有地の不平等の問題を可能な限り解消することが現実的であり、経済学の意味では「次善の選択」を求めることが合理であろう。

5.3　戸籍制度の束縛と差別政策

1958年に導入された戸籍制により、中国人は都市と農村戸籍に厳格に区分された。農民は長期にわたってさまざまな格差を強いられ、その戸籍の都市戸籍への変更は認められなかった。

改革開放以降、多くの農村戸籍者が非農産業への転業により都市に移住した。戸籍の規制も徐々に緩和され、2001年には県以下である郷鎮町までの都市戸籍の取得はかなり自由になった[19]。しかし、大半の出稼ぎ労働者は沿海工業地帯

---

[19] 反面で、近年中小都市では城鎮戸籍よりも農村戸籍の取得が困難になっている。農村戸籍であれば、少なくとも宅地の取得などのメリットがあるため、公務員が不正手段で農村戸籍を取得したというケースがしばしば報道されている。筆者も浙江省義烏市、湖北省の数県市での調査でこのような事例を確認した。

や大都市に集中している。彼らは働き先で「流動人口」に分類され、賃金、子供の教育、住宅、医療・年金などさまざまな面で原都市住民と同様の待遇を受けることができなかった。2010年11月の第6次人口調査では、6.7億人の都市人口のうち、都市戸籍を持たない農民工およびその家族は2.1億人にも上った。さらに、2012年末にはその数が2.6億人に達している。このように、従来の都市・農村の二元的構造が都市内に持ち込まれ、新たな二元構造が形成された（銭・李2013）。

　2011年に中央政府は地区級の中小都市においても戸籍の転入規制を原則として撤廃した。ただし、一定年数の定職に就くことおよび安定した住所[20]などの条件が必要とされている。また、多くの都市が行政管轄地域内で生まれた農民工に対しては転入規制を緩和したものの、外部農民工に対しての制限は相変わらず厳しい。そのため、沿海地域では大多数の農民工が依然として現居住地の戸籍を取得できない状況にある。さらに、北京・上海・広州・深圳などの特大都市をはじめ、省都などの大都市は転入申請者の職業・住所・収入・納税状況・投資額・キャリア資格等の条件を総合的に評価するいわゆるポイント累積准入制を実施しており、一般の出稼ぎ農民工がこれら特大・大都市の戸籍を取得するのは極めて難しい（呉等2011）。このように、現状では農民工の大半が依然として農村戸籍に拘束され、さまざまな差別を受けている[21]。

　2010年前後、重慶市は農民工請負土地と交換で都市戸籍を与え、宅地で保障住宅（市営分譲または低家賃住宅）を提供するという農民の市民化方針を導入した。これは、農民が農村の土地と住宅を都市の社会保障と交換する発想である。しかし農民の3分の2以上はこの方針に反対で、全国からの批判意見も多く、後にその政策は修正を余儀なくされた。農民が、都市での前途が不明瞭なまま土地を手放したくないのは当然であろう。国務院発展研究中心（2011）の調査によると、2010年現在、農民工の83.6％は都市への居住を選ぶと同時に請負土地を保有したいと考え、その内訳は自家耕作用が46％、貸し出して地代を得るというのが27.2％、土地を株権として配当を受けたいというのが10.4％である。

　なぜ大都市や沿海地域の戸籍制度は依然として緩和されないのであろうか。それは、一極集中の弊害を防ぐなどの理由以外に、一人の農民を市民に転換さ

20　2011年までは住所の所有が必要であったが、2011年の政策では賃貸でも可となっている。なお、戸籍制度の改革に関しては厳（2014）を参照されたい。
21　近年、少子化により都市部の小学校では教育資源の余裕があり、農民工の子供も入学可能になっているが、中学校・高校では、大学入試制度が絡んでいるため、地域外の出身者は高額の費用を払ってもなかなか転入先の学校に入学できない。

せた場合、彼らの社会保障や福祉の格上げを行うためには10万元のコストがかかり、また都市部の公共資源は限られているため、都市当局や原都市住民らは安易に外来の農民工を受け入れられないという世論も確かにある。こう考えると、戸籍の「二元構造」を徹底的に廃止するのは当面難しい話である。

6. 三農問題の改革方向と展望

　前節では、三農問題の根源について分析した。三農問題改善のテンポが他の東アジア諸国・地域より遅い最大の理由は、取りも直さずその都市と農村の二元構造が根本的に改められず、農民の「二等国民」という地位からの脱却が基本的に進んでいないことにある。

　2013年11月に、中国共産党第18回3中全会は『改革を全面に深化する決議』を公表し、ようやく二元構造と差別を解消するための大胆な改革を行うと明言した。

　（1）土地制度をめぐる改革

　決議は土地請負制を安定化し、永久に変更しないと再び確認した上で、農民の請負土地への占有、使用、収益、流転の権利、および請負地経営権の抵当、担保としての役割をすべて付与すること、また、農民が土地を株持分として入社し株式農業産業化経営ができること、そして土地の経営権を公開市場で専業大戸・農場・合作社・農業企業に貸し出すことができることなどといった、これまで各地で実践されてきたことを正式に追認した。これらの政策によって、農地の移転と集約が促進され、農民の資産所得も増える見込みである。また、農地の担保・抵当機能の充実により、農村金融における大口の資金調達も可能となった。なお、中央は農民住宅地と住宅の抵当・担保の可能性については今後も検討すると明言した。

　最大の注目点は土地徴収制度の改革である。決議は農村の建設用地も、今後政府の建設企画に合うのであれば国有地と統一した同じ市場において同じ権利、同じ値段で売り出せるようになることを目指している。また、土地徴収の範囲を縮小し、徴収の場合でも国家・農民・農村集体三者の利益配分を調整し、農家への補償率を高めることも約束した。さらに従来の補償以外に、「留地安置」、つまり土地の一部を農村集団の財産として経営させ、その収益から長期的に農民を補償する方法も認めた。これらの政策を受けていち早く対応したのは、2013年12月の深圳市鳳凰街道による集体建設用地の公開買い付け売却である。売却額の7割は政府の基金、3割は集体および農家家庭の補償金として分配さ

れたが、売買契約では鳳凰街道が開発後不動産面積の2割の経営権を持つため、農民の一時収益と長期収益の両方が確保された[22]。

（2）戸籍改革と都市化

中央決議は戸籍制度の改革を加速する方針を明確化した。決議は都市部定住者全員に基本的公共サービスを均等に提供し、農民工定住者の住宅保障や彼らの農村年金・医療保険の都市への転換、さらに都市と農村の基礎年金保険制度・医療保険制度の統合、最低生活保障制度の都市・農村部の連動、および社会保障の地域間の移転をスムーズにすることなどを公約した。その後、2013年12月の中央城鎮化工作会議と農村工作会議では、2020年までに戸籍制度の改革で1億農村戸籍の都市居住者への戸籍変更、都市部にある村や老朽住宅区の改造による1億人への住宅提供、さらに中西部地域で新たに農村居民1億人の都市への移転等の都市化目標が具体的に挙げられた。

上記の諸改革の目標は、農村に対する差別化政策を撤廃し、農民の本来あるべき基本的権利を農民にしっかりと返還し、農民の利益と主体性を保護・尊重することであり、いわゆる「還権・賦能」である。改革の方向性は評価するべきだが、肝心なのはいかに政策を確実に遂行し、その目標を実現させるかということである。筆者の所見では、長年累積してきた農村・都市の収入格差や社会保障格差、また、農村戸籍者の都市戸籍への移転に伴う諸費用を補うためには、さらに知恵を絞り、大きな発想転換をすることが必要であると思われる。格差を解消するのに必要となる膨大な費用を再び農民に強要することはぜひとも回避してほしい。そのためには、代わりに都市化の拡大による土地の徴収と売却収益金の一部を強制的に基金化し、または国有企業の膨大な利潤の一部を社会保障基金へ補填したり、さらには国有資産の一部の売却や国有大企業の株の放出を行うことなどで、農民の市民化資金をねん出することができるのではないかと思われる。いずれにせよ、政府はこれまで農民から取り上げてきた「借金」を返す方法で、二元の構造を解消することを工夫していかなければならない。

---

22 鳳凰衛視『財経正前方』「記得住的郷愁　新型城市化探析」2013年12月による。

おわりに

　本章は、改革開放以来 30 数年間にわたる中国農村改革の過程を顧み、農業、農民、農村という三農の諸側面、すなわち農産業の構造変化・農業経営体制の変遷および農業近代化の進展、農村労働力の就業・移動および農家の所得状況の変化、そして農村の社会事業およびインフラの整備や農村環境の変貌などについて分析した。まとめてみると、新農村建設以来、「三農問題」は 1990 年代の深刻化した状況に比べて一定程度緩和され、近年の農村開発および農村発展に関する政府の施策は一定の効果を発揮したと言える。しかし本章の後半でも論じたように、これまでの農民に対する各種差別政策の撤廃、とりわけ土地制度と戸籍管理政策の抜本的改革なしに、三農問題の根本的解決は到底実現できない。共産党の第 18 回三中全会は三農改革の大方向と目標を決めたが、その改革は具体策に欠けており、今後の各地域における先行実践において改革の具体像が浮かび上がると思われる。一つだけ言えることは、根深い差別政策の是正と二元構造の解消には発想の転換と突破力が必要であり、大きな智恵と勇気が求められるであろうということである。

　仮に党の決議に示された農村改革目標が宣言通り 2020 年までに実現し、農村の土地や不動産の取引の市場化・民主化と農民の「国民待遇化」を確実に進めることができれば、間違いなく農民の地位が格段に向上し、農民の経済活動の自由度・農業の各生産要素の市場評価価値の向上による収入も増加するであろう。加えて社会保障の強化などによる移転収入も相当増えるものと考えられる。また、目下、農村の余剰労働人口はいまだ 7 千万人（劉 2012）もしくは 8 千万人（南・馬 2013）と言われており、各種制度的障壁や社会保障の格差が本当に解消されれば、さらに多くの農村労働力とその家族が都市に移転すると想定できる。これによって都市化が進み、中国の経済・社会発展のパターンの構造転換がより着実に進展することとなる。同時に農村においては農家の減少によって土地の集約化が一段と進み、規模経営の拡大などによって農業の競争力の向上、農家の経営収入のさらなる向上も期待できる。そうして三農問題の念願である根本的好転が期待でき、黄宗智の言う「歴史的な転換」もより早い実現が可能になると考えられる。

主要参考文献

【日本語】
厳善平 (2002)『農民国家の課題』名古屋大学出版会
厳善平 (2014)「第11章 人口・労働移動政策」中兼和津次編『中国経済はどう変わったか』国際書院
蔡昉・王美艶・曲玥 (2013)「第5章 人口転換と就業変化」南亮進他編 (2013)
清水徹朗 (2003)「農業財政の現状と課題」『調査と情報』2003年第7号
薛進軍・高文書 (2013)「第8章 都市・農村所得格差と労働移動」 南亮進他編 (2013)
南亮進、牧野文夫、郝仁平編 (2013)『中国経済の転換点』東洋経済新報社
南亮進・馬欣欣 (2013)「第4章 中国労働市場の変貌と転換点」南亮進他編 (2013)
任雲 (2012) 「中国中西部の農村金融—三県市から見た現状と課題」『桜美林エコノミックス』第3号 .pp.
任雲 (2014a) 「中国における一村一品の発展・現状と課題」『桜美林大学産業研究所年報』No.33.pp.
任雲 (2014b) 「農村労働力の県内移動と県域経済の発展」『桜美林論集 エコノミックス』第5号 .pp.

【中国語】
北京大学国家発展研究院総合課題組 (2010)『還権賦能：奠定長期発展的可靠基礎』北京大学出版社
蔡昉 (2008)「中国農村改革30年」『中国社会科学』第6期
蔡昉・王徳文・都陽 (2008)『中国農村改革与変遷：30年歴程和経験分析』格致出版社・上海出版社
陳宗勝・潘揚楊・周雲波 (2013)「中国農村貧困状況的絶対与相対変動」『管理世界』第1期
陳錫文 (2012)「中国特色現代農業的幾個主要問題」『改革』第10期
党国英 (2008)「中国農村改革与発展模式的転変」『社会科学戦線』第2期
党国英 (2012)「城郷二元体制的非公正性与矯正路径」『中国農村発展研究報告No.8』社会科学文献出版社
国務院発展研究中心農村経済研究部課題組 (2012)『中国特色農業現代化道路研究』中国発展出版社
国務院発展研究中心課題組 (2011)「農民工市民化的総体趨勢与戦略取向」『改革』第5期
韓俊等 (2012)『中国農村改革2002－2012』上海遠東出版社
黄季焜等 (2008)『制度変遷和可持続発展 30年中国農業与農村』格致出版社・上海出版社
黄宗智 (2007)『経験与理論』中国人民大学出版社
黄宗智 (2010)「中国的隠性農業革命」黄宗智編『中国郷村研究』第八集
焦建 (2013)「解困夏糧"十年増"」『財経』2013/07/01 No.361
林毅夫 (1994)『中国農村改革与農業増長』上海三聯書店・上海人民出版社
劉守英 (2012)「総報告 中国農業現代化的新階段」 国務院発展研究中心農村経済部課題組 (2012)
楼棟・孔祥智 (2013)「新型農業経済主体的多維発展形式和現実関照」『改革』第2期
銭文栄・李宝値 (2013)「初衷達成度、公平感知度対農民工留城意愿影響及其代際差異」『管理世界』第9期
蘇明 (2008)「第一章」財政学会編『新農村建設与城鎮財政転型』経済科学出版社
温鉄軍等 (2009)『中国新農村建設報告』福建人民出版社
文貫中 (2006)「解決三農問題不能回避土地私有化」中国経済学教育科研網
呉開亜等 (2011)「戸籍改革進程的障害：基於城市落戸門檻的分析」『中国人口科学』第1期
許成鋼 (2013)「都市化和体制改革」『比較』No.65 (2013年第2期)
約翰遜 (2005)『経済発展中的農業、農村、農民問題』(林毅夫等訳) 商務印書館
張暁山 (2009)「農民専業合作社的発展趨勢探析」『管理世界』第5期
中国社会科学院農村発展研究所等『中国農村経済形勢分析与予測 農村経済緑皮書』(緑書) 各年版 社会科学文献出版社
鐘甫寧、朱晶 (2000)「結構調整在我国農業増長中的作用」『中国農村経済』第7期
周其仁 (2013)『城郷中国 上』中信出版社

第 4 章
企業の改革・発展と課題

はじめに

　計画経済の時代、中国では民営企業や外資企業はほぼ皆無であり、1978 年に国有企業と集団所有企業がそれぞれ工業生産高の 77.6％と 22.4％を占めていた。
　改革開放以来、中国は国有企業の改革を行いながらも、積極的に外資を誘致してきた。また民営経済に対しても政策的転換を段階的に行い、市場参入規制を徐々に緩和し、近年はさまざまな促進策を講じるようになっている。30 数年の発展を経て、中国経済は国有、民営、外資系（台湾・香港系含む）の三分天下の局面となり、規模工業企業だけを見ると、2012 年における国有および国有株支配企業、民営と外資それぞれの売上高は 24.5、28.56、21.63 兆元であった。また、2013 年にアメリカの競争力委員会と Deloitte 社が作成したグローバル製造業競争力指数で、中国は前回の 2010 年の調査と同様、先進・新興国の中でトップにランクされている[1]。2013 年には中国企業 85 社がフォーチュンの世界企業 500 ランキング入りを果たした。しかし、混合経済においては、国有企業が国家経済の要衝を押さえており、異なる所有制企業の間で公平な競争が実現できず、市場メカニズムがうまく機能していない。また中国企業のコアの競争力が強いとは言えない。市場化の改革はまだ道半ばである。
　本章では、30 数年間の国有、民営、外資企業の発展または改革の過程を振り返り、混合経済の市場競争の特質を明らかにして、中国経済と企業改革の重要な課題を検討したい。

1. 国有企業の変遷[2]

1.1　「放権譲利」の改革（1978 年 – 1992 年）

　伝統的国有企業は国営企業と呼ばれ、名実共に政府が直接経営を行う企業であった。企業は業界別の主管省庁または地方主管局の管轄下の一単位に過ぎず、生産・販売や人事・財務の経営権や利益配分の権限等を一切持たなかった。

---

[1] http://www.compete.org/images/uploads/File/PDF%20Files/Council_GMCI_2012.pdf
[2] 本節は主に任（2011）を加筆修正したものである。なお、張軍（2008）、張文魁等（2008）も参照。

第2章でも述べられたが、1978年10月、四川省がいち早く地方国営企業6社において経営自主権拡大の実験を行い、1979年にはその方法が全国で推奨されるようになった。改革は企業の管理者・従業員の意欲を喚起させ、企業の産出も増えたが、国家と企業の利益配分において企業側の利益取り分の増加は速く、財政収入を圧迫した。1980年、政府は経済責任制を導入し、国家への支払いを確保する責任を企業に課した。これは農村に導入した請負責任制と類似している。しかし政府・企業間の利潤配分ゲームにおいては企業の交渉力が強く、財政収入は相変わらず不安定であった。その後、政府は企業利益の上納を中止し、代わりに企業に定率の所得税と調整税を負担させる「利改税」制度へと改めた[3]。しかし所得税率が高く、調節税も恣意的であったため、今度は企業のインセンティブが低下し、結局のところ財政収入もそれほど増加しなかった。1987年、政府は再度企業請負制を全面的に導入した。その基本ルールは請負ベースを確定し、上納分を確保することである。上納分を超えた利潤全額は企業に残し、逆に上納分に不足があった場合は企業が補うことになる。これは当初は一定の効果が見られたが、間もなく企業が請負期間で短期利益最大化行動をとるようになり、設備の過剰使用や賃金総額の急膨張などのような弊害が出てきた。また、企業と政府の毎年の請負量をめぐる契約交渉は依然困難であった。とりわけ、請負制の最大の問題は企業が赤字を出した場合に損益自己負担の原則が実際には機能せず、逆に国有企業が大幅な黒字になっても政府への上納分は低く抑えられることだ。国家統計局の調査では、1987－1989年の国有企業の利潤はそれぞれ770、848、973億元であったが、財政の上納額は逆に484億元から478億元、さらに418億元へと減少した（張文魁他 2008, p.46）。政府はこれらの問題に対処するため、1993年の財政・税収体制の改革に伴い、新たな「利改税」を導入した。それは企業の利潤を徴収せず、33％の所得税および付加価値税や営業税などを課す政策である。これにより国家と企業の利益配分が再び固定化され、請負制は解消された。

　これらをまとめると、この15年間の改革は国有企業の基本制度を変更しない前提で、国家と企業間での利益や権利の配分を調整し、企業のインセンティブを高めることを重点とした、いわば「放権譲利」であった。しかしこのアプローチでは、情報の非対称性によって国家が不利になるのは明らかである。とりわけ請負制では、企業が大きな利益を得ても国家は事前契約で決められた収益しか得られないが、企業が赤字になった場合は国家が財政補填で無限責任を負わ

---

[3] 政府はさらに「撥改貸」政策で国企の投資・運転資金と財政との関係を断ち切ろうとした。第5章参照。

ざるを得なくなり、現代企業の常識に反している。企業理論によると、所有権の本質は余剰請求権と余剰コントロール権であるが（Hart1995, 任 2002)、請負制では、所有者である国家が事実上国有企業に対して余剰請求権と余剰コントロール権を放棄してしまい、無限責任を依然として負っている。これにより、国有企業の「所有者不在」の問題が突出し、インサイダーコントロールが極めて深刻になった（青木 1995、呉敬璉 2009, pp.136-137)。しかしながら、何とかその状況を改善しようとする政府は、問題の本質を理解せず、旧態依然の行政手段で企業を一層コントロールしようとした。

　もちろん 15 年の間に政府は所有と経営の分離を意識し、「政・企分離」の目標を掲げて企業への経営権利の移譲を推し進めた。1985 年「拡権 10 条」、1992 年の「国務院経営体制転換条例」のいずれもが、その意図を強く反映している。しかし政府が所有者の役割を行使できず、非経済的手段で企業に干渉している状況では、企業も結局は自由な経営権を得ることができず、「放権譲利」の改革は袋小路に入ってしまった[4]。

　また、この時期、国有企業の監督体制を強化するため、中央政府は 1988 年に財政部の下に国有資産管理局を設立し、資産査定・資産使用の監督権限などを担わせたが、国有企業の管理職能は従来の主管省庁・党組織に分散したままであった。

1.2 「現代企業制度」への模索（1993 年－ 1997 年）

　放権譲利改革がうまく進まず、特に請負制の挫折から、人々は国有企業の体制改革の重要性に気付き、現代企業制度の確立こそが改革の核心だと理解するようになった。1993 年 11 月に党の第 14 回三中全会は、国有企業改革の目標が「産権明瞭、権責明確、政企分開、管理科学」の現代企業制度の確立であると表明した。また、全会の直後には会社法も公表された。これにより国有企業の改革は会社化の道を進むようになった。

　現代企業の制度構築に当たって、政府は国有大企業 30 社をテスト対象として指定し、さらに 1994 年 11 月には対象を 100 社にまで拡大して実験を進めた。実験の結果、一部の産業省庁が会社化され、複数の国有大企業が国有独資会社に改組された。しかし改組された企業は所有構造を変更せず、経営管理体制も従来のままで、言わば看板を換えただけの改革であった。そのため、1996 年に

---

[4] 張軍（2008）は、国企改革は誤ったやり方でスタートし、また誤りを繰り返したが、誤りがあった故に何が正しいのかがはっきり見えてきた、と第一段階の改革を評価している。

予定の実験の結果を審査する際、テスト対象企業の中から「合格者」はほとんど出なかった（呉敬璉 2009, p.134）。これに対して上海や深圳などの地方国有企業は改革が進み、中には深圳・上海両証券市場に上場した企業も多数出現し、1997 年に 11 社の国有企業が香港でも上場した。さらに、重慶は「抓大放小」、山東省諸城市は小企業の民営化改革に取り組み、それぞれ成果を上げた。

　各地の実践と株式市場の創設・発展の結果、大型国有企業を株式会社に改組・上場させ、所有権の分散と有効なコーポレートガバナンス制度を構築することこそが、政・企分離実現の前提であるとの認識が主流となった。また、1995 年に共産党の第 14 回五中全会は「抓大放小」、すなわち国有大企業の改革を進める一方、中小企業を手放すという規模別の改革方針を打ち出した。さらに 1997 年の共産党第 15 回代表大会で指導部は「有進有退」戦略、すなわち産業別に国有企業の選択と集中を行い、国有経済の産業配置の構造を調整する戦略を公表した。これら一連の動きによって、国有企業改革の目標、方針、戦略、方法、経路などが明確になり、その後の国有企業大改革の下地が完成した。

　この段階の国有企業の改革は、第一段階の「石を叩き、川を渡る」という場当たり的な経験主義の改革と比べ、目標をはっきりさせた点に特徴があると言える（張文魁等 2008）。

1.3　「三年脱困」と国有企業の大改革（1998 年 - 2003 年）

　1998 年、朱鎔基の首相就任に伴い、国有企業「三年脱困」の大改革が本格的に展開された。1999 年の 15 回五中全会で国有経済の「有進有退」の具体的分野が定められ、国有経済の不採算産業からの撤退や中小企業の民営化、さらに国有企業管理システムの改革も加速した。

　「三年脱困」改革の背景として、1990 年代中期以来に国有企業の業績が急速に悪化したことがある。1996 年と 1997 年の第 1 四半期で国有工業企業全体が赤字となり、さらに 1998 年に 21.4 万社の国有独資企業の全年度の利潤総額はマイナス 630.6 億元となった。国有企業が膨大な債務と余剰人員、立ち遅れた技術と設備、重い社会負担に耐えきれず、市場競争の中で民営企業や外資企業に負けてしまったのである。WTO 加盟を控え、短期間で国有経済を立て直さなければならないという危機感が一層募り、政府は「三年脱困」大改革を断行した。その改革の目標とは、①大中型国有企業の赤字企業を正常水準に戻し、余剰人員を分離・再就職させ、長期的な赤字企業を淘汰しながら国有企業全体の経営業績を好転させる。②多数の中核企業で基本的な現代企業制度を打ち立て、経営メカニズムを転換させる。特にひと握りの競争力を持った大型企業集

団を育成する、というものである。

「三年脱困」の目標を達成するため、政府は財政・金融資源を大幅に投入し、大規模なリストラを行った。資源の枯渇した国有鉱山の閉鎖や経営危機に陥った国有企業の破産、または赤字企業の規模の縮小と民営化が行われ、国有部門は多くの不採算部門から撤退した。3年間の累計で6,599社の大型企業のうち29.48％の企業が閉鎖され、約2,100万人が解雇された。また、国有企業の債務計1,261億元が帳消しにされ、4,596億元の負債が株にスワップされ（債転株）、国有企業の債務負担が大幅に軽減された。その一方、国の失業給付、生活保護制度、年金や医療保険制度の整備も進められ、こうした国有企業の大改革をサポートした（任2006b、張卓元等2008）。

「三年脱困」のうち、電力、石油、電信、航空など代表的な国有経済部門において、従来の管理部門の会社化や産業再編と企業の整理合併が行われ、寡占的産業構造が形成された。さらに、電力、電信産業では後に政府の主導で産業再・再編が続いた（図表4.1）。多くの国有大企業は後に株式会社に改組・上場し、所有と経営の分離、ガバナンス制度の構築や経営透明度の向上に一定の進展が見られた。三年脱困期間、国内上場の国有企業の数は307社、資金調達額は2,723億元、海外上場したのは22社、267億ドルに上った（任2006b）。

図表4.1 国有独占産業の改組と再編

石油産業	83年中国石化、85年中国海洋石油、88年中国石油設立（石油部撤廃）、能源部管理へ（92年撤廃）、98年中石油、中石化が持ち株会社として改組、業務の相容れで垂直統合の寡占体制が形成、00年以降それぞれのコア部門が上場
電力産業	98年電力部撤廃、発・送・配電垂直統合の国家電力公司設立、02年国家電力公司撤廃、発電5大会社（上場）と送電の国家電網、南方電網の設立で、垂直統合による独占の解消と発電部門の競争を図る
電信産業	94年電子部と電力部など4部が聯通を設立、98年郵電部と信息部が合併、電信産業が会社化。99年7社体制確立、01年中国電信が分割され、その北部10省および吉通は網通に吸収(固定電話の独占解消)、6社体制へ。04年まで全面改組・上場。08年政府主導で3社に統合

(資料) 任 (2011) により作成。

国有企業の管理体制も大きく変わった。1998年、政府は十数の産業主管省庁と実権のない国有資産管理局を撤廃し、経済貿易委員会を設立して国有企業の管理に当たった。その後、国務院は中央直轄大企業（中央企業）に対する監督体制を強化するために「監事」派遣制度を制定し、その監事派遣の職能を1999

年末に設立した中央企業工作委員会に任せた。ただ、財政部など複数の省庁が従来と同じ企業に対して個々の監督管理職能を持ち、経済貿易委員会も一行政管理部門に過ぎず、所有者としての役割の発揮には限界があった。

その一方で、中小国有企業の民営化は、1990年代の後半にかなり進んだ。中小企業の民営化は、流通業や飲食業などからスタートしたが、1993年に山東省諸城市が県域内の国有企業の売却を始め、論争を引き起こした。その後、1990年代の後半から沿海地域での国有中小企業売却（改制）がブームとなった。2000年以後、中西部地域での中小国有企業民営化も急速に進み、2003年頃には最高潮となって、地区（市）の大部分、県以下のほとんどの国有中小企業が民営化された。

1.4 「国資委」時代の国有企業（2003年－2013年）

国有企業の大改革が一段落した2003年に、温家宝新首相は中央企業工作委員会、経済貿易委員会などの省庁と財政部などの主管局計5部門を統合し、国有企業の一元化管理を担当する国有資産監督管理委員会（以下国資委と称する）を設立した。これにより、従来の分散化した管理や責任所在の不明が解消され、国有企業の委託－代理関係も簡素化できた。

国資委の設立によって、政府の公共管理と資産管理職能はとりあえず分離された。『国務院の機構設置の通達』によると、国資委は出資者として国有企業の資産に対する監督・管理、国有資産の維持と増殖、国有企業の改革と国有経済の構造調整の推進、経営者の選抜および報酬などの管理、監事の派遣、地方国資局の指導・監督や国有企業改革および国有資産管理のルール整備など、計8つの役割を兼ねている。なお、国有企業の「分級管理」原則に従い、各省・市も国資局を設立した[5]。

国資委は設立の当初から、金融や鉄道などを除いたいわゆる国資委直轄の中央企業の「做大做強（大きく強い企業を設立する）」および「国有資産保値増値」を使命として、「3年間に業界トップ3に入らなければ会社を整理する」、そして「2010年に中央企業を80－100社まで整理統合する」と宣言し、中央企業の業績改善に次々と圧力を掛けていた（呉暁波2008, pp.219-220）。国資委はまた、中央企業に監事を派遣する以外に、業績考課制度と経営者経営目標考課・報酬

5　2006年に省国資委（深圳、アモイ、寧波市を含む）の管轄企業数は1,031社であり、237の地区（市）、107の県（市）が国資局を設立した（http://www.sasac.gov.cn/n1180/n3123702/n3123747/3364073.html）。

連動制度を導入した。そのほか、2007年までに計103名の経営陣ポストを国内外から公開募集し、経営管理者の人材バンクを設立した。また19社の企業集団本社の取締役会の設置および外部取締役員の導入を主導した（張卓元等2008, pp.211-212）。ただ、国資委は所詮政府の一部門に過ぎず、党と政府の他部門からの政治・行政指令は以前と変わらず中央大企業に直接下される。とりわけ50数社の経営トップは依然として党中央組織部に任命されている。このように、「政・企分離」は実質的には実現しておらず、国資委管理体制には多くの課題が残されたままである。

この時期に、中央企業の合併により2012年末企業の数は2003年の196社から115社に減少した。また、2011年に全国の国有企業の9割以上が株式会社に改組され、中央企業とその傘下企業の株式会社への改組率も2002年末の30%から72%へと大幅に増加した。2009年までに中央企業の子会社78社が海外で上場し、2012年の時点で国内上場した国有企業は953社、時価総額の51.4%を占めていた。国有企業の収益も劇的に改善し、利潤総額は98年の213億元から2003年の4,951.2億元、2012年の2.196兆元に達した。売上高も2003年の10.734兆元から2012年の42.377兆元に達している。中でも中央企業の2012年の利潤総額は1.2677兆元で2003年の4倍を超え、売上高は4.4748兆元から22.4654兆元になった[6]。そして念願の世界500社ランクインの国有企業数も2003年の6社から2013年には78社に上った。

こうした国有企業の「大躍進」には、2000年以降は重化学工業化・情報化の好循環を迎えたこと（張文魁2008）、国有企業が改革を経て政策的負担と負の遺産の大部分が取り除かれ、株式会社に改組・上場を果たして資金調達ができるようになったこと、さらに国資委体制のもと、経営業績が考課され、整理・編成の「最後通牒」に追われ、中央企業が猛烈な規模拡張と利益追求戦略を展開したことなどが理由として挙げられる。しかし後に説明するように、この業績の大躍進は政府の一貫した支援なしには考えられない。

上記の内容をまとめると、国有企業はさまざまな改革により、21世紀に入ってから大きな変貌を遂げ、もはや経営危機的状態ではなくなった。そのためか近年国有企業改革の動きはかえって停滞した。しかし国有企業の改革は本当に成功したのであろうか。その競争力は本当にアップしたのであろうか。国有企業の「強盛」は一体何を意味するのか。これについて第4節で詳しく検討する。

---

6 国資委ウェブサイト（http://www.sasac.gov.cn/n1180/n15066072/n15204872/index.html）。

2. 民営経済の勃興

2.1 民営経済の発展の軌跡

　民営経済について述べる場合、従来は国家統計局が発表した自営業者および私営企業（自然人が発起または支配している企業）の合計で定義されたが、民間資本が大株主になっている株式会社も民営経済の一構成部分である。そのため、本稿では自営業者、私営企業、民間資本が支配する株式会社を合わせて民営経済（民営企業）とする[7]。改革開放以降、この民営経済の発展は3つの段階を経てきた。

　第1段階は、1978－1992年である。この段階で中国の民営経済は違法状態から合法となり、国民経済の表舞台に登場した。文化大革命が終わる1978年からは、農村で生活していた都市の「知識青年」が都市部に戻り始めた。若者の都市への大規模な帰還は就職難に繋がり、政府はやむを得ず自営業の規制緩和に踏み切り、就職の圧力を減らした。その後、1982年の第12回党大会で自営業による公有制経済への補完が認められ、自営業者は8人以内の従業員を雇用できるようになった。しかし、従業員の雇用を認めた後で、多くの自営業者は急速に発展し、8人の制限を超える状況になった。自営業者のこのような取り組みは当時大論争を引き起こした。従業員を増やすことは現在の中国では当然の経営活動であるが、当時は違法と見なされ、一部ではこのために自営業者が逮捕される事態も出た。そこで1987年の第13回党大会は私営経済も公有制経済の必要かつ有力な補完であると私営経済を格上げした。また、翌年の憲法改正案では私営経済の法的地位も明確にされた。さらに同6月には、『中華人民共和国私営企業管理条例』が国務院より公表された。

　第2段階は、1992－2002年前後である。1992年の鄧小平の「南巡講話」後、共産党員と公務員を含めた多くの幹部が退職して起業する、いわゆる「下海」の列に加わった。民営経済の発展は活気を見せ、急速に成長し始めた。同年の第14回党大会は社会主義市場経済体制の樹立を目標として掲げ、全民所有制と集団所有制経済を含めた公有制をメインとして、自営業者、私営企業、外資系企業をその公有制の補完とする多様な所有制が共同発展できる制度への移行を表明した。その後、1997年に開催された第15回党大会では公有制をメインに多様な所有制を発展させる制度が基本経済制度として確立され、民営経済等非

7　張軍（2008,pp.146-147）も私営企業定義の混乱を指摘している。

公有制経済も社会主義市場経済の重要な部分であると認められた。これにより、民営経済は「補完的な地位」から「重要な部分」に変身を遂げた。さらに、同大会は国有企業の民営化を可能にした。1992 − 2002 年に、私営企業の数は 14 万社から 243.5 万社にまで増え、従業員は 232 万人から 3,409 万人となって同 15 倍増、税収は 4.1 億元から 976.1 億元へと約 208 倍増した。同時に、自営業者も 1,543 万社から 2,378 万社に、資金規模は 601 億元から 3,782 億元に、従業員は 2,468 万人から 4,748 万人に増加した（劉 2008，張軍 2008）。

第 3 段階は、2003 年から現在に至る。2002 年に開催された第 16 回党大会は非公有制経済の発展を支持、強化するという方針を固め、民営経済の確固たる地位を確立した。2004 年の憲法改正では私有財産の保護を明記し、2005 年には『自営業、民営など非公有制経済の発展の支持、奨励に関する若干意見』が国務院から公表された。同意見は非公有制経済の発展を全面的に促進する建国後初の政策文書であった。2007 年の第 17 回党大会では、人権の平等な保護が提唱され、各所有制経済の競争と相互促進を行う新たな時代に突入することになった。しかしながら、後に説明するように、政策面では民営経済の新規参入権を保障すると言っているが、実態面では大きな進展を見せていない。

2002 年頃より地方国有企業改革の大勢がほぼ決定的となり、次第に民営経済が地方経済の主力となって、地方税収の主な財源になりつつあった。そのため、民営経済と民営企業家は各地方政府に重視されるようになった。筆者が現地調査した中西部地域の県・市では例外なく民営経済が集中する沿海部に投資誘致チームを常駐させ、民営企業家をターゲットにして猛烈な投資誘致活動を行っている。また、地方政府は公務員にも民営経済を大事にする、いわゆる「産業は第一、企業家は最重要」意識を強化させ、民営企業を全面にサポートしようと苦心している。

第 3 段階は民営経済の急成長期でもある。2003 年以降、中国経済が重科学工業化の時代に突入し、民営企業の質と量が共に激速に成長してきた。2013 年の私営企業（狭義、一部の有限責任会社と株式会社を除く）と自営業者数は 2002 年からそれぞれ 5 倍、2 倍弱増え、2013 年末には私営企業の雇用者数は 1 億 2,521 万人で、自営業も 9,335 万人を雇用している（図表 4.2）。

図表4.2 民営経済の企業数（戸数）と就業者数の推移

年	私営企業数（万社）	私企就職数（万人）	自営業者数（万戸）	自営業就業数（万人）
1981			183	227
1988	9.05	164	1,453	2,305
1992	13.96	231.8	1,534	2,467.7
2002	243.5	3,409	2,378	4,748
2007	551.31	7,253.1	2,741.50	5,496.2
2009	740.15	8,607.0	3,197.37	6,585.4
2011	967.68	10,353.6	3,756.47	7,945.3
2012	1,085.72	11,296.1	4,059.27	8,628.3
2013	1,253.86	12,521.6	4,436.29	9,335.7

（資料）『中国統計年鑑』各年版より作成。ただし80年代のデータは劉（2008：140 − 142）による。

2.2　民営経済の由来

　最初の民営企業はほとんど個人や民間の起業によるものであった。1980年代前半の都市部における民営企業は、自営業者単独あるいは複数人による共同出資で設立された。また、農村地方では9割の私営家族企業が農民によって作られた。この時代に起業した者の多くは苦難を経験し、後日の第一世代民営企業家として成長した。1992年の鄧小平の「南巡講話」以降、全国範囲で起業ブームが起こり、多くの官僚や公務員、教師や国有企業の従業員は公職を辞し、ビジネスを開始した。このブームにはITなどハイテク産業の企業もある。例えば、北京の中関村ではIT関連会社が1991年の2,600社から翌年の1992年には倍の5,180社に急増した（劉2008, p.172）。こうした高等教育を受けた知識人や政府とのパイプを持つ人たちは、第二世代民営企業家の代表となった。近年、国民の起業ブームや地方自治体の支援策、優遇策により民営中小企業はさらに発展している。

　また、民営化された国有企業、集団制企業も民営経済の重要な一部となった。1990年代より政府は中小国有企業の民営化改革を進め、地方の多くの中小国有企業と集団制企業が民営化された。一部国有企業は経営者に買収されて私有企業となり、一部はまた民営企業により統合された。

　さらに、改革開放以降に増加した農村の郷鎮企業も1990年代後半より民営化され、民営経済の拡大を支えた。民営経済の密度が最も高い浙江省では、前身

が国有企業または集団制企業（郷鎮企業集団を含む）である民営企業の割合は自営業の3倍以上に達したと、浙江省工商聯の2003年の調査で明らかになった（劉 2008, p.195 ）。

鄧小平が評価したように、郷鎮企業は農村改革の中では予想外の大成果であった。郷鎮企業は1980年代初頭より急速に発展し、1988年にはすでに1,888万社、9,546万人を雇用する規模となった。その後1992年以降の発展期を経て1996年には1.35億人を雇用する巨大な企業形態として中国経済の重要な部分となった（張軍 2008, pp.52-53）。中でも、江蘇省南部の蘇南パターンと浙江省の温州パターンが典型的である。蘇南パターンは郷と村の二級集団所有制で、家族経営の特徴がある企業も多いが、私営企業の不利を回避するため集団制企業を装っていた[8]。一方、温州の郷鎮企業は市場経済の中において家族企業、共同経営企業がメインであり、初期から国家計画経済の範囲外で成長してきた。

1990年代までに郷鎮企業が急速に発展したのは主に次の要因による。まず、郷鎮企業は集団制企業が多く、地方政府の支援と保護を獲得することができ、税制面、融資面でも民営企業より優遇された。また、国有企業ほど重い社会的負担がなく、労働集約的な産業に集中したため、土地や労働力などの面で国有企業より優位性があった（張軍 2008, pp.60-62）。加えて会社の経営が柔軟で調整しやすい点なども考えられる。しかし、1990年代後半以降は、国有企業の民営化、民営や外資系企業の急成長によって郷鎮企業の競争力は下落し、収益性も低下した。このような状況下で郷鎮企業の多くは民営化され、資金力のある経営者によって次々と買収されたり、または事実上の民間オーナーに所有権が変更されたりした。郷鎮企業は民営企業への脱皮や回帰を果たし、民営経済の一層の成長を促した。

2.3　民営企業の実力と特徴

改革開放以来、民営経済の質と競争力は大幅に改善した。以下では、『2012年全国工商連民営企業トップ500社分析レポート』を参考に、民営企業の実力と特徴を分析する。

2011年に民営企業トップ500社の最低売上高は前年より15.09億元多い65.69億元となり、一社当たり売上高の平均値は186.14億元で、100億元以上の企業も2010年の220社から311社に増加した。なお、上位7社の売上高はい

---

[8] 国家工商局が1994年に行ったサンプル調査によると、郷鎮企業の83%は事実上の私営企業である。また、黄亜生（2013）の研究によると、1985年における1,200万社の郷鎮企業のうち1,050万社は個人所有であり、集団制企業は157万社のみである。

ずれも 1,000 億元以上超えた。そして 2012 年の世界トップ 500 社には沙鋼、華為、レノボ、魏橋などの民営企業がランクインしている。しかし、民営企業の売上高は国有企業とは桁違いである。図表 4.3 で分かるように、民営企業上位 3 社の平均売上高は国有企業上位 3 社の 1 割以下である。なお、雇用面では、トップ 500 社は 629.51 万人を雇用し、2010 年より 12.18% 増加した。

図表 4.3 2012 年民営企業のトップテンと国有企業の規模の比較
(売上高単位：万元)

ランク	民営企業	所属産業	売上高	国有企業	売上高
1	江蘇沙鋼集団	鉄鋼	20,752,771	中国石化	255,195,093
2	華為投資控股	IT 通信電子製造	20,392,874	中国石油	238,127,823
3	蘇寧電器集団	問屋・小売流通業	19,473,588	国家電網公司	167,535,929
4	联想控股有限公司	PC 電子製造	18,307,800	中国工商銀行	70,955,700
5	山東魏橋創業集団	紡績業など	16,101,478	中国建設銀行	57,957,800
6	浙江吉利控股集団	車製造業	15,099,498	中国移動	56,597,234
7	大連万達集団	不動産建設	10,510,228	中国農業銀行	54,622,700
8	雨潤控股集団	食品製造業	9,074,651	中国銀行	52,761,100
9	新疆广汇実業投資	問屋・小売流通業	8,020,696	中国建築工程	49,149,463
10	三一集団有限公司	大型建設機械	8,018,661	中国海洋石油	48,819,940

(資料) 2012 年全国工商联『民営企業 500 強分析報告』および中国企業聯合会ウェブサイトより作成。

　トップ 500 社の主要 5 産業は、それぞれ金属製錬および処理産業、建築業、電気機械および器材製造業、不動産業、卸売業である。500 社のうち 258 社は冶金、電気機械および器材製造業、化学工業、石油など資本・技術集約型産業に集中している。特に、低迷が続く鉄鋼産業においても 2011 年下半期には 65 社がランクインしている。また、急速な都市化を背景に成長し続ける建設業からは 60 社がランクインを果たした。

　資本構成の面から見ると、トップ 500 社のうち法人が支配株主である企業は 247 社で、初めて個人支配企業の割合を超えた。非家族支配企業の合計は 292 社であり、多くの企業では民主的な意思決定メカニズムが確立され、意思決定権が取締役会と株主総会にあるのはそれぞれ 363 社と 269 社である。

　民営企業トップ 500 社のうち 163 社は 7 大戦略的新興産業に投資している。投資先の上位 3 分野は省エネ・環境、新エネルギー、新素材産業で、それぞ

れ54社、39社、29社である。同時に海外投資も積極的に展開し、投資件数、投資規模、投資方法、グローバル戦略などさまざまな面で強化されてきている。500社のうち海外投資を展開している民営企業は150社で、海外投資額は123.48億ドルに上り、前年比99.92%増加した。

また、民営企業は多角化戦略も積極的に展開しており、今後3年間において事業の多角化を進める計画がある企業は78社に達している。政府の民間投資奨励政策の公表を受けて、500社のうち、160社は商業と物流、156社は資源とエネルギー、142社は金融サービスの3大産業に投資したいとの意向を表明している。そして、住宅建設、文化観光体育事業や新農村建設領域に参入したいとする企業も数十社ある。しかしながら、調査によると2011年には規制緩和細則の未公開、政策の未実施、独占産業への参入難などにより、一部で民営企業の投資意欲に水をさす事態もあった。

これまでは民営経済の発展を概観してきた。民営経済は近年急成長を遂げているが、一部の業界ではまだ規制によって新規参入ができない状況もある。また、現段階では民営企業の資金調達のコストが割高であるという構造も残されている。さらに、国有企業の独占や排他的な競争により、多くの民営企業の経営環境が悪化している。これらの詳しい分析は第4節に譲る。

3. 外資系企業の発展

3.1　外資系企業発展の過程

1980年の時点では、外国および香港・マカオ・台湾から中国に投資した企業はわずか7社であった。その後、鄧小平の南巡講話、WTOへの加盟などを経て、中国の外資誘致規模は急速に拡大した。2011年末現在、外資系企業の数（独資、合弁、合作等）は446,487社に達し、投資金額は29,931億ドル、資本金は17,294億ドルで、そのうち外国企業による資本金は13,810億ドルである。また、FDI額は累計11,643.92億ドルに達している。外資系企業の大規模な進出は中国市場の競争と開放を促進した。その発展は次の3段階に分かれる。

第1段階は1979－1991年の初期段階である。改革開放当初、中国は資金と外貨のダブル不足状態にあった。1979－1980年に中央政府は深圳、珠海、汕頭、厦門に経済特区を建設し、海外直接投資を誘致する各種の優遇政策、例えば税金の「両免三減」[9]を実施し、外資系企業の誘致を促進した。率先して大規模進

9　外資系企業の企業所得税を2年間免除し、その後の3年間は半額にする優遇政策である。

出したのは香港や華僑・華人資本であったが、1980年代末から台湾資本も進出し始めた。当時の進出企業の多くは中小企業で、主な投資分野は製造業のほか、ホテルやレストランなどのサービス業であった。投資先も広東、福建など南部の沿海都市に集中した。特に香港資本は広東で労働集約型の「三来一補」[10]加工貿易を行い、香港にあった製造業を内陸にシフトさせた。1980年末まで広東では14万件の三来一補契約が締結され、2万社に上る企業が合計約150万人の雇用創出を実現した。

第1段階で中国は多様な法規の策定、投資環境の改善を通じ、外資系企業の対中投資と発展を奨励・保護した。1979年の『合弁経済企業法』、1982年の外資誘致奨励に関する憲法改正、また1986年の『外国企業投資企業法』、1987年の『中外合作企業法』および台湾、華僑、香港・マカオ同胞への投資奨励など、さまざまな法規は外資誘致に関する投資環境を改善した。また、国務院は経済特区の設立に続き、1985年に上海、天津、大連、広州など14の沿岸部都市を開放し、長江デルタ、珠江デルタ、福建南部エリアを沿海経済開発区に設定した。1988年にはさらに遼東半島、山東半島、海南経済特区を開放し、1990年には上海浦東開発区を設立して沿海部の開放を本格化した。

第2段階は外資系企業の成長と調整期である。鄧小平の南巡講話以降、中国は本格的に市場経済への転換を進めた。外資系企業による中国投資も前例がないほどのブームとなった。1992年の投資額（実行額ベース）は100億ドルを突破し、前年比倍増を果たし、1993年にはさらに記録を更新して275億ドルに達した。第2段階の特徴の1つは先進国企業の資本が大規模進出したことである。1993年にはKFC、ノキアが中国進出し、シティバンクは中国エリアの本部を香港から上海に移転、GMは中国現地生産の車を売り出した。日本企業の対中投資もこの段階で急速に増加し、1993年は1991年の3倍になった（呉暁波2008, p.17）。1992年から1996年には中国が4年連続で外資誘致1位の発展途上国になった。ドイツのルフトハンザ、オランダのフィリップス、アメリカのIBMやモトローラ、日本のパナソニックなどの多国籍企業が相次いで中国に大幅な追加投資を行った。同時に、外資の投資先も南部から沿岸部に拡大し、華東地域の外資利用額も急増し、トップの広東省に迫るほどだった。

しかしながら、1990年代後半以降は外資系企業と国有企業との競争が激化し、外資系への「超国民待遇」によるアンフェア感が中国企業の間で広がり、外資系への税制優遇策の撤廃を求める声が高まった。そこで、1996年4月1日より

---

10 原材料輸入やサンプル輸入による加工、部品輸入による組み立て（来料加工、来様加工、来件装配）と補償貿易。

政府は外資系企業の輸入関税減免政策を徐々に廃止した。いっぽう、政府は外資の新規参入分野を一層拡大し、1990年代後半には金融業、サービス業を開放した。例えば、1996年末には上海浦東で外資系銀行4行に人民元業務を許可し、1997年には深圳、上海浦東の合弁貿易会社4社が営業を開始した。

第2段階では外資系製造業の割合は順調に拡大し、2000年には55％を占めるようになったが、サービス業は約25％に止まった。また、工業部門における外資系企業の売上高は1993年の7.5％から2000年の27.4％にまで上昇した（劉2008, p.311）。投資先の産業構造も1980年代の衣類、玩具などの労働集約型産業から、コンピューターおよび関連部品、通信機器、精密機器などに拡大した。外資企業の製造業への大規模の参入は、製造業全体の競争を促進し、特に国有企業との競争を促進して、国有企業の改革と民営化を推進した。ただ、多くの外資系企業は中国での工程を加工と組み立てのみに限定し、部材調達と製品販売は海外に依存した。そのため、輸入量と輸出量が急増し、国家統計局のデータによると、2000年の外資系企業の輸出入額はそれぞれ1,194.4億ドルと1,172.7億ドルで、中国全体の輸出額2,492億ドルと輸入額2,250.9億ドルの約半分を占めた。

第3段階はWTO加盟と外資系企業の全面的な発展時期である。2001年末のWTO加盟を契機に、さらに、2001年の米国9・11事件とITバブル崩壊にも関連し、外資系企業の中国進出は再び急増段階に入った。その後の数年間は外資投資額が安定的に増加し、500－600億ドルに達した。2007年以降、世界金融危機があった2009年を除いて外資系企業の中国進出はさらに増加した。近年、その水準はつねに千億ドル以上を超えている（図表4.4参照）。

図表4.4 　海外直接投資額の推移（億ドル）

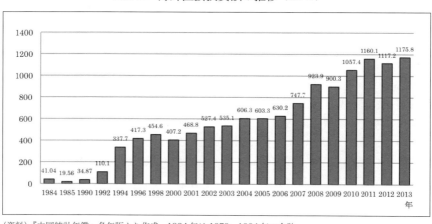

（資料）『中国統計年鑑』各年版より作成。1984年は1979—1984年の合計。

この段階ではサービス業の開放が進み、外資系企業の中で第3次産業の比率が大幅に上昇し、2011年には50.2％に達した。例えば小売業では世界の大手小売企業の中国進出が相次ぎ、2011年の中国小売業の売上高上位では台湾のRT-MARTが5位、フランスのカルフールが7位、米国のウォルマートが9位を占めた（丸川2013, p. 256）。

その一方で第2次産業の割合は低下し、2011年は2002年より26.7％減の48.1％になった。また、製造業の産業構造も変わり、IT、家電製品、自動車製造への投資、新エネルギー、素材、バイオ医薬、省エネ、環境などの分野への投資が拡大され、技術・資金集約型産業が増えた。なお、貿易に占める外資系企業の貢献度は依然として高い。2011年における外資系企業の輸出額は9,952.3億ドルで、輸出総額の52.4％を占め、輸入額は8,646.7億ドルで輸入総額の49.6％を占めた。中国は「世界の工場」となったが、それには外資系企業の貢献が欠かせない。

近年の経済発展に伴って中国国内市場は急速な成長を成し遂げ、欧米市場の低迷とは好対照となった。「世界の工場」から「世界の市場」に変貌している中国では、外資系企業の経営戦略も変化し、中国市場を開拓する動きが強まっている。外資系企業の変化を見ると、まず現地化が進展し、経営・管理者の現地化、製品の現地化、販売の現地化、研究開発の現地化などが推進されている。特にこれまでは現地化が遅れていた日系企業もチャイナライゼーションを進めた[11]。2012年までに多国籍企業が中国で設立した研究開発センターは1,400社を超え、2002年比で倍増した。研究開発センターのうち、先端技術研究型は50％以上を占め、ついに市場リサーチ型の比率を上回った。このうち60％以上の研究開発センターは世界市場を対象に研究開発している。次に、独資化、グループ化への変化である。これまで多くの外資系企業が合弁方式で中国進出してきたが、2002年以降は多くの合弁企業が独資企業への変更や絶対支配地位の取得により、生産と経営の独立性、効率的な経営活動を目指してきた。また、多くの企業は中国に中華圏あるいはアジア太平洋地域の統括会社を設置し、グループ化した形で中国各地のさまざまな業務を一括して管理するようになっている。

3.2　外資系企業の国・地域別構成

前述のように1980年代の外資系企業は主に香港企業であった。1990年代

11　筆者は2009－2010年の間、広東、江蘇、武漢、上海、北京などの地域で日系企業の現地化の動向を調査した。詳しくは金・任（2011）参考。

以後は日・米・台の投資が増え、WTO加盟以降は他の国・地域からの投資も拡大してきた。図表3.5では2000－2011年における主な投資国・地域別の投資金額を示している。香港の対中国投資規模がトップで計3,877億ドルであるが、その中には香港を経由して中国に再投資する大量の中国資本も含まれている。また、ヴァージン諸島、ケイマン群島、サモアなどタックス・ヘイヴンからの投資額も高い。これはタックス・ヘイヴンに登記されている多くの中国企業によるものである。2005年時点でヴァージン諸島に登記された中国企業は約1万社に上り、実は多くが中国の民間企業である。中国の企業はこれらの地域での登記によって外国企業に変身し、外資として中国に投資することで政治と税制面の優遇策を活用している（劉小玄2008, p.321）。そのほか、台湾企業もこれらタックス・ヘイヴンを経由して中国大陸に投資している。これは主に台湾政府による対中国投資規制を避けるためである。台湾経済部の統計によると、2011年まで台湾企業による中国大陸投資は4万件で、投資金額は1,200億ドルに上り、図表4.5に記載されている332億ドルの3.6倍に達している。

図表4.5　2000－2011年対中投資の主な投資国（地域）とその累積投資額（億ドル）

香港	ヴァージン諸島	日本	アメリカ	韓国	シンガポール	台湾	ケイマン諸島	サモア	ドイツ	英国	オランダ
3877.3	1,128.2	582.3	423.9	410.4	379.5	332.5	228.7	173.6	136.2	101.2	95.2

（資料）『中国統計年鑑』2001－2012各年版より算出。

以上から分かるように、2000年以降の対中国投資において、第1グループは香港、台湾である。日本、米国、韓国、シンガポールが第2グループで600－400億ドルほどに上る。ドイツ、英国、オランダなどの対中投資は100億ドル程度で、フランス、オーストラリアなどの投資金額も大きい。特徴的なのは、香港、マカオ、台湾企業は輸出志向型の投資が多いことに対して、日韓企業も過去は輸出加工が多かったが、近年は内販型の割合が高まっていることだ。例えば、日韓自動車メーカーは現地販売を目標にし、2000年以降は軒並み大規模な対中投資と増産を展開した。また、欧米企業の多くは、中国進出の早期段階から内販型の現地生産を進めてきた。

3.3　外資系企業による貢献と課題

　外資系企業による中国経済発展への貢献度は高い。改革開放の初期段階で外資の投資は中国の資金、技術面の著しい不足状態を改善し、輸出能力を向上さ

せた。経済成長促進、雇用拡大などへに果した役割も大きかった。1990年代からは、外資系企業の技術移転や新たなビジネスモデル、効率性のある管理手法の導入がもたらした中国国内企業へのスピルオーバー効果も大きくなっている。外資企業は中国企業の成長と変革を大幅に促進したと言える。このように、外資系企業は中国経済成長に重要な役割を果たし、雇用、国際貿易、技術移転、生産性向上、経営管理能力などの面で欠かせない存在である。

その一方、外資系企業の中国進出は問題ももたらしている。例えば、輸出加工型の外資系企業の現地生産の多くは中国の安価な労働力を狙い、スマイルカーブの中でも付加価値が最も少ない組み立てや加工のみを中国で行っている。中国は安価な労働力を提供し、大量のエネルギーと資源を消耗して世界中に商品を提供しているにもかかわらず、国内に残される利益はわずかである[12]。それだけではなく、中国で組み立てられた商品は Made in China の形で欧米に輸出されている以上、中国の貿易黒字に寄与し、貿易摩擦を引き起こしている。海外では、こうした外資系企業の中国における生産の実態を無視し、単純に貿易額で中国を糾弾することがしばしば見受けられる[13]。もう1つ指摘される問題として、多くの外資系企業が国有企業の民営化過程において中国企業を格安な価格で買収または収奪し、一部の産業において、外資系企業が買収先の歴史のある民族ブランドを次々と廃止したり、または略奪的価格競争で民族企業を駆逐したりして、中国市場を制覇したことがある。

2006年以降、中国政府は外資政策を調整し始めた。例えば、2007年の『外資系企業投資産業指導目録』では外資の構造を最適化することを強調し、新エネルギーや環境技術への投資を奨励し、資源消費型、エネルギー消費型、汚染が多く希少資源を大量に消費する事業への投資を制限した。政府はこのような政策で、外資系企業の投資を徐々に高付加価値産業へと誘導することを目指してきた。税制面では、2008年にこれまで外資系企業を優遇してきた所得税率を12%から国有、民営企業と同じ25％に変更した。さらに、2010年12月からは外資系企業も中国企業と同じように都市維持建設税、教育費付加を納付することになった。これは中国で「超国民待遇」を享受できる外資系企業の黄金時代

---

12 2012年11月5日の日本経済新聞によると、アップル社は中国で製品を生産しているが、米国に輸出されているiPhone4製品のうち、付加価値ベースで中国は4％、日本は37％、ドイツ18％、韓国は14％を占めている。中国で生産されたiPhone4は米国に19億ドル分輸出したが、付加価値ベースで計算した場合、対米輸出額ははるかに少ない7,300万ドルである。
13 張傑等（2013）によると、2000－2006年において中国の輸出額に占める国内付加価値は平均で52.5％であり、外資系企業、加工貿易の場合の国内付加価値率が最も低い。また、付加価値ベースで計算すると、米中貿易における中国の貿易黒字は大幅に減ることになる。

の終焉を示している。また、政府は金融危機後、外資系企業の加工貿易型から内販型への転換を促進する政策を打ち出している（金・任2011）。

外資系企業の中国市場における地位および外資と内資の関係については第4節で再び検討することとする。

4. 混合経済体制と市場競争状況

4.1 市場シェアから見た混合経済体制

30数年以上の改革開放により、中国経済の混合経済の特徴は非常に鮮明になっている。主業の売上高が500万元以上（2011年に2千万元以上と変更）のいわゆる規模工業企業の例で見ると、1998年から2010年にかけて、国有・国有株支配企業の数は64,737社から20,253社へと減少したのに対して、非国有は37,109社から347,304社に増えた（図表4.6）。従業員の数を見ても、国有は3,748万人から1,836万人に下落したが、非国有は936万人から5,957万人に増えた（図表4.7）。なお、2012年の新基準で統計した規模工業国有企業の生産高は24.5兆元であったのに対して、民営、外資系はそれぞれ28.56兆元、21.63兆元であった。このように、国有、国営、外資系企業が「三足鼎立」を成している。

図表4.6 規模工業企業数の推移

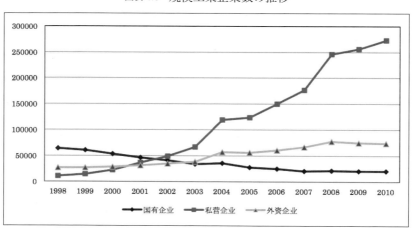

(資料)『中国統計年鑑』2011年版より作成。

図表4.7 規模工業企業雇用者数の推移（万人）

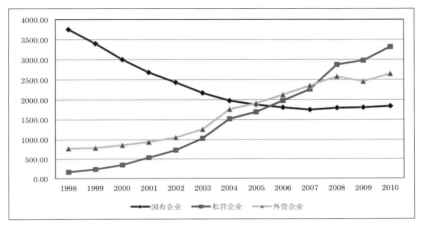

（資料）『中国統計年鑑』2011年版より作成。

　では、国有、民営および外資のそれぞれの「強み」となる分野について見てみよう。
　まず、鉱工業において、規模企業の売上高シェアを見ると、2012年に国有および国有株支配企業のシェアの大きい産業には、タバコ100％、石油・ガス採掘94％、発電・電力供給93％、石油精錬74％、石炭採掘71％、水供給74％、ガス供給53％、鉄鋼・非鉄金属冶金45％、非鉄金属採掘45％、運輸装備45％、自動車41％、金属機械38％などがある。私営企業のシェアの大きい産業には、木材加工86％、非金属採掘80％、鉄鉱石採掘73％、紡績72％、非金属鉱物加工71％、金属製品65％、農産品加工64％、ゴム・プラスチック59％、アパレル57％、通用設備製造51％、電気機械49％、食品生産48％、専用設備48％、化学原料と製品生産44％、鉄冶金40％、非鉄冶金39％、そのほか金額は5千億元以下だがシェアの高い産業には、測量器械、医薬品、製紙、文化体育用品、化学繊維、皮革製品などがある。国内企業に対して外資系のシェアの高い産業には、コンピューターおよび電子通信設備81％、皮革製品46％、食品生産44％、自動車43％、文化・体育用品42％、アパレル42％、ガス供給41％、電気機械39％、測量器械39％、化学繊維38％、医薬品37％、製紙37％などがある。
　なお、それ以外の第3次産業では、国有セクタは鉄道、通信、出版・放送などをほぼ独占し、航空・海運、金融などの領域にも圧倒的なシェアを持つ。私営企業は、伝統的サービス産業において大きなシェアを持つが、近年IT技術サー

ビス分野においても圧倒的なシェアを占めている。一方、外資はスーパーなどの小売業界においてかなり伸びているが、サービス産業全体の進出は限られている。

このように、中国の市場は産業構造やシェアのいずれを見ても、文字通り混合市場と呼ぶことができる。しかしながらその業績を見ると、1998－2012年の間、規模工業企業において民営、外資、国有企業の平均総資産利益率は8.26％、6.65％、4.26％、平均自己資本利益率は19.45％、15.23％、10.43％であり、すべての年度において、いずれも国有企業の収益性が最下位である（図表4.8と4.9）[14]。

図表4.8　総資産利益率の推移

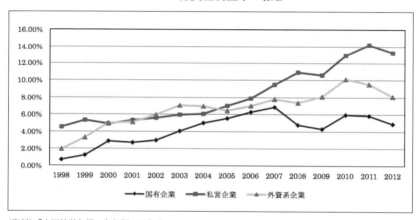

（資料）『中国統計年鑑』各年版より作成。

図表4.9　自己資本利益率の推移

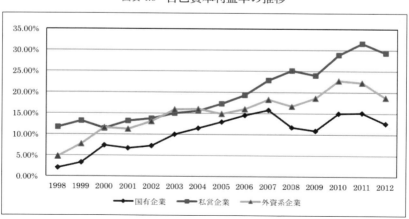

（資料）『中国統計年鑑』各年版より作成。

この混合市場経済のもう1つの大きな特徴は、国資委直轄の中央企業のプレゼンスが特に目立っていることである。2007年時点では、ほぼ全部の原油・ガス採掘、電信、送電サービス、そして発電の55％、空運の82％、水運の89％、高付加価値鉄鋼の60％、水力発電設備の70％、火力発電設備の75％、自動車の48％が中央企業によって生産・供給された（李栄融2008）。本来1999年の党の第15回四中全会では、国有経済の守備範囲を「国家の安全に関わる産業、自然的独占産業、重要な公共財やサービスを供給する産業、および基幹産業・ハイテク産業にある重要な骨幹企業」としたものの、国資委は2006年の『国有資本の調整および国有企業再編を推進するための指導意見』において、「自然的独占産業」を「重要なインフラや鉱産資源にかかわる産業」に変更し、国有経済の進出範囲を大幅に拡大した。国資委は、「軍事工業、電網・発電、石油採掘と石油化学、電信、石炭、航空、海運7産業に対しては国家安全と国民経済要害にかかわる重要分野として絶対の支配力を持つ必要があり、大型設備製造、自動車、電子器械、建築、鉄鋼、非鉄金属、化学工業、資源探査、科学技術など9産業の基幹や骨幹企業に比較的に強いコントロール力を持つべきである」と自任し、着実に自分の縄張りを拡大した。

4.2 混合経済体制下の市場競争秩序

中国の市場は国有、民営、外資の三足鼎立の局面を成しているが、ミクロ的競争環境を見ると、三類企業の状況はかなり異なっている。とりわけ、国有企業が政策的にバックアップされ、民営企業の生存環境が厳しくなっているという問題がよく指摘されている。以下、任（2011）および天測経済研究所（2011a、2012）などの資料に基づいて詳しく説明する[15]。

4.2.1 規制産業における中央企業の「行政的独占」

「行政的独占」とは、主管行政部門の行政条例や規制（省令など）の形で、ある特定の企業に特許を与え、または投資プロジェクトの許認可や価格規制などの行政規制でこれらの企業を保護することである。例えば、石油採掘、電網、電信産業においては、民営および外資の参入が禁止されているため、中央企業は独占的地位を利用できる。中央企業の主な利潤源もこれらの行政的独占企業数社に集中している。なお、国資委管轄の中央企業以外に、行政的独占によっ

---

14 正確に言うと、利潤総額（所得税引き前当期利益）対総資産、自己資本の比率である。
15 日本語の文献には、加藤・渡邉・大橋（2013）および渡邉（2014）などが詳しい。

て保護されている国有産業には、タバコ、食塩、郵政、鉄道などがある。

　近年、中央企業が独占的地位を利用し、すでに参入している民営企業を駆逐するケースは珍しくない。石油産業のケースを取り上げてみると、1998年の採掘・精錬・販売を垂直統合した中央二大石油企業の発足後、当時の経済貿易委員会は1999年に38号通達で精錬油の卸売り業務をすべて両社に与え、規模を満たさない精錬所の生産を禁止した。2003年に国務院に『石油製品市場の秩序の一層の整理と規範化に関する意見』(72号)、さらに鉄道部は150号令を公表し、両石油会社に石油原油の輸入と販売、石油製品の生産と運輸、および石油製品の卸売の独占的権限を与えた。

　両石油会社はこれらの業務の独占権を得て、川上および川下の民営や地方企業に対して競争妨害を行った。末端においては、両石油会社は民営ガソリンスタンドの買収を巡って激しく争奪し、また政府部門と結託して新設ガソリンスタンドの設立枠を両石油会社に割り当ててもらった。加えて垂直統合の優位を利用し、民営スタンド対して製品の供給量の制限および価格差別を行った。それらの不当競争によって民営のガソリン販売は1999年に製品油販売の9割強を占めていたものの、そのシェアは急落して2008年には4割以下となった。民営の石油卸売り会社数も663社から200社にまで減少し、ガソリンスタンドは8万軒のうち3分の1が閉鎖され、1万軒以上が両石油会社に買収された。また、納税額も1,000億元以上から200億元にまで激減した（呉暁波2008, pp.152-155、呉木鑾2008）。なお、両石油会社は近年次々に地方政府と提携協定を結び、都市ガスサービス事業に参入し始め、民営や香港系企業を圧迫し始めている。

　また、川上分野では、中国石油は過去に一部の地方に任せた貧油区の採掘権を回収するため地方と争い、民営企業を排除する行動をとった。2003年、陝西省北部では、中国石油と地方政府が石油採掘権をめぐって争奪を行ってきたが、陝西省政府は15の県の民営油田の約70億元の資産を強行的に没収し、約6万人の投資者は投下した資金の2割しか回収できず、大きな被害を受けた。その結果、中国石油の長慶油田と陝西省政府系の国有延長油田が実利を得た[16]。

　2009年に14年間の歳月を経てようやく採択された独占禁止法にも、第7条に「国有経済が絶対的支配地位を有している国民経済の命脈と国家安全に関わる産業、または特許専売産業において、国家はその経営者の合法的経営活動を保護する」という文言が盛り込まれている。このことは、国有企業の「行政的独占」に合法性を与えたと言ってもよい。

16　鳳凰衛視2005年7月14日の特集番組報道『社会能見度：陝北油田之争』を参照。

4.2.2　競争産業における国有企業への政策優遇

　国有企業と民営企業の競争が激しい産業において、生産能力の過剰や過当競争を制限するために、政府はしばしば産業政策を策定し構造調整を行う。その際、企業の合併、小規模または環境基準をクリアしていない生産設備の閉鎖、そして新規プロジェクトの停止などが主な手段となる。これらは、どちらかといえば規模が小さく、拡張する意向の強い民営企業にとっては不利な状況で、民営企業は往々にして閉鎖または制限の対象になってしまう。

　例えば、1990年代後半以降、多くの民営企業は地方政府を盾にして、鉄鋼、アルミ精錬、セメント産業に参入したが、2004年のマクロ経済の引き締め政策によって、江蘇省鉄本集団の840万トン、寧波建龍集団の600万トンのプロジェクトが国務院の調査で中断され、ほかにも一部の民間投資プロジェクトが政府によって強制的に閉鎖された。しかし、同時期の国有の宝山鉄鋼による50％の拡張計画、武漢鉄鋼による200億元プロジェクトおよび攀枝花新規プロジェクトが許可されたように、いくつかの国有大企業は新規または民間や地方企業の吸収で生産能力をかなり伸ばした[17]。

　2008年の金融危機以降、工業と情報化省は「十大産業調整および振興計画」を策定し、内需拡大の促進策のほか、産業秩序の整理と構造調整プランを打ち出した。各産業政策には中央企業を先頭にした産業再編成の意図が目立っていた。例えば、自動車「三大三小」や船舶産業「二大」（中国船舶と中船重工）を中心にした再編案、鉄鋼産業において三大中央企業である宝山（包頭、寧波の吸収）、鞍山（東北特鋼と攀枝花の吸収）および武漢（柳州鉄鋼などの吸収）を中心とするM&Aの具体案までが盛り込まれた。また、大企業合併の際のさまざまな優遇・関連政策も制定された。こうした政府主導での産業再編の中には、民営企業が国有に吸収されるケースも多い。例えば、2009年3月に宝山鉄鋼は寧波鉄鋼を買収し、56％の民営株を全額退出させた。以下、任（2011）をもとに、さらに2、3の典型事例を紹介する。

　ケース1：山東省は2009年に鉄鋼工業の調整・振興計画を作成し、国有山東鉄鋼公司をベースに省内の鉄鋼企業を再編する方針を打ち出した。山東鉄鋼は政府の主導で民営の大手日照鉄鋼に統合を迫った。しかし山東鉄鋼は省内の2つの国有鉄鋼企業の合併でできたものの、設備の老朽化などの問題で収益が悪化し、買収をかけた時点では赤字であった。一方の日照鉄鋼公司は2003年に設

17　鉄本集団は潰され、社長の戴国芳も逮捕されて実刑判決を受けた。いっぽうの建龍は国有の杭州鉄鋼に買収され、寧波鉄鋼会社として存続した。詳しくは呉暁波（2008）第五部参照。

立し、創業4年目には鉄鋼生産量が全国のトップ10に入り、2009年上半期だけでも利潤額が18億元を超える優良企業であった。経営難の企業がなぜ絶好調の民営企業を買収できるのかと、社会から多くの批判が寄せられた。結局、世論が無視され政府の主導で2009年9月に山東鉄鋼は67％の株を占め、日照は資産評価で33％の株を持つような合意案が作られた。しかし日照の裏での抵抗を受け、翌年山東鉄鋼が日照鉄鋼の全額買収に乗り出したが、その後この合併・買収案は実質的に流れ、日照が独立を守った。

　ケース2：2009年5月に山西省政府は『山西省石炭産業調整と振興計画』を公表し、国有石炭会社を中心に行政手段で石炭産業の整理統合を行うことを決めた。政府は買上価格を一方的に定め、小規模の民営石炭企業に対して決められた期間内の撤退を強引に迫った。大半の民営企業の出資者である浙江省の商人たちは山西省浙江企業連合会を通して中央政府に緊急要望書を出し、山西省の強引なやり方を何とか阻止しようとしたが、実際的な効果は全くなかった。2010年初、石炭企業の数は2,200社余りから130社にまで激減し、4つの億トン規模と3つの5千万トン規模の企業が形成されたが、かつて地方政府が誘致してきた多数の民営企業は、少ない補償金で短期間かつ強制的に撤退させられた。

　ケース3：中央企業の中国建材集団は競争領域にある会社であり、本来は国有企業が退出すべき産業である。またセメントの生産能力は2006年に2,100万トンしかなかったため、国資委の業種トップ3の基準から見ても整理されるべき対象であった。しかしこの会社は自社の存続をかけて、2007年から驚異的なスピードで民営や地方企業の買収を繰り広げた。2007年下半期だけでも数十社の民間や地方企業を買収し、わずか1年でセメントの生産能力を1億トンまで伸ばした。ガラス板事業においても同様の手法で拡張した。2009年国務院の38号通達『一部生産能力の過剰産業および重複建設を抑制するための指導意見』では、セメントとガラス産業は制限の対象となったが、その後も中国建材集団は規模の拡張をやめず、2012年にはセメントの生産能力をさらに3.5億トンに増やし、ガラス板の生産も世界最大規模になった。ちなみに中国のセメント生産能力は2013年に全体の3分の1に当たる約10億トンが過剰となっている。

　こうして、政府の主導で構造調整が進んでいる産業においては、国有経済のプレゼンスが大きくなり、その有利な地位はより強固になっている。

4.2.3　国有企業全般に対する政府の経済的支援

　上記の政策支援以外にも、国有企業は政府からのさまざまな経済的優遇措置

を受けている。
(1) 地代の優遇：
　国有企業は長期にわたって地代を払わないか、もしくは地代を格安に抑えてきた。仮に工業用地価格の3％を地代として計算すれば、2001－2009年に国有および国有株支配工業企業は約2.5787兆元の地代を払う必要がある。これは同期の利潤総額の63.6％を占めている。商業サービス用地の場合は地代がもっと高く、関係国有企業は2008年だけでも1.2065兆元の地代を払う必要がある。
(2) 金融の優遇：
　2001－2009年における金融機関から国有工業企業への貸付平均実質利率は1.6％、他の所有制への貸付平均利率（市場利率）は4.68％であるため、国有企業はその差を享受している。その差額を補填するとすれば、2001－2009年利息追加部分は約2.7539兆元となる。なお、国有大企業は金融へのアクセスも容易だが、民営、特に中小民営企業はなかなか融資を受けることができない（第5章参照）。
(3) 資源税の優遇：
　中国では石油、石炭、ガス、非鉄金属などの鉱産資源に課す資源税が極めて低い。例えば石油資源税はトン当たり平均26元で、売上の1％の資源補償費を入れても石油の平均税率は価格の2％にも満たず、国際的な10－50％の従価税より極端に低い。近年は国内採掘に対して特別収益金を徴収しているが、資源利用の税負担率は相変わらず低い[18]。2001－2009年石油税収は1バレル40ドル以下の価格であり、10％の従価税で計算すると、石油会社は2,437億元少なく払ったことになる。さらに、ガスや石炭を入れると、同期間で約4,977億元が支払われていない。さらに、多くの国では電波資源が有料となっているが、中国国有電信会社3社は無料で使っている。
(4) 利潤を国家に上納しない特権：
　1993年の「利改税」以来、国有企業の利潤が政府に上納されなくなった。世論の強い圧力で、国資委は2007年にようやく「国有資本経営予算」制度を実施し、中央企業から配当を徴収し始めたが、配当率は、1）石油化学、電信、石炭、電力、タバコなどの産業は10％、2）その他の競争分野では5％、3）研究機関や軍需産業などの特殊業種は3年間免除など、低く設定された。実際に2009年、2010年の平均配当率は6％と2.2％でしかなかった。2011年、国資委は配

18　財政部2006年72号通達は石油特別収益金を徴収することを決めた。徴収額は、国内で採掘した原油に対して国際価格が1バレル40ドルを超えたら40－45ドルまでの分で20％を、逐次に累積逓増で、60ドルを超えたら超過分の40％を徴収することになっている。

当率を一律に5％引き上げたが、それでも財政部の統計では2011年の徴収分は757億元で、利潤総額の10％にも達しなかった。さらに不思議なことには、この配当金が主に国資委内部の中央企業に使われていることである。例えば2008年度の中央企業に対する予算支出総額の547.8億元のうち、中央企業の資本金注入額は270億元[19]、自然災害による中央企業被害援助金は196.3億元、企業の構造調整や再編予算は81.5億元であった。また2012年の国有資本経営予算の支出計画においても、875億元の支出の中で公共財政への交付分はわずか50億元であった。

（5）財政補填：

1994－2006年、国家財政の国有企業に対する赤字補填総額は3,653億元に達した。また2007－2009年、国有企業は1943億元の財政補助を得ている。例えば、2007, 2008年の2年間、2大石油会社は高利潤を得ていたにも関わらず、石油価格の安定のため精錬工場が犠牲を払ったという理由で財政から計763.49億元の政策損失補償金を得た。これとは対照的に、民営精錬石油会社は10数年間そういった補助を受けたことは一切ない。また、2008－2009年、国有航空会社も同様な政策補助金を得た。

4.2.4　全体の概観：国有・民営・外資系企業の競争環境

以上の分析をまとめると、中国の混合経済体制には極めて不公正な競争が起こっている。以下、外資企業を加えて、三類企業の競争状況を概観的に整理する。

まず、国有企業は過去の負の遺産の解消、行政的独占および他の政策・経済優遇により、極めて強力になり、その戦略は怠けた fat cat から攻撃的な top dog に変貌している（Tirole1988, p.327）。確かに国有企業全体の売上高シェアは近年減りつつあり、一部の競争産業において特にシェアの減少が著しいが、行政的独占分野および産業政策支援分野においては、そのシェアは高く維持されるか、または上昇に転じている。例えば石油・ガス採掘は94％以上を維持、タバコ、発電送電のシェアは2000年の98.3％、85.4％から、それぞれ100％、93％に上昇した。石炭は2008年の59.1％から2012年の71％へ、鉄鋼も2009年の38.6％から2012年の45％へと上昇した。そのほか、非鉄（アルミ）冶金工業、航空、建材などの産業においては、少数の国有大企業の勢力も伸びている。

これに対して、民営企業は行政的独占産業への進出ができず、国有と競合す

19　2009年3月までに、経営難に陥った7社に226.7億元が注入された。内訳は南方航空30億元、東方航空70億元、国家電網87.3億元、南方電網33.4億元、そのほか発電3社である。任（2011）を参照。

る産業においても巧妙な規制でさまざまな制約をうけ金融の支援も得られないため、時には撤退を余儀なくされ、「国進民退」の現象がしばしば生じている。民営企業家の馮侖は「国有資本に対して民営資本は競争ではなく協力、代替ではなく補完、超越ではなく従属という立場にいることをつねに自覚して初めて、自由に進退し、持続的な発展ができる」と慨嘆した[20]。

民営企業とは異なり、外資系とりわけ有名な多国籍企業はどこに行っても歓迎されている。近年、外資政策の調整はあったものの、地方政府は相変わらず外資誘致に熱心である。長年にわたる外資誘致の結果、中国経済における外資企業の比重（生産高シェア、貿易シェア）は日米や韓国などと比べるときわめて高く、外資依存症に罹っているとまで言われている。

外資系企業を優遇する理由は、その資金、技術、ブランド力、経営力など多方面における優位性だけではなく、人々の心理とも関係している。海外の大企業が誘致できることは地方政府のメンツを立てる大きな「業績」となる。また海外大企業の進出による大きなシグナル効果も期待できる[21]。そのため、地方政府は当然のことながら懸命にこれらの企業を誘致するのである。その一方で民営企業にはイデオロギーの制約や負のイメージが残り、現在でも実力以下に評価されがちである。

しかし中国の外資依存症の原因は外資系企業に優遇を与えたことではなく、むしろ国有企業の効率低下および民営企業に対する長年の差別というミクロ的要因が外資の大量進出をもたらしたと黄亜生（2005）は主張する。黄によると、国有企業は株式企業への改組や再生のために外資系企業の制度と資金を求め、外資系は国有企業との合弁で中国の市場と資源を手にしたいと考えている。また、民営企業も資本の制約や政治リスクの回避などのため外資と提携しようとする。このように、「中国の根本的な問題は過剰に対外開放したことではなく、対内開放の著しい不足にある。……中国の金融と法律・制度が民営企業の発展を厳しく抑圧したため、民営企業の発展が遅れ、外資系企業に中国進出への多くのチャンスを与えた」と黄は断じている。

外資系の進出は産業組織構造と競争のあり方に大きなインパクトを与えた。国有企業の民営化改革において、国退民進だけではなく、「国退洋進」もかなり進んだといえよう。多くの領域において国有企業が外資系と提携したことで、外資が簡単に中国の市場に参入し、かつ短期間で大きな市場シェアを握るよう

---

20 馮侖「中国体制下企業家不是演員是観衆」2013年5月29日『中国企業家網』。
21 任・羅（2009）は、四川省成都市のIT製造業外資企業（インテル等）の誘致による大きなシグナル効果を実証分析した。

になった。またWTOの加盟以来、多数の外資系が合弁から独資企業に転換し、合弁相手の民族ブランドを捨て、中国で自社ブランドのみを営業するようになった。一部の産業においては、外資系多国籍企業が略奪的な価格戦略により中国系企業を駆逐する例もしばしば見られた。2004年『中国産業地図』によると、WTOで開放された28の産業のうち21の産業において外資系が主導し、また、主な開放産業においてのトップ5は軒並みに外資系独資・合資企業が占めた（呉暁波 2008, p.227）。

ただ、近年は外資系に対する一部の優遇政策の廃止、国内民営企業の競争力の上昇、国有企業の力強い拡張、そして労働力コストの上昇などの複合的要因により、外資系の経営環境は以前より厳しくなっている。また、中国政府は「独占禁止法」を発動し、外資系企業の不公正な取引などの独占行為に対する調査や処罰を強化している[22]。在中アメリカ企業協会の調査によると、外資系のビジネス環境に対する不満は上昇し（2011年29％から2013年の41％）、参入許認可で中国系企業と同等なチャンスを得られると考えた企業数は2011年の29％から2013年の14％に下った（韓冰 2013）。こうして外資系においても、近年の競争環境に対する信頼度が低下している。

全体的に見ると、国有、民営、外資の三者の駆け引きの中で、企業の所有制類別により競争条件の格差が大きい。このように、公平な市場競争の土台ができていないことは、中国の混合経済体制の最大なネックであるといえよう。

4.3　不公平競争の問題点

以上のような各種の不公平競争は、さまざまな問題をもたらしている。

第一に、行政的独占などによる資源の浪費および効率の低下で、巨額の厚生損失が発生している。天則研究所（2011a）の推計では、2007年に22の産業において潜在的社会厚生の損失は少なくとも8,513.94億元となり付加価値の35％、最大では11,380.92億元で付加価値の46％を占める。厚生損失の大きな産業は高い方から、石油とガスの採掘、石炭の採掘、タバコ生産、電力供給、火力発電、水力発電、化学肥料の生産、ガス生産と供給などの順となっており、これらのほとんどが国有企業の行政的独占産業である。

第二に、所得と富の配分を歪め、社会安定を脅かしている。網易財経『2011年中国企業賃金報告』によれば、117社の中央企業およびその上場会社の従業

22　2013年以来、サムスン、ダノン、マイクロソフト、VW、クライスラー、日系車部品12社等は独禁法の違反で中国政府の調査や処罰を受けた。2015年2月、米クアルコム社は「優越的地位の乱用」により計1150億円の制裁金が課された。詳しくは日本経済新聞2015年2月11日付け参照。

員の平均賃金は102,965元で、都市民営企業の平均より4.2倍高い。とりわけ、独占企業の2008年の平均資金は全国の平均より7倍も高い(天則2011b)。また、この数字には住宅積立金やそのほかの賃金外福利は含まれていない。国家審計署の2012年の中央企業10社に対する会計監査の結果を見ると、5社の中央企業はルールに違反して従業員に多額の福祉を提供している。例えば中国移動会社本社は2009－2011年に職員に対して2,405万元以上の換金や買い物ができるカードを配り、その子会社の広東移動は2011年までの7年間に従業員の規定外保険として3.96億元を支払った。また、国家原子力発電会社は3千万元の消費カードを配り、国電会社は4,617万元の裏奨励金を配った。このようなことは、常に国民の大きな反感を買っている。

　第三に、市場の参入・退出メカニズムを著しく歪めている。周其仁（2006a、b）は生産能力の過剰について以下の興味深い分析を行っている。

　「国有独占産業では生産能力過剰の問題がさほど現れず、また、全部あるいは大半が民営企業の活躍している産業においても市場の参入が自由であり価格も自由化されたため、その産業の過剰もあまり存在しない。生産能力過剰が本当に深刻になっている産業は必ず所有制の異なる企業が混じり合い、政府の介入が頻繁で、かつ参入は比較的容易だが退出は規制されている産業である」。

　周は前述した2004年の国家マクロ調整政策によって解体された鉄本公司の経営者であり、逮捕された戴国芳を訪ね、戴との話で民営企業家がなぜ規模拡大に傾いたかを悟った。つまり、競争産業で効率性と収益がともに民営企業より悪い国有企業（図表4.10参照）が存続しかつ拡張していることは、他の企業にビジネスチャンスがあるという誤ったシグナルを送ってしまう。民営企業家は産業全体の生産能力が仮に過剰となっても、効率の悪い方が先に淘汰され、自分が生き残れると信じて規模拡大に走るのである。このように、市場に異質な所有制の企業が混在すると、参入と退出のメカニズムが歪んでしまう[23]。

23　言うまでもなく、企業規模拡張の多くは地方政府の企業誘致や規模拡張の圧力・誘導と無関係ではない。地方政府はGDP成長のために、本地域内の大型プロジェクトの建設に非常に熱心である。

図表 4.10　鉄鋼冶金産業における国有と民営企業の業績比較

項目	2007年		2009年		2011年	
	国有	民営	国有	民営	国有	民営
総資産営業利益率（%）	11.46	15.82	5.01	15.65	4.79	16.92
負債率（%）	58.81	65.27	62.62	64.41	67.27	67.4
流動資産回転率（回数/年）	2.59	3.78	2.07	3.53	2.48	3.54
税引前利益対費用比（%）	6.58	4.57	1.47	5.04	1.19	5.58

（資料）『中国統計年鑑』各年版データより作成。

　第四に、市場環境の不公平は企業の経営行動を歪めている。民営企業にとっては環境が劣悪であるため、一部の企業家は政府官僚や国有企業に接近し、権力との結託によって特別な配慮や便宜を図り、新製品の開発やイノベーションへの意欲が薄くなってしまう。外資系企業の中には許認可や市場の開拓をめぐって政府官僚に賄賂を渡す例も珍しくない。このように、官僚と財界の癒着が深刻になり、市場環境が悪化した。また、大型国有企業は政治力だけでなく、潤沢な資金を利用して民営や地方企業を次々と吸収し、余剰資金を不動産やデリバティブ金融投資領域にまで注ぎ込み、むやみに他事業へと進出しがちである[24]。2009年国資委管轄の136社の中央企業のうち、不動産開発を主要事業とする会社は16社あるが、副業として参入した企業も80数社あり、一時期は土地競売で地方の最高値を更新し落札した案件の7割が国有大企業であった。中央企業の土地投資が不動産価格の高騰に拍車をかけているとの批判がマスコミから噴出し、2010年に国資委は中央企業の傘下にある副業の不動産開発部門をできるだけ売却すると約束した[25]。その上、金融投資を行った複数の企業が金融危機で巨額の損失を出し、国資委は緊急通達で取締まるほどの大騒ぎとなった（任 2011）。

5. 不公平競争問題の根源と改革への展望

　では、公平な市場競争が中国で容易に実現できない問題の根源とは何か。
　まず、重要な理由として、国有企業が全国民や国家の利益の実現を建前に、

23　渡邉（2014）は、同じ市場で競争する際、国有企業が物量作戦を採用し、民営がニッチ作戦で戦うという別の構図を指摘している。
24　中国社会科学院『中国房地産発展報告 2010 年』による。

経済と政治の力で党と政府を「捕獲」し、「部門立法」や省庁命令で自らに有利な優遇政策や行政的独占権を得て、利益を獲得し自腹を肥やしていることが挙げられる。

部門立法とは、中国の国会に当たる全国人民代表大会（全人代）が弱く、国務院の各主管部門が法律の作成や改定に当たって直接的に主導または参加し、上位法を超えて本部門の利益に有利な法律や条例を作成させ、これを通すことである。例えば、鉄道法、タバコ専売法、郵政法がその典型である。これらの法律はいずれも既存の国有部門を保護する傾向が強い。しかし他の多くの行政的独占の根拠となるものは、政府条例や省令にすぎず、言わば部門授権・自己授権である。前述した石油産業に関する規制や、国資委の国有経済守備範囲の拡大解釈、経営予算と利潤上納に関する省令はこの範疇に入れられる。

なぜ部門立法が頻繁に行われているのであろうか。それは中国の特殊な政治制度と関係している。中国の国有大企業のトップは党に管理された幹部であり、経済関係省庁だけではなく国や地方のリーダーに昇進するケースも珍しくない。また、経済主管省庁の幹部の多くは企業と政府の両方で職を得て、企業からの高報酬を受け取ると同時に、後の政治出世のメリットも享受できる。このように国有大企業自体は党と政府幹部の養成基地でもあり、非常に強い政治的影響力を保有している[26]。国のトップや閣僚および全人代の重要ポストを占めた国有企業の出身者は、言うまでもなくつねに国有企業をカバーしようとするため、結局は法律の制定や省令の策定に関して、国有大企業の意向が強く反映され、省庁だけではなく党・政府や全人代も「捕獲」されてしまうのである。

この洋の東西に問わずどの国にも応用できる「捕獲理論」（Capture Theory）の視点だけでなく、「中国的」根源、つまり政府が国有企業を偏愛する根本的理由を突き止める必要がある。まず、国有経済を共産党政権の政治的・経済的拠り所だとするイデオロギーが国の重大方針に少なからず影響を与えている事実があり、党はつねに国有企業の要望を重視せざるを得ない。また、営利国有企業が大規模であることは、国家政権の役割と目標に本質的な矛盾を生じさせてしまう。それというのも、政府は市場秩序の維持者・国民経済の管理者として、すべての企業に平等な市場競争環境を提供し、公共善の追求をしなければならないが、同時に政府は営利目的の国有企業の所有者であるため、私的所有者と

---

[26] 天則(2012)での統計では、19の省庁の183名の副大臣以上の官僚のうち、企業出身者は56名であった。また情報を開示した47社の中央企業のうち、115名の経営陣メンバーに政府官僚としてのキャリヤがあった。中国石油、中国石化などの特大企業の幹部には、大臣以上の出世をする人が特に目立つ。

同様に国有企業に対して利益追求の目標を課さなければならない。このように、前者の全体的利益志向と後者の局所的利益志向の間には明らかな利害相反が生じ、両立し難い（任2011）。天測（2011b）も、こうした一般性政府（公共財の提供者）と営利性政府（構造化された資本）の矛盾を指摘している。このように、政府が大量の営利目的の国有企業を抱えている以上、相互矛盾と身分による軋轢はつねに存在している。結局のところ、国有企業と他類型の企業が競争する際、本来の市場経済秩序の監督者・維持者であるべき政府は、どうしても自分の支配下にある国有企業をカバーしたくなるのである。

　以上の諸理由を考えると、現在の中国混合市場経済では、政府の公権力と国有企業の利益追求との結合が容易には避け難く、国有経済領域に行政的独占や政策保護が多いのも不思議ではない。呉敬連等（2012）はこの公権力と国有企業結託の経済システムを権貴資本主義と呼んでいる。他に官制資本主義、国家資本主義（加藤等2013, 中兼2012）などの表現もあるが、筆者はむしろ「官商資本主義」と呼んでも良いのではないかと考える。官商資本主義のシステムにおいては、政府閣僚や国有大企業のトップの腐敗問題が頻発することも容易に想像できる。金融、電信、電力分野は言うまでもなく、近年は鉄道、石油系経営陣のグループによる腐敗案件のいずれもが衝撃的なレベルにまで達している[27]。

　この官商資本主義の経済体制において、民営企業が国有企業の牙城に参入することは非常に難しい。例えば中央政府は2005年に「非公有制経済促進に関する意見36条」を公表し、民営資本が参入できる分野を緩和すると公約したにもかかわらず、ほとんど実行できなかった。2010年5月に、政府は再び『民間投資を健全的に発展するための促進および指導意見』、いわゆる民営企業促進の新36条を提出したが、各主管省庁がようやく実施項目を公表したのは2年も後のことであり、それも玉虫色のものになってしまった。また各省庁は建前として開放と言いながらも、肝心の細部においては手管を弄して民営資本の参入を阻んでいる。例えば、民営資本の参加の前提は国有の絶対支配（51％以上）とされている。石油分野では、新36条は民営資本と国有石油企業が協力して探査・発掘業務を行い、また民間資本が原油、ガスと石油製品の貯蔵・運輸および石油・ガスパイプの建設事業の株式参加を支持すると明記しているが、2012年6月の省庁の実施細目では、原油の輸入権が依然として中央企業にあり、これでは原料のない民営企業が石油貯蔵や運輸業に実質的に参入できない。

27　石油腐敗案のうち、中国指導部の一員であった周永康、国資委主任の蒋潔敏は中国石油のかつてのトップであった。その他6名の経営陣も逮捕され、その案件は周の家族や部下にまで拡大していった。

こうした官商資本主義の打破が進まない限り、市場での特権は存在し、公平・平等な市場競争環境が確立できるはずもない。したがって、今後の国有企業改革および公平な市場競争環境の構築の最重要課題は、とりもなおさず官商資本主義の打破であるといえよう。

　2013年11月の中国共産党第18回3中全会の改革決議では、2020年までの国有企業改革に関して以下の方針を示した。まず、より多くの産業で国有・集団・非公有資本の株式持ち合いなどの混合所有制を推奨する。次に、国有資本の公共サービス領域への投入を増やし、行政的独占範囲を縮小する。そして、国有資産の一部を社会保障基金に移譲し、国有企業利潤の国家への配当率を2020年までに30％へと引き上げ、その配当の大半を国民のために使う。さらに、国資委の中央企業に対する直接的管理をやめ、シンガポールのテマセクホールディングス方式をモデルとし、国有投資公司を主体として資本投資・資産運用を行うなどのことも注目すべき点である。

　一方、改革決議は市場の構築に当たって権利・機会・ルールの平等を堅持し、非公有制経済に対する各種の非合理な規制を廃止することや、非公企業が特許産業に参入できるような具体的方法を策定すると明言した。また、民間資本に対して、金融、教育、文化、医療などサービス産業の開放、外資に対しても、保育・介護、建築設計、会計・監査、物流、eビジネスの開放および一般製造業の開放を行うと約束した。これらに関連して、政府はネガティブリストを導入し、そのリスト以外の領域にすべての経済主体が平等に参入できる統一の市場参入基準を策定し、企業登録制度の簡素化などを推進すると表明した。

　このように、第18回三中全会が伝えたメッセージは、10年以上停滞した国有企業の改革と市場競争環境改革の本格的な再開である。とりわけ、行政的独占の縮小や、国有企業に対する優遇の段階的撤廃、さらに市場の開放などの点においては、その改革の方向性は評価できる。

　しかしながら、1年が経過した2014年末の現在においては、党の国有企業に対する紀律監査の強化による石油、自動車、航空産業等の中央企業の経営陣腐敗問題の摘発[28]や高すぎる国有企業の経営陣報酬の是正[29]、2014年の中央企業

28　中央紀律監察委員会の公開報道によると、2013年に摘発された中国石油経営陣の6人を除き、2014年には国資委管轄の中央企業の経営陣幹部17人、金融やその他の産業の国有企業を含めて合計70名あまりの経営陣幹部が腐敗問題によって摘発された。

29　新たな規定として、国有企業内部から昇進した、または党・行政主管部門が任命した党の管轄幹部でもある経営者らの報酬は、社内平均報酬の8倍を超えてはならないというものがある。ただし外部から招聘された経営陣のメンバーはこの規定に当たらない。この調整によって、中央国有企業経営者の平均報酬が2－3割下がると推計される。

の国家への利潤配当率の5％の切り上げなど、いくつの分野においては改革が動き出したものの、肝心の国有企業の混合所有制への改革、行政的独占の縮小、さらに国資委管理システムの改革等の領域では、これといった進展は見られていない。

　これらの改革はいずれも既得利益集団の権益を損なうため、強い抵抗を受けていることが想像できる。改革の具体案はいずれも不透明で、予断を許さない状態である。また、改革を口実に自利を肥やすおそれがないとも言えない。例えば、国有企業の混合所有制への改造が本当に公平・公正に行われるかどうかは疑問である。それというのも、これまで国有企業腐敗問題の大半は、国有企業の経営者が身内（親戚や知人または贈賄者側の民営企業）との関連取引において国家利益を侵害したことなどによるものであり、現段階では国有株の放出に当たって新たな内部関連取引やレント・シーキングが発生するのではないかというような懸念はどうしても払しょくできない。このように、いずれの改革も難題ばかりで、相当な不確実性を抱えているといえよう。

　そもそも3中全会では、相変わらず公有制の主体的地位の維持および国有経済の主導的役割の発揮などの文言が出されており、従来から国有企業改革の妨げとなっているイデオロギーの障壁は依然として取り除かれていない（関2014）。筆者から見れば、本当に公平・公正な市場経済システムを構築するためには、現制度下の行政的独占にあぐらをかいている国有経済部門に対するイデオロギー的幻想は勇気を持って捨てなければならない。天則（2011a）が指摘したように、「行政的独占の土台は公権力であり、政府部門がこの行政的独占の形成、維持および強化を推進してきたため、経済効率および社会公正が損なわれただけではなく、政府の評判や公権力の権威にも著しく傷付けられた。したがって、行政的独占を通して国有企業が経済をコントロールすることは、政権の基盤を強化させたというよりも、むしろ政権に対する本当の脅威であると認識すべきなのである」。

おわりに

　本章は、改革開放以来 30 数年間における中国の企業および産業の改革と発展の過程、現在の中国的混合経済体制の構造、混合経済体制下の市場競争秩序などについて分析した。中国の市場競争環境はいまだ公平性が大きく欠けている。それはとりわけ近年中国経済の成長を実質的に牽引している民営企業にとって、特に深刻な問題である。国有企業を優遇する諸政策・制度の撤廃、官商資本主義の打破を通して、公平な市場競争環境を構築することこそが、中国市場経済改革の喫緊かつ最大の課題であろう。

　しかし前述のように、共産党と政府自体が国民経済の管理者であり、同時に国有企業の所有者でもあるという二つの身分を有することで生じる利益相反、さらに国有経済の既得利益集団の抵抗などから、このような改革は至難の技である。現状から見ると、習近平政権において新たな国有企業改革の目標が樹立されたものの改革の進展は今一つであり、民営・外資企業が自由に参入できてその権利が保障される完全に公平な市場競争秩序の形成には、まだ相当の時間を要すると思われる。しかし、今一歩進んで大胆な「思想の解放」を行い伝統的イデオロギーの束縛を突破できれば改革の加速は可能であり、「中国特色」の市場経済も現在の官商経済からいち早く脱却することで、世界に通用するような市場経済システムに変貌することが可能であると考えられる。

主要参考文献

【日本語】

加藤弘之・渡邉真理子・大橋英夫 (2013)『21 世紀の中国経済編　国家資本主義の光と影』朝日新聞出版

関志雄 (2014)「ポスト三中全会の国有企業改革」『季刊中国資本市場研究』2014 年秋期号 ,pp.13 － 18.

金永珠・任雲 (2011)「中国における日系企業のチャイナゼーション」『桜美林大学産業研究所年報』第 29 号、pp.119 － 145.

中兼和津次 (2012)『開発経済学と現代中国』名古屋大学出版会

任雲 (2006)「第 6 章　電力改革」座間紘一編『中国国有企業の改革と再編』、学文社

任雲 (2011)「中国における政府・企業間関係の変化―国有大企業を中心に―」『桜美林エコノミックス』第 2 号、pp.33 － 47.

任雲・羅静 (2009)「中国西部地域里おける産業集積の形成と発展」『桜美林大学産業研究所年報』第 27 号、pp.133 － 150

丸川知雄 (2013)『現代中国経済』　有斐閣アルマ

渡邉真理子 (2014)「企業制度―国有、民営混合体制の形成とその問題」中兼和津次編『中国経済はどう変わったか』国際書院

【中国語】

韓氷 (2013)「外商投資企業在華投資環境是否悪化?」中国社会科学院世界経済与政治研究所 IIS 報告 No.201312

黄亜生 (2005)「中国外資依存症的原因和代価」『中国招標』第 4 期

黄亜生 (2013)「中国経済是如何起飛的?」『経済社会体制比較』第 2 期

李栄融 (2008)「宏大的工程、宝貴的経験:国有企業改革発展 30 年」『求事』第 6 期

劉小玄 (2008)『奠定中国市場経済的微観基礎』格致出版社・上海人民出版社

青木昌彦 (1995)「対内部人控制的控制」青木昌彦等編『転軌経済中的公司治理結構』中国経済出版社

天則経済研究所 (2011a)『中国経済的市場競争状況:評估及政策』

天則経済研究所 (2011b)『国有企業的性質、表現和改革』

天則経済研究所 (2012)『中国行政性壟断的原因、行為与破除』

呉敬璉 (2009)『当代中国経済改革教程』上海遠東出版社

呉敬璉・馬国川 (2009)『中国経済改革二十講』三聯書店

呉木鑾 (2008)「中国過的是哪条河?―国家与大企業的関係」『二十一世紀』第 12 期

呉暁波 (2008)『激蕩 30 年、中国企業 1978－2008　下』中信出版社

張傑・陳志遠・劉元春 (2013)「中国出口国内付加值的測算与変化機制」『経済研究』第 10 期

張軍 (2008)『中国企業的転型道路』格致出版社・上海人民出版社

張文魁 (2008)「国有企業改革 30 年的中国範式及其挑戦」『改革』第 10 期

張文魁・袁東明 (2008)『中国経済改革 30 年・国有企業巻』重慶大学出版社

張卓元・鄭海航 (2008)『中国国有企業改革 30 年回顧與展望』人民出版社.

中華全国工商聯合会 (2012)『中国民営経済発展報告 2011－2012』社会科学文献出版社

鄭玉歆・李玉紅 (2007)「工業新増利潤来源及其影響因素:基于企業的数据分析」『中国工業経済』第 12 期

周其仁 (2005)「産能過剰的原因」　中国经济教育研究网 (周其仁『世事勝棋局』北京大学出版社 2007 年版再録)

周其仁 (2006)「希望不是微观调控」　中国经济教育研究网 (周其仁『世事勝棋局』北京大学出版社 2007 年版再録)

【英語】

Hart, Oliver (1995), *Firms Contracts and Financial Structure*, Oxford University Press.

Tirole, Jean (1988), *The Theory of Industrial Organization*, MIT Press.

第 5 章
金融システムの改革・発展と課題

はじめに

　金融は、貨幣供給、資金の移転と配分、国民資産の形成に寄与する機能、リスク負担と配分、コーポレート・ガバナンス機能など、さまざまな機能を有する。いかに効率性のある金融システムを確立するかが、中国経済改革の重要な課題である。

　中国政府は、計画経済時代には民国時代に発展した金融システムと決別し、旧ソ連の金融システムを模倣したモノバンク体制―中国人民銀行がすべての金融業務を担う体制を構築した。その体制で、人民銀行は中央財政の金庫番の役割しか発揮できなかったと言える。改革開放以来の三十数年にわたる不断の改革によって、中国の金融構造は現在の多様な金融組織と市場を有するシステムに様変わりし、金融機関も大きな成長を成し遂げてきた。例えば、2012年には世界企業500ランキングで中国の四大商業銀行がランクインし、利益総額では工商銀行が1位で、他の三行もトップテンに入った。また、銀行業のほか、証券・保険業も飛躍的に発展し、金融市場においても、銀行間のコール市場や手形割引市場、株式・債券市場、為替市場、先物市場などが次々と設立・整備され、多数の金融商品が取引されている。さらに、中央銀行の貨幣政策の手段も多様化した。

　しかし、中国の金融システムは大きく変貌・成長してきたものの、構造的欠点や制度上の問題点は依然として多い。2013年6月に突如発生した「影の銀行」の問題や、経済成長と乖離した株式市場の異常な低迷などの問題が端的に示したように、金融システムは脆弱であり、その効率性や安全性には問題がある。近年、経済構造の転換が迫られている中で、金融システムの構造改革はもはや待ったなしの段階に来ているといえよう。

　本章では、金融システム改革の全貌を顧みた上で、銀行と株式市場の改革および課題について重点的に分析する。さらに、金融システムの構造的・制度的欠陥や問題点について検討し、改革の方向を展望する。

1. 中国の金融改革と発展の基本概要 [1]

1.1 金融システムの回復と枠組みの構築（1978 − 1992 年）

　金融改革の中で最も重要なのが銀行の改革である。1978 年、中国銀行は財政部から独立し、1979 年には対外貿易を担当する中国銀行、農業向け融資の農業銀行が人民銀行から分離され、またインフラ・設備投資向け融資の建設銀行が財政部から分離された。更に 1983 年、人民銀行から商業業務が新設の中国工商銀行に移管し、中央銀行と四大国有専業銀行による 2 段階の銀行体制が構築された。また、1970 年代末に農村信用社の業務も回復された。1984 年、中央は地方銀行、信託投資公司、ファイナンス会社の設立も解禁し、1987 年には株式銀行として交通銀行、中信実業銀行および地方国有株主が発起人として設立された招商銀行なども次々に設立され、国有四大銀行の牙城を崩す力はないものの、その市場を拡大してきた。なお、外資系銀行の事務所の開設なども許容されるようになり、1993 年には数十社の外国銀行が外資系企業と外国人向け外貨業務を展開していた。都市信用社も 1988 年には 3,265 社に達した。

　金融改革のもう 1 つの重点は、資本市場と証券業の構築である。1980 年代初旬、政府は国債の発行を開始し、株券と会社債の発行も認め、1980 年代半ばの国有企業による株式の発行、証券会社の設立が胎動した。1980 年代末には、全国各地で株式の売買などを行う店頭取引が急増し、各地において無許可または黙認された取引所が次々と設立された。国家は 1990 年末と 1991 年 7 月に、それぞれ上海と深圳で証券取引所の設立を許可し、同時に各地の取引の取り締まりを始めた。1992 年 7 月には、華夏証券（工商銀行系）、国泰証券（建設銀行系）および南方証券（農業銀行系）など、三大証券会社を設立した。また全国で過熱化する株の売買に関する問題に対処するため、1992 年 10 月に国務院は証券委員会と証券監督管理委員会をそれぞれ設立し、全国株式市場の監督強化に向けて動き出した。

　さらに、この段階において保険業も再開された。1980 年末、中国人民保険公司は全国各省で業務を再開した。その後、他の多くの参入により保険業の競争が激化した。1991 年に太平洋保険公司が設立され、先に設立された人民保険、平安保険とともに三足鼎立の寡占的競争局面を形成した。1992 年にはアメリカの AIG が外資保険会社第 1 号として上海に支店を開設し、個人代理営業のモデ

---

[1] 本節は主に任（2006a、b）および呉（2008）、李（2013）を参照している。一部のデータは人民銀行、銀監会、証監会等のウェブサイトによる。なお、日本語の最近の研究成果には、王（2014）がある。

ルを中国に導入した。

　総じて 1990 年代初頭においては中央・地方の金融組織の再建と新設が活発だったものの、監督管理システムの未整備と地方政府の金融に対する露骨な介入などにより、銀行、証券、保険会社等の不正経営や乱脈融資などのモラル・ハザードの問題が頻発していた。また金融システムの混乱は、一時期、高いインフレをもたらした。

1.2　分業体制の確立と制度整備（1993 年 − WTO 加盟前後）

　1993 年、共産党の第 14 回三中全会では金融システムの改革についてより明確な方針が示された。銀行、証券と保険業の厳格な分業経営体制および監督体制の構築と、貨幣市場、債券市場、株式市場の健全化と発展の目標が挙げられた。

　その方針のもと、1995 年に中国人民銀行法、商業銀行法、保険法が次々と策定され、さらに 1998 年には証券法も公表された。これらの基本法規の整備によって中央銀行の独立性は強化され、金融の分業体制も確保できるようになった。

　銀行業においては、商業銀行法により四大銀行の間にあった産業別業務の分業規制が撤廃され、四大銀行の間に競争が広がるようになった。また 1994 年に、国家は開発銀行、輸出入銀行および農業発展銀行という 3 つの政策銀行を設立し、従来の四大国有銀行に課された一部の政策金融の負担を外した。1995 年には民間の出資により株式会社民生銀行が誕生した。さらに外資銀行（事務所）は 1996 年から上海浦東で人民元業務を行い、2001 年には 5 省・市へと拡大した。その他、信用社の規模も急速に拡大し、一部の発達地域では信用社が都市合作銀行や農村合作銀行に改組された。

　しかし 1990 年代半ばからは国有企業の不振などが原因で、四大銀行は政府の圧力により国有企業救済などの政策的負担を強いられ、その不良債権が急増した。アジア金融危機を受け、政府は四大銀行に対して 1998 年より国家資本の注入から、不良債権の資産管理会社への分離と処理、管理の強化と店舗統廃合・人員整理に至る多分野にわたって改革を行った。

　証券業においては、1993 年以降、証券業および証券取引に関する監督が強化され、一部の地域性取引市場は廃止され、1998 年末には証券会社が 90 社以上、営業部が 2,412 ヶ所であった。なお、1998 年の南方基金管理公司および国泰基金管理公司の設立が、証券投資基金の幕開けとなった。2001 年 9 月にミューチュアルファンドが登場する以前、クローズドエンド型ファンドは 47 銘柄あった。

　保険業については、1995 年の保険法の規定により、生命、損害および再保険

業務の分業経営が求められ、中国人民保険、平安保険および太平洋保険のいずれもが3分割された。2001年末、保険会社の総数は52社に達し、そのうち約半数は外資系であった。

監督管理体制に関して、政府は1998年に証券委員会を証券監督管理委員会（以下証監会と称する）に統合し、また保険業監督管理委員会を新設することで、金融分業監督管理のシステムが整えられた。なお、2003年には、中央銀行が担ってきた銀行監督管理の職能が新設の銀行業監督管理委員会（以下銀監会と称する）に委譲された。

1.3　金融組織の体質強化と市場開放（WTO加盟以降）

2001年12月のWTO加盟に伴い、金融業の対外開放圧力は一段と高まった。2003年の温家宝政権発足前後から、国有銀行の株式化や体質強化が急ピッチで進められ、四大銀行の香港・上海両地での上場が大きな注目を浴びた。そのほか2004年11月には銀監会の『都市商業銀行監督管理と発展綱要』に従って、都市商業銀行の設立や上場も活発になった。さらに農村信用社も2003年7月の『深化農村信用社改革方案』により再編され、条件の良い農村信用社が農村合作銀行や農村商業銀行に改組された。また、2006年12月の新農村建設政策の実施に伴い農村金融に対する規制が緩和され、村鎮銀行や小口貸付会社の設立が可能となった。さらに2006年12月には、外資系銀行の人民元業務の全面解禁も実現した。

証券業では、2002年11月に中国は正式にQFII導入の実験を始め、資本市場の対外開放を始めた。2010年末には106社の外資系金融機関がQFII資格を有し、QFIIの資産規模も2,971.3億元に達した。また、2006年8月に国内資本の海外投資業務を行うQDIIも解禁され、2010年には37本のQDIIファンドがあった（証監会2012,pp.112-115）。なお、2002年には外資系の証券会社、ファンド投資会社、先物取引会社も中国での営業を開始した。また、国有保険会社は金融業において率先して株式化改造を行い、2003年に中国人民保険（集団）公司が金融業界の第1号となる上場を果たした。国有大手保険6社すべては2007年まで国内外に上場している。

総じて三十数年の改革と発展で、中国の金融機関の数量と類型はともに大幅に増加し、金融システムが整備された。図表5.1は、2013末時点での中国の金融構造および金融機関の数をまとめている。なお、2013年の銀行業金融機関、証券会社、保険会社および先物会社の総資産はそれぞれ113.28兆元、2,079兆元、5.98兆元、630億元であり、いずれも大きく成長した。

第5章 | 金融システムの改革・発展と課題

図表5.1 中国の金融組織と市場（2013年末データ）

---中国人民銀行（外貨取引センター、銀行間コール市場、国債登録管理機構）
---銀行業監督管理委員会
　　政策銀行（3）、国有大型商業銀行（4＋1）、株式制商業銀（12）、金融資産管理会社（4）、都市商業銀（145）、農村商業銀（468）、農村合作銀（122）、農村信用社（1,803）、郵政貯蓄銀（1）、外資系金融機関(独資・合弁法人42、中国支店92)、信託投資（68）、ファイナンス会社（176）、ファイナンスリース会社（23）、貨幣ブローカ公司（5）、車ローン会社（17）、消費金融公司（4）、村鎮銀行（987）、貸付公司（14）、農村資金互助社（49）（合計で法人金融機関3,949社）
---証券業監督管理委員会
　　証券会社（115）、証券投資基金管理会社（89社1,552柄約3兆元、中にQFII柄251、RQFII柄61）、先物取引会社（156）
　　証券取引所（上海、深圳）、商品先物取引所（上海、大連、鄭州）
---保険業監督管理委員会
　　損害保険会社計（64、外資22）、生命保険会社計（71、外資28）、年金保険（5）、保険仲介機関（2,520）

（資料）：各監督管理委員会の2013年年報および保険業公式ウェブサイトのデータより作成。

金融システムにとっては、金融組織の数量や市場規模等の量的要素だけではなく、その質と機能が肝要であることは言うまでもない（Cochrane 2013）。本章は以下において国有銀行の株式化と株式市場の改革を重点として、WTO加盟以降の中国金融の質および効率性の改善をめぐる改革について詳しく分析する。

2. 銀行業の改革と課題

2.1　世紀の変わり目の国有銀行の危機 [2]

　1997年のアジア金融危機後、中国政府は国有四大銀行の不良資産の整理と体質の改善に乗り出した。1998年、財政部は四大銀行への2,700億元の増資を行い、貸倒引当金カバー率が低いまま、四行の自己資本比率を7％台に持ち上げた。1999年に政府は四大銀行と国家開発銀行の不良資産約1.4兆元を4つの資産整理会社に移管した。また1998－2002年の間に、5.5万店舗以上を閉鎖し、約55.62万人を削減した。それでもなお、銀行の経営状況は悲惨な状況であり、2002年末、四大銀行の平均不良債権率は26.12％で、平均自己資本率は4.27％であった（図表5.2）。

---

[2]　任（2006a）は、国有銀行の不良債権の成因、特に国有企業に対する支援およびその弊害についてさらに詳しく分析している。なお、本節において一部のデータの（資料）も、任（2006a）を参照されたい。

図表5.2 四大国有銀行の不良債権率と自己資本率 (%)

年度	不良債権率	自己資本率					
	2002	1997	1998	1999	2000	2001	2002
工商銀行	26.01	2.4	5.2	5.3	4.8	5.8	5.4
農業銀行	36.65	2.5	7.0	6.5	1.4	1.4	3.5
中国銀行	25.56	3.9	6.8	6.7	8.5	8.3	8.2
建設銀行	15.28	2.9	5.2	4.9	3.8	6.9	6.9

(資料) 李 (2008, p.97, p.103)。

しかし厳格に計算すると状況はさらに深刻であることが分かる。人民銀行総裁の周小川は当時の四大銀行の不良債権率は50%に達していたと述べている (周2012)。また、銀監会副主席の唐双寧によると2003年の四大銀行の自己資本率はマイナス2.29%であった (唐2005)。さらに、1998年の四大銀行の平均ROAは0.09%で、株式制銀行平均の0.99%の10分の1以下であり、ROEもわずか5%で、同期のイギリス銀行平均の26%、アメリカの20%、シンガポールの15%と比較して大きな開きがあった。2003年になって、中国銀行のROEは6%を維持したものの、建設銀、工商銀および農業銀のROEはそれぞれ0.3%、1.5%、2.2%であり、同時期のシティバンク、アメリカバンクの41.8%、36.5%とは雲泥の差であった。

このように、当時の四大銀行はすでに崩壊状況に陥っていたと言っても過言ではない。国がこれほどまでの救済をしたにもかかわらず、なぜ四大銀行の経営状況は一向に好転しなかったのであろうか。その最大の理由は、市場経済への移行において、国有銀行がつねに過大な政策融資上の負担を課されてきたことにあると考えられる。

(1) 改革の初期段階では、1981年の国家の「抜改貸」の方針転換により、財政による国有企業の固定資産への投資が打ち切られ、国有企業の資金調達は唯一銀行からの借入のみとなった。また1983年から、国有銀行は政策として国有企業の流動資金の管理を担うようになった。このことは、国有企業の流動性不足が生じた場合、国有銀行がつねに援助するということを意味した。これらの措置により、国有企業は従来の財政依存に変わって国有銀行に依存するようになり、1990年代初頭からはその負債率がきわめて高くなり、銀行の不良債権が急増した。

(2) 1990年代以降、国有企業は非国有企業との競争に晒され、さらに、さ

まざまな社会的負担や高負債率で利子返済の負担が重くなったため、経営は悪化する一方であった。当時の政府は国有企業を救済し雇用と社会安定を維持するために、銀行に対して国有企業への「安定団結融資」を押し付けた。こうした国有企業に対する銀行の追い貸しは、1990年代半ば頃にピークに達し、多くが不良債権化した。1998年の国有銀行の商業化改革に伴い、このような新たな「追い貸し」は減少したが、経年の累積で残高は膨大となった。例えば工商銀行では2000年の対国有企業短期貸出の延滞と未返済部分が不良債権として処理された部分を除いても9,676億元に上り、当年貸出残高の40％以上を占めた（凌・張2005）。

（3）アジア金融危機以後、四大銀行は一般国有企業への政策的融資を抑え、国家重点国有企業と重点プロジェクトへの融資にシフトした。1998年以来、中央政府は財政拡大政策を採用し始め、1993 － 2003年間で合計8,000億元の長期建設国債を発行し、同時に併せ融資を政策銀行と四大銀行にも要請した。1998年からの6年間に、建設国債プロジェクトの併せ融資は1.8万億元にも上り（鐘2003）、この中の一部も不良債権化した。

（4）さらに「政策的破産」と「債転股」により、国有企業の一部不良債権が回収不能となった。「政策的破産」とは、資源が枯渇した採鉱業や衰退している紡績・機械・軍需国有企業が国家の指示で強制的に破産となる際、従業員が優先的に処遇され、銀行の債権を帳消しにできることである。1998年からの国有企業3年大改革では、この政策的破産が大規模に行われた。2004年までに政策的破産になった大企業数は3,484社で、667万人の従業員が再配置や補償を得た上で解雇され、2,370億元の銀行債権が帳消しとなった。また、「債転股」とは、1999年に政府が存続可能な国有企業の債務負担を軽減するため、国有銀行の債権を資産管理会社の株式へとスワップしたことを差す。当時多くの国有企業はそれを「最後の晩餐」とみなし、約4,000億元の債務から逃れた。

（5）中央政府の政策とは別に、地方国有企業の破産整理や株式化・民営化の過程においても大規模な債務逃れが起こった。一部の国有企業は不良資産を本体に残したまま優良資産だけを集約して新会社を作り、この新会社を上場させたり、民間投資家や経営者に売却したりした。巨額負債を背負った母体は基本的には存続できず、銀行の債権回収不能へと繋がった。また、一部の地方企業が破産した際には、地方政府は財政補填をしないで問題を処理するために債務逃れ行動を容認した。銀行が提訴した場合でも、政府はしばしば司法に介入し、裁判所に圧力をかけ、また判決が下されても実行させなかった。これらの問題の本質は、地方政府と企業が自らの損失を国家と国有銀行に転嫁することにあっ

た。

　2000年末、四大銀行と交通銀行の合計で、決済口座を持ち、会社の制度を転換した企業62,656社のうち、51.29%の企業によって合計1,851億元の債務逃れがあった。中でも国有企業は69.37%で、金額も68.77%を占めた。特に86%以上の中小国有企業は民営化などによって銀行の債務を逃れた。また、破産、譲渡、合併、リースなどの企業の制度転換による債務逃れの金額は、債務逃れ総額の92%以上を占めた（『中国金融年鑑2002』、pp.750-751）。

　以上のように、巨額な不良債権の形成には複合的な原因があったと言える。周小川によれば、四大銀行の不良債権のうち、約30%は中央および地方政府の介入と干渉、また、もう30%は国有企業に対する直接の貸付で、10%は悪意の債務逃れおよび法律の不備による清算不可能、さらなる10%は政策的破産によって形成された。そのほか、銀行自身の杜撰な経営や管理の不備によって発生した不良債権も約20%を占めていた（周2012）。

　客観的に言うと、国有四大銀行の政策的融資は中国の経済移行に重要な役割を果たした。McKinnon（1991）が指摘したように、移行経済の初期においては国家財政の経済に占める比重が大幅に減少するはずで、政府の国民貯蓄を動員する能力、言い換えれば金融コントロール力があるかどうかが、経済の安定性を決める。中国政府は国有銀行を通じて金融資源を集め、それを国有企業や公共事業に重点的に配分できたため、国有企業の大幅な減収減益と経済の崩壊を防ぐことができた（張興勝2002、周立2003）。もちろん、その代価もきわめて高かった。政策金融の役割を担っている以上、国有企業の改革が進展しない限り、国有銀行の抜本的改革はできず、繰り返しの救済措置にもかかわらず国有銀行の巨額な不良債権は一向に減少しなかったのである。

2.2　国有銀行の株式化改革と上場

　2003年に入ると国有企業の大改革は一段落し、国有企業が過剰に国有銀行に依存する状況は緩和した。また、WTO加盟の約束の1つに2006年12月までに外資系銀行に対して人民元業務の地理的制限を撤廃する必要があり、それまでに国内銀行が外資系との競争に耐え得るだけの体制を整えなければならないという強い危機感があった。このような背景の下、政府は2004年1月に四大銀行の抜本的株式化改革を決断し、温家宝首相は3月の全人代の記者会見において「銀行の株式化改革はもはや背水の陣で、失敗は絶対に許されない」と宣言した。

　株式化改革の目標は管理体制を改め、ガバナンス機関をしっかり構築・改善し、

経営メカニズムを転換させ、経営業績を改善することである。政府はまず3年前後の期間で中国銀行と建設銀行の株式化改革に踏み出した。2004年1月、政府は外貨準備から450億米ドルを拠出し、中国銀行と建設銀行の両行に資本を注入した。また、銀監会が劣後債をティアⅡ資本として認め、劣後債の発行を許可したことを受けて、四大銀行は約3千億元の劣後債を発行し、自己資本を充実させる措置を取った。さらに建設銀行と中国銀行は2年以内の上場を目指して株式化・上場の準備作業を急ピッチで行った。

　銀監会は当時、建設銀行と中国銀行に対し、3年以内に不良債権比率や自己資本率、そして収益性や安全性などの面で達成する必要のある具体的財務指標を課し、さらに株式制への改組に以下10項目の改革を要求した。①株式会社の設立と国内外の戦略投資家の誘致。②コーポレート・ガバナンスの整備：株主総会・取締役会および経営陣機関の確立と規範化・制度化。③発展戦略と中核業務計画および年度目標の制定と実施。④合理的な意思決定システム・内部管理・リスク管理体制の確立。⑤合理的かつ効率的、フラット化した管理・組織部門の編成。⑥人事制度改革の推進：厳格な審査・淘汰制度を実行し、市場システムに適応した人材管理体制および効果的な賞罰制度と成果主義賃金制度の確立。⑦国際会計基準の導入、財務会計制度の改善と情報開示の厳正化。⑧IT化の推進と情報システムの確立。⑨金融業の人材の養成およびハイレベル人材の誘致。⑩外部仲介機関や格付け機関の活用による監査制度の改善・整備。

　中国銀行と中国建設銀行は2004年の8月、9月にそれぞれ股份有限公司に改組され、両行が上記各項目の改革を行った。特に外資系金融機関には資本だけではなく、取締役員の派遣や経営ノウハウの導入も確約させた。また、不良債権の処理が進められ、両行の財務状況も改善された。2004年12月末には、両行の不良債権率はそれぞれ5.12%、3.70%に収まり、貸倒引当金カバー率は71.7%、69.9%に、自己資本率は8.62%、9.39%に達した（唐2005）。建設銀行は2005年の10月27日に香港で首尾よく上場し、その年の世界最大級のIPOで約92億ドルの資金の調達に成功した。そして中国銀行も翌年に香港と上海で上場した。

　工商銀行、農業銀行もそれに追随する形で同様の改革を進めた。工商銀行は2005年4月に外貨準備金150億ドルの資金注入を受け、同年9月に株式会社に改組され、2006年10月に上海と香港で同時上場を果たして当年世界最大のIPOとなった。不良債権の問題が最も深刻であった農業銀行も数年をかけて不良債権を処理し、国家の200億ドルの資本注入を受けて2008年に株式会社に改組され、2010年7月に香港・上海に同時上場した。その融資額も当年のIPO

トップであった（図表 5.3）。

図表 5.3　国有四大商業銀行上場の一覧

	戦略投資家と出資率	上場時期・場所	IPO 規模
建設銀行	Bank of America　25 億ドル（9%） Temasek Holdings 14.66 億ドル（5.1%）	05 年 10 月 27 日香港 07 年 9 月 25 日上海	H 株 716 億香港ドル A 株 580.5 億人民元
中国銀行	Royal Bank of Scotland 30.48 億ドル（10%）、 Temasek Holdings 等 20.9 億ドル（6.7%）	06 年 6 月 1 日香港 06 年 7 月 5 日上海	H 株 867.4 億香港ドル A 株 200 億人民元
工商銀行	Goldman Sachs 25.82 億ドル（5.75%） Allianz 8.25 億ドル、American Express 2 億ドル	06 年 10 月 27 日 香港・上海同時	H 株 1,249.5 億香港ドル A 株　466.4 億元
農業銀行	なし （政府は要求せず、農業銀行自身の経営判断）	10 年 7 月 15 日上海 10 年 7 月 16 日香港	合計 221 億ドル

（資料）新聞報道、呉曉霊編（2008）および任（2006a）より作成。

　四大銀行の株式化改革においては 2003 － 2008 年に不良債権約 2 兆元が処理された。また国家の資本注入は合計 800 億ドル（交通銀行にも 30 億元）であった（周 2012）。四大銀行の株式制への改組、そして国有銀や都市銀の改組と上場は、WTO 加盟による外資系金融仲介機関の進出での競争の熾烈化という外圧と、金融システムの不安を払拭するという内在的誘因のもとで展開されてきた。改革は従来の体制内改革や単純な救済とは異なり、体制転換であると評価できよう。

2.3　銀行業の現状と課題

　株式化改革以来、中国の銀行業金融機関の状況は劇的に変化した。全体の規模から見ると、2003 年末から 2013 年末に資産総額は 27.66 兆元から 151.4 兆元に、預金残高は同期の 20.81 兆元から 107.1 兆元に、貸出残高は 15.9 兆元から 76.6 兆元にそれぞれ上昇した。また、収益を見ると、全体の純利益も年々増え、2013 年には 1.74 兆元に達している（図表 5.4）。そのうち外資系銀行は 2013 年末までに 27 の省・市で業務を展開しているが、その預金と貸出の残高はそれぞれ 1.49 兆元と 1.11 兆元にとどまり、本土系には遠く及ばない。

　商業銀行だけを見ると、平均不良債権率は 2003 年 17.9% から 2005 年の 8.9%、さらに近年の 1% 前後にまで減少し、コア自己資本率も近年 12% 以上を維持し

ている。また、貸倒引当金カバー率は2003年の6.7%から2013年の282%に引き上げられ、引当金の積立額も1.67兆元に上り、損失処理能力は大幅にアップした。経営業績を見ると、ROEは2003年の3%から2013年の19.2%に増加している（図表5.5）。純利潤総額も2011年1兆元を突破し、2013年には1.42兆元に達した。

図表5.4 銀行業金融機関の総資産と総利潤の推移

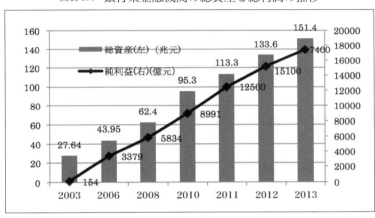

（資料）銀監会各年度年報より作成。
注：2003年は商業銀行だけの税引き前利潤、2006年は銀行業税引き前利潤。

図表5.5 商業銀行の経営状況の推移（%）

	不良債権率	貸倒引当金カバー率	自己資本率	ROA	ROE
2003	17.9	6.7（02年）	-2.98	0.10	3
2005	8.90	24.8	4.91	0.70	15.60
2010	1.13	217.7	12.16	1.03	17.50
2011	0.96	278.1	12.71	1.28	20.4
2012	0.95	295.5	13.25	1.32	19.85
2013	1.00	282.7	12.19	1.31	19.2

（資料）銀監会2010年－2013年年報より作成。

もちろんこれらの結果すべてを銀行の株式化改革に帰結することはできないが、改革なしにはありえなかったことも否定できない。

　では、銀行業の課題とは何か。さまざまな課題がある中で、端的に言えば銀行の儲け過ぎが現在の最大の問題の1つである。2012年に上場銀行の純利潤総額は全上場会社の約50%を占めた。とりわけ、交通銀行を加えた五大商業銀行の純利潤は7,700億元を超えた。また、四大銀行全てが世界企業500社ランキングの純利潤のトップテン入りし、さらに銀行9行は500社ランキング入りした中国系企業89社の利潤の55.2%を占めている。これに対してアメリカの500社ランキング入りの会社の中で、8社の金融機関の純利潤はアメリカ系企業全体の11.9%しか占めていない。なお、2013年の商業銀行の純利潤総額は1.42兆元であったが、同年のGDP成長率は7.7%でこの14年間で最低の水準であり、規模工業企業の純利潤総額の上昇幅も2012より20ポイント以上低下した。このように実体経済の収益性が減速しているにもかかわらず、銀行業の収益は異常と言えるほど膨張している。この金融と実体経済の業績の乖離は、中国経済の構造的問題を浮き彫りにしている。

　その原因を突き詰めると、まず、銀行業には依然として厳しい参入規制があり、四大銀行と交通銀行がトップ5として君臨し、寡占的構造を成している。次に、金利規制があり、金融抑圧の問題が存在している。2013年までに金利の自由化がいくぶん進んだものの、預金金利の上限と貸付金利の下限はほぼ固定されているため、利ザヤが確保され、銀行の収入も安定する。実際に、銀監会年報によると、2013年には商業銀行の利ザヤ収入は総収入の80%以上を超え、その純利潤寄与率は63.6%に達した。仮に、金利の自由化や参入規制の緩和が進めば、銀行業の「暴利」は到底維持できないと考えられる。

　もちろん、視野を広げて見れば、銀行業の問題は決して銀行業内の産業構造や規制の問題だけにとどまらず、金融システムの長期的な構造問題、例えばオーバーバンキングと直接金融の不足、短期的金融政策の変更や貨幣の過剰供給などの諸要因と複雑に絡み合っている。これらの諸問題については第4節においてさらに詳しく検討することにする。

3. 証券市場の改革と課題

3.1　証券市場の発展の軌跡

　前述したように、中国の株式市場は1990年の上海と1991年の深圳証券取引所の設立によってスタートし、二十数年間の改革と発展で大きく成長した。し

かし、その市場の制度構築とインフラ整備にはいくつもの曲折があり、市場の動向も時に実体経済と大きく乖離しているので、いまだに正常な状態にあるとは言いがたい。

上海および深圳の証券取引所にはA株とB株市場があり、後者は外貨市場で小規模のものであった。また、上海市場に大企業が集中しているのに対して、深圳市場では2004年6月に中小企業ボード（2部）、さらに2009年10月にはベンチャーボードが設立され、中堅・中小企業向けの取引が圧倒的に多い。以下、中国の証券市場発展の流れを簡潔に述べることにする。

1992年から、国有企業の株式化改革が始まり、上場企業が徐々に増加し、1992年末に上場企業は53社、株価総額は1,048億元に達した。1992－1993年の間には狂熱的な株売買と株価の波乱があったものの、1998年頃までは総じて安定的な伸びがあり、1998年の上場企業数は851社、株価総額は1.95兆元に上った。次いでの1999－2001年までは株価上昇のペースが速く、2001年6月に上海総合指数は2,245ポイントになった。しかしその後は4年間の調整期に入り、2005年6月6日、株価指数は千ポイントを下回った。こうした状況において、2005年から証監会の方針で国有非流通株の改革が始まり、長年株式市場を困惑させた構造的欠陥がいくぶん是正された。これに伴い、市場の信頼の回復と経済の高成長が相まって投機活動が再び活発になり、2007年10月16日に史上最高値の6,092ポイントに達した。その後、過熱した株投機の逆回転が始まり、株価は2008年11月4日にはついに1,706ポイントとなり、70%以上下落した。以来、株価はきわめて不安定で乱高下したが、2012年頃から中国経済の減速気配が鮮明となり、株価は低迷し続け、2013年6月25日には1,849ポイントに下落し、ほぼ10年前の水準に戻ってしまった（図表5.6）。また、時価総額も2007年末から3分の1減少した[3]。

2013年末現在、上場会社数はA株2,489社、B株106社、その内訳は1部上場が1,438社、2部（中小）上場が701社、ベンチャーボード上場が355社である。また、株価総額は23.91兆元、投資ファンド数は1,552個、株投資者口座は13,247万個である（図表5.7を参照）。そのほかに、海外上場の会社も185社ある。

---

[3] 2014年11月から株式市場は再び活発になり、2ヶ月間で株価は約50%上昇し、3,400ポイントを超えたが、その後1日で5.43%や7.7%の暴落もあり、相変わらず投機的な様相を呈している。

図表 5.6　上海証券総合指数の推移

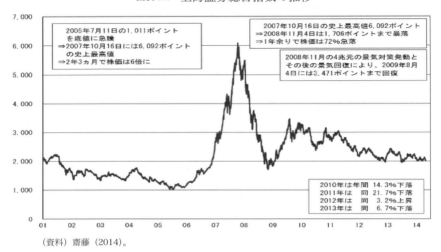

(資料) 齋藤 (2014)。

図表 5.7　中国株式市場の時価総額 (左目盛) と上場会社数 (右目盛)

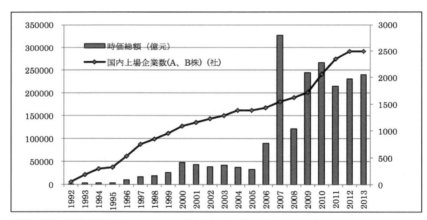

(資料)『中国証券期貨統計年鑑 2012』および証監会証券月報より作成。

3.2　初期証券市場の構造的欠陥

中国の証券市場は市場経済への移行期において創設・発展してきた新興市場である。創立当初から国有企業の株式化改革と資金調達をサポートする役割が課されため、制度および構造的歪みを強いられてきた。実際、2001年末に国有企業は上場会社の 78.35% を占めていた。その制度的・構造的欠陥は以下の通

りである[4]。

(1) 上場制度と上場廃止基準の問題

1999年まで、証券管理当局は上場企業の枠を決めて各地方へ割り当てていた。企業は地方政府の推薦や主管部門の許可、さらには証監委の審査を経ていわゆる「審批制」で上場資格を得る必要があった。なお、国有企業は一般の株式会社より発起人や財務指標等の面において上場条件が緩やかであった（任 2006b）。

上場割当の審批制では、地方政府は上場枠の拡大に奔走し、地域内の国有企業をできるだけ上場させたいという誘因を持っていた。国有企業が業績粉飾などで上場する行為は容認・助長され、また上場後に業績が悪くなった場合も地方政府が救済してくれた。これらの理由から、上場および退場のメカニズムは著しく攪乱された。実際に2001年まで上場廃止の明確な基準はなく、上場廃止企業も出なかった。1998年3月と1999年6月に、証券取引所は異常取引会社株をST（Special Treatment）株として取引の一時停止を決め、3年連続赤字の上場企業株をPT（Particular Transfer）株に指定して、取引を一定期間停止する代わりに譲渡の便宜を設けた。これら玉虫色とも言える基準では、仮に上場企業がST、PT銘柄になっても、地方政府は往々にして当該地方の別の国有優良資産をその「殻」企業に注入するなどの救済を行い、また、上場の枠を取れない民営企業はこの銘柄の「殻」を買い、代わりに上場を果たそうとした。このようにいわゆる「売殻・借殻上場」が横行し、ST、PT株は屑株であるにもかかわらず、人気銘柄として投機の対象となるケースが多かった。

(2) 上場企業内部関連取引の横行

地方政府は国有企業を上場させようと以下の方法をとった。まず選定した企業の不良資産を親会社または関連会社に残し、優良資産だけを新設の株式会社に注入する。そしてその株式会社を「包装」して上場させる。その後、上場を果たした企業は市場から資金を集め、その資金を無断で親会社・関連会社に移転させ、親会社などの救済に充てる。このように、地方政府と国有企業は上場企業を現金自動払い機のように扱い、証券市場から集めた資金を吸い上げたのである。2003年に深圳取引所に上場した506社の企業のうち317社が計1,258億元の資金を親会社・関連会社に流用し、年末になっても400億元は回収できなかった。また、295社の上場企業が親会社・関連企業に約617億元の担保を提供し、その10%は回収不能となった。なお、2006年に流用資金を回収した

4　任（2006b）は株式市場の構造的欠陥を詳しく分析している。本節の一部のデータもこれによる。

326社のうち197社が国有上場会社で、全体の60.43%を占めた（呉2008）。この上場企業の内部関連取引は、上場企業の収益を悪化させた重要な原因となっている。

（3）証券市場の流通株と非流通株の分断

証券市場の設立当初、政府は国有資産の流失を防ぐなどの名目で、上場した国有企業の国有株および法人株の市場での流通を禁止した。国有・法人非流通株は市場創設以来、つねに3分の2以上を占めていた。流通株と非流通株の権限および価格は当然異なり、証券市場の分断が形成され、一種の「双軌制」となった。これによって国家株主だけが不動かつ絶大な権限を持つ、いわゆる「一株独大」の弊害は深刻であった。前述の企業グループ内の関連取引や内部移転の頻発、「売殻」などの問題も、すべてこの「一株独大」に帰結すると言うことができる。このような所有構造では、証券市場における有効なコーポレート・ガバナンスは成立し得ず、と同時に証券市場の価格も歪んでいて、価格の情報伝達メカニズムも機能し得なかった。また、証券市場の分断によって流通株が不足したため、市場の投機性とリスクが大幅に増加し、1990年代は平均PERが60－70倍に高騰した。そして1994－2001年の間に、両取引所の株売買回転率は平均で504.7%に達した。総じて1990－2004年の中国証券市場の変動リスクは50%に近く、同時期の世界の主な証券市場よりも2－4倍高かった。

以上のように、国有企業の上場を支援するために作られたさまざまな特別の制度は、証券市場の構造的矛盾と非効率性をもたらし、証券市場を萎縮させたのである。実際にその時期の上場企業の平均業績も年々悪化し、一株当たりの利益は1992年の0.419元から2002年の0.143元にまで減少した（任2006b, p.109）。

3.3　証券市場の制度改正と非流通株改革

1999年7月の「証券法」の実施に伴い、証監会は証券市場に関するさまざまな制度改革を加速させた。

2000年3月、上場制度は割当制から承認制（「核准制」）に切り替わり、総量および地域の枠の制限がなくなり、地方政府の推薦も必要なくなった。次に2003年に証監委は主幹事となる証券会社または推薦資格を有する個人の推薦による上場申請制度を導入し、推薦人に対する問責制度も同時に設けた。その一方、証監会は上場審査委員会の整備や審査委員の記名制など責任の明確化も図った。さらにIPO公開価格の設定をめぐって市場化方向の改革が提起され、2004年にIPO価格の設定が発起人・主幹事証券会社と機関投資家による事前の伺いと

交渉という方式（「詢価制」）に変更された。そのほか、2001年2月に上場廃止の条件が初めて公表された。その条例は11月に改定され、市場で取引停止となった株はPT（特別譲渡）できないという以前より厳しい制限を設けた。そのほか、証監会は「資産置換」に関する通達を出し、「殻」をめぐる投機的行為の制限に乗り出した。2003年に証監会と国資委は合同で「上場会社と関連会社の資金往来および上場会社の対外担保を規制する通達」を公表し、関連取引と内部移転に関わる利潤計算方式の操作や変更に対して、より厳しい情報開示を求め、不正に対する取り締まりを強化した。しかしながら、前述したように、株式市場は2001年から低迷しており（図表5.6）、証券市場の構造的欠陥の是正を求める声が一層高まった。

　2004年1月、国務院は「資本市場の改革開放と安定発展を促進するための若干の意見」を公表した。計9条に及ぶこの意見では、「公開、公平、公正」の原則で証券市場を積極的に発展させ、金融システムの構造の適正化、国有企業のみを優遇する証券市場政策の是正、投資家、特に一般投資家の利益保護、機関投資家の育成、情報の徹底開示、監督手法の改善や法律の整備などの内容が盛り込まれている。これを踏まえ、改革はさらに多岐にわたって深化・展開されてきた。

　2005年11月、10月に改定された『証券法』と『公司法』に合わせて、証監会は国務院の許可で「上場会社の質の向上に関する意見」を公表し、上場会社の情報開示ルールの整備やコーポレート・ガバナンス制度の規範化、そして、これまでの関連取引で流用された資金の回収・整理に着手した。その結果、翌年年末までに計399社で390億元の流用資金が回収され、内部関連取引の会社数とその金額はそれぞれ93％と84％に減少した（呉等編2008, p.232）。

　最も重要な改革は、とりもなおさず非流通株の流動化改革である。本来、国有株の放出と流通改革はすでに2001年に試みがあったが、挫折に終わった。2001年6月、国務院は『国有株放出による社会保障資金調達の暫定規則』を発表した。国有企業は新株発行や増資発行をする場合、調達予定資金額の10％に当たる国有株を放出し、その調達した資金を社会保障金として国に上納することが定められた。しかし国有株を放出する際にその売却価格を流通株の時価で定めることが、流通株主の利益の明らかな侵害であり、また非流通株が市場に放出されると需給バランスが崩れるのではないかという懸念もあって、株価は暴落した。その後、証監会は上計の規則の一時凍結措置を取り、2002年には約4,300件の改革案を公募したものの、株式市場の反応は引き続ききわめてネガティブで、国務院は6月に国有株放出の規則を当面凍結すると発表した（任

2006b)。

　2005 年、証監会は再び非流通株の改革に乗り出した。4 月 29 日、証監委員会は「上場企業株式分断の改革実験に関する通知」を発表し、テスト企業を選んで、企業が独自に策定した非流通株の流通改革案を臨時株主総会に諮り、表決に参加した株主の 3 分の 2 以上、かつ流通株主の 3 分の 2 以上が賛成ならば成立するという方針を示した。2001 年に失敗した教訓を踏まえて、通達は上場企業に一律の方法を適用するのではなく、企業ごとの独自の方法に任せ、流通株主の意向を反映させるようにした。また、株の需給関係を悪化させないため、非流通株が流通権を取得して 1 年間は取引できず、2 年目からは最大放出量を企業発行株の 5％以下にすること、さらに 3 年目でも 10％以下に抑えるという制限が設けられた。5 月 9 日、第一陣として三一重工などの 5 社がテスト企業として選ばれ、うち 4 社の改革案は内部で承認された。さらには翌月宝山鋼鉄を始めとする 20 社がテスト企業として選ばれ、8 月中旬までにすべての改革案が各自の株主総会で承認された。これを受けて 8 月末に証監会は全上場企業の改革に踏み切った。2007 年 1 月 4 日の段階では、上場企業のうち 1,303 社で非流通株の改革が完了または進行中で、98％以上の会社改革案が承認されていた。非流通株の流通解禁に伴って、流通株主に対する補償案も 18 種類成立し、市場での評判も概ねよく、改革は予想よりはるかに順調に進められた。

　非流通株と流通株の分断がなくなったことで株式市場の構造的欠陥が解消されたためか、2006 年、株価も数年間の低迷期からようやく上昇し始めた。さらに 2007 年には株価が急上昇し、投資ブームが起きた。

3.4　証券市場の現状と問題

　しかし前述のように、2007 年以降、株価は経済成長と乖離し、再び長い低迷期に入っている。2008 年のアメリカ金融危機の影響や 2012 年後半からの経済減速を考えても、中国の株価の長期的低迷は不自然である[5]。さまざまな改革が行われたにもかかわらず、なぜそのような結果になったのか。本小節では近年の研究成果を参照しながら、その原因を探る。

3.4.1　上場企業側の問題

　第 1 に、上場会社のうち、粉飾・「包装」で上場する企業の数は相変わらず多い。

---

[5] 2002 年 7 月から 2012 年 11 月 19 日までの間に、上海証券総合指数は 16.4％しか上昇していない。同期の新興市場（ブラジル、インド）の平均は 400％で、アメリカ、ドイツの成熟市場の 40 － 70％より低い。鳳凰衛視『財経正前方』「IPO 開閘進行時」（2013 年 12 月 23 日）による。

近年、農業関連産業だけでも14社が不正に上場した。ITやバイオテクノロジー、ハイテク関連企業にも不正IPOは比較的多い。これらの企業のほとんどは上場した後で業績の悪化により不正が明らかになる。また、内部関連取引は1990年代より減ったものの、依然として多い。証監会の統計では、2009－2012年に摘発された不正事件は年率で14％上昇し、2012年には21％増えている。2013年の上半期は2012年同期より40％も増加した。不正事件のうち、関連取引やインサイダー取引は50％を超えている。しかしこれらの不正に対する処罰はきわめて難しい（肖2013）。

第2に、2001年以降は上場廃止制度が整備されてきたが、実態は上場廃止は厳格に実行されていない。廃止基準は曖昧で行政介入の余地が残され、「借殻」上場のケースが相変わらず存在している。アメリカでは過去十数年で市場全体の約3分の1が退場企業となったが、中国では株式市場の設立から2012年8月まで、3年連続の赤字によって一時的に上場が停止された企業数は100社余りだった。その上、実にその8割はさまざまな形で市場にとどまり、相当数の会社は取引が数回停止されても後に市場での取引を再開した（汪2013）。その中の殻を借りて「再生」したケースも少なくない。このように、中国の株式市場の新陳代謝はきわめて悪く、その質の低下は明らかである。

第3に、上場会社のうち、相当数の会社は配当をしていない。何（2012）によると、2002年以降、3年連続黒字の企業のうち無配の会社が多く、その数は2010年に189社を超え、無配会社の24.3％を占めた。さらに5年連続黒字の企業であっても、90社が配当ゼロであった。10年以上や15年以上無配の会社もそれぞれ51社と29社あった。このことは、株主への利益還元意識が薄く、一般株主も弱い立場にあることを意味している。

ただし、市場別や産業別で見ると、奇妙な様相を呈していることが分かる。すなわち1部上場と比べて2部上場、2部上場と比べてベンチャー市場上場、さらに公共サービスや製造業と比べてハイテク産業の上場企業のほうがその配当性向は高い。こうした傾向は海外市場の一般的状況とは正反対である。

もう一点、上場期間の長い会社より短い会社の配当率が高い。1990－2010年において新規IPO会社の配当性向は35％を超え、全上場の平均より高い。また、2000年以降、IPO会社の85％は上場年において配当を配った。中国では発起人に対して上場から3年間の株売りが禁止され、大株主にとって禁止期間内に儲ける手段は高配当しかないため、新上場の企業の配当性向は解禁期の到来とともに著しく増加し、3年目で54％に達するが、逆に解禁した後で大株主が株売りによる換金を行うため、配当性向が著しく低下していく（図表5.8）。

図表5.8 上場年数（横軸）と配当性向の推移

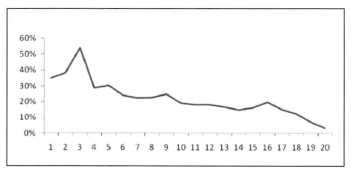

（資料）何（2012）。

　第4に、上場企業の中では国際分業において低付加価値事業を行う会社が比較的多く、収益性が相対的に低い。中国経済の発展のレベルから見ると、これもある程度は仕方がないと思われる。しかし多くの企業は中核事業をしっかり育てずに金儲けの副業に偏り、競争力の構築を怠っていることも事実である。2012年の上場会社のうち、証券投資を行っている会社は900社以上を超え、不動産を兼営している会社も多い。このことは株式市場全体の質にはなはだしく影響を与えている。

3.4.2　投資家側の問題

　中国の株式市場の主な投資家は個人などの一般投資家であり、機関投資家は少ない。例えば2006年に保険会社、ファンドおよび年金基金の資産総額のGDP比はそれぞれ9.41%、4.09%、1.2%で、米日英独などの先進諸国より数分の一ないしは十数分の一であるだけではなく、韓国の18.7%、19.9%、2.6%と比較しても半分以下である（胡 2008,p.228）。また、2011年の機関投資家の株式市場の資金規模は2.07兆元で株式市場全体の9.8%しか占めていない。これはアメリカの1959年の状況と近い（図表5.9）。

図表5.9 中国とアメリカの機関投資家の資本市場におけるシェア（%）

機関投資家	資産額のシェア	2011年中国	2011年米国	1959年米国
保険会社	株式市場におけるシェア	2.5	7.4	2.9
	債券市場におけるシェア	12.5	11.1	17.3
ファンド	株式市場におけるシェア	6.2	19.7	3.4
	債券市場におけるシェア	2.1	10.0	0.4
年金基金	株式市場におけるシェア	1.5	17.0	3.6
	債券市場におけるシェア	2.9	6.3	8.3

（資料）汪（2013）より作成。

　孔等（2013）は近年の上海・深圳両市場の投資家口座の取引記録を調べた結果として、個人などの一般投資家の以下のような4つの行動傾向を指摘している。①新株の売買が過熱している（炒新株）。個人投資家はIPO初日および初期に株を積極的に購入しているが、その投機性の特徴は強く、購入量は将来の株価と負の相関を有する。それに対して機関投資家やファンドのIPO株の購入は将来の価値を重視している。②小規模企業株の売買回転率は大企業より高く、売買が過熱している（炒小株）。特に個人投資家は、機関投資家が関心を示さない、変動性が高いまたはマスコミの関心度の高い小企業の株を投機的売買する傾向を有する。半年また1年後の収益を見ると、個人投資家が損をしているケースが多い。③業績の悪い銘柄、ST銘柄株が過熱気味に売買されている（炒差株）。個人投資家は質の悪い銘柄への投資傾向を持ち、その長期的収益は悪い。④売買が短期的に行われ、その回転頻度も高い（炒短）。上海、深圳の両市場の株売買回転率は2007年が927%と987%、2010年が178.5%と344.4%で、ニューヨークの130、香港の62.2、シンガポールの53.3、東京の109.6より高い。2004－2011年のデータを見ると、小企業株、そして個人投資家が持っている株の回転率が特に高い。⑤個人投資家は機関投資家より投機に偏り、投資規模が小さいほどその偏りが大きい。これに対して機関投資家の中ではQFIIの投資の偏りが一番小さい。いずれにせよ、これらの結果すべてが中国株式市場の強い投機性を裏付けている。

　以上のように、中国の株式市場では多くの企業やその支配株主がIPOでの金集めや株の売却や高配当率での現金の獲得などに夢中となり、不正を頻繁に行って、一般投資家の利益を著しく侵害している。その反面、投資家の長期的投資

意識は薄く、一般投資家の投機傾向も目立っている。投資家たちは株式市場で一体誰が「大バカ者」なのかをめぐって駆け引きを行っている[6]。このような状況では、株式市場が正常に機能することは期待できず、市場の質の劣化（レモン市場化）も避けがたいといえよう。

3.4.3　政府の責任

　この株式市場における「市場の失敗」の責任をすべて投資家側と企業側に帰結させることはいささか厳しすぎる。政府の監督役割の欠如も要因の1つであると指摘しなければならない。本来、政府は株式市場の健全な発展に資する法制度などの公共インフラの整備を行い、また監督管理を強化して「市場の失敗」に歯止めをかけなければならないが、残念ながらその役割を十分に果たせなかったため、株式市場の問題が一層深刻化したと言ってよい。

　証監会の監督管理の実態を見ると、問題点は確かに多い。例えば、2001年に上場制度が上場審査制から核准制に変更されたものの、証監委がその核准制を主導し、行政裁量権限は依然として強い。また証監委による上場企業の総量規制もあり、上場の事前審査の行政介入は実質的に減っていない。このことは当然市場の役割を歪め、監督当局関係者のレント・シーキングを助長している。しかしその反面、上場会社の情報開示制度はきわめて不完備で、会社が不正を犯し、ルール違反した場合の摘発と処理に関する法制度の整備もなかなか進まず、証監会の上場会社に対する事中・事後のチェックも一貫して甘い。とりわけ、図表5.10で示されたように、現在の証券法では証監会に独立性はなく、司法の権限もほぼ付与されていない。そのため、不正事件の摘発が難しく、仮に不正が発見されたとしても、多くのケースでは事後の処理・処罰がきわめてずさんになってしまう。証監会主席肖剛によると、近年、証監会が一年間に立案した不正案件は毎年110件前後、行政処罰が下ったのは平均60件未満で、検察側に移送した案件は30数件あるが、半分以上は処理せずに放棄した（肖2013）。加えて、投資家保護関連の法律も不十分であるため、一般投資家の利益は侵害されやすい。

6　「大バカ者理論」（Greater Fool Theory）とは、株式投資に当たりその銘柄に投資するだけの価値がないにもかかわらず、自分が買った値段より高い値段で買うもっと愚かな投資家が現れるだろうと考えて投資すること。

第 5 章 ｜ 金融システムの改革・発展と課題

図表5.10　中米両国証券監督機関司法権の比較

	中国証監会	アメリカ証券取引委員会（SEC）
法律実行の依拠	証券法、行政処罰法	証券取引法、連邦監督管理規則
調査権	ある（条件付き）	ある（すべての情報を収集する権利）
直接告訴権	なし	ある
裁判所への請求権	なし	永久及び一時的強制・禁止・履行令
当事者を呼び出す権限	なし	ある。拒否は違法
銀行口座への調査権	なし	通告なし財務と銀行口座のチェック権
証券口座の凍結権限	条件付き、手続き複雑	財産移転の禁止・制限令の請求権

（資料）朱（2013）より作成。

　このように、政府はつねに「見える手」で株式市場をコントロールしながらも、本来果たすべき市場監督・是正機能や投資家への保護は行われなかった。この政府の監督管理の失敗や資本市場に対するガバナンス能力の不足こそが、株式市場における失敗の最大の要因であると言っても過言ではないだろう。

　もちろん20数年の発展の歴史だけでは、質の高い株式市場の育成は容易ではない。まして株式市場が設立された当初から構造的問題があったため、その市場の整備と改善は非常に難しい。それにしても、今日の株式市場の惨憺たる状況は多くの人の予想を超えている。証監会が2012年11月から13ヶ月に渡ってすべてのIPOを禁止したことも、中国証券市場の諸課題を端的に表していると思われる。

4. 金融システム全体の構造的課題

　これまでは銀行業特に国有銀行の改革、そして株式市場の改革とその課題について分析した。以下、金融システムの効率性と安全性、金融と実体経済との整合性などの視点において、中国金融システム全体の構造的課題を分析する。

4.1　間接金融偏在 [7]

　改革開放以来、中国の証券市場、証券業と保険業の発展は著しい。しかしな

---

[7] 任（2002）は、金融システムの構造と実体経済との関係について理論的考察を行い、中国の金融システムの特徴を分析した。近年の研究は、林（2012）を参照。

がら前述したように株市市場は「レモン市場」となりつつあり、直接融資の機能は十分に発揮されていない。また、長期にわたって銀行の優位は維持され、間接金融の比重が高い。例えば、2002年に銀行業金融機関の資産額はすべての金融機関の90%を占めていたが、2011年には銀行業の総資産が113.28兆元、証券業が1.65兆元、保険業が5.98兆元で、銀行業の占める比重はさらに上昇した。しかし、証券業、保険業の総資産が少ないため、2011年中国金融業の資産総額対GDPの比は303%で、日米欧のみならず韓国などよりもはるかに低く、世界平均の366%よりも低い。

家計サイド保有の金融資産を見ると、貯蓄率がつねに高い水準に維持されているため、その金融資産の総量は大きい。しかし資産の構成を見れば、預金はつねに7割以上を占めている。株券は2007年だけが例外であったが、つねに1割未満であり、株券と債券を合計しでも15%未満である（図表5.11）。なお、渡邉（2012,p.136）が指摘したように、マクロの貯蓄・投資バランスを見た場合、近年は政府部門の貯蓄余剰が拡大している。

図表5.11　家計の貯蓄率と金融資産の構成（%）

年度	1997	1999	2001	2003	2005	2007	2009	2011	2012
貯蓄率	24.5	25.6	26.0	26.5	27	24.6	26.9	26.3	26.8
預金	76.9	74.9	71.7	73.7	75.1	69.1	73.9	73.1	73.7
現金	6.6	6.9	11.6	10.6					8.7
債券	9.7	10.9	5.9	5.6	6.1	4.8	5.5	6.3	6
株券	5.4	5.6	7.3	6.5	6.1	14.2	9.5	8.8	8.6
保険	1.4	1.6	1.8	1.8					

（資料）中国経済改革研究基金会国民経済研究所『宏観経済分析季度報告』各年版。

他方、資金調達の視点では、非金融部門の資金調達額とその構成が図表5.12に示されているが、銀行の通常貸付（外貨を含む）と割引前の銀行手形は2002年の92%から2013年の59.2%に下がったものの、委託貸付と信託貸付等の銀行の通常貸付以外のいわゆる「表外貸付」（オフバランス勘定での資金迂回融資）はほぼゼロから25.3%に上昇した。また、株式の割合は2002年の3.19%から2012年の1.59%、2013年の1.28%に下がっている。企業の債券資金調達が近年拡大し、2012年の14.3%、2013年の10.45%に上昇したが、その大半は政府系

の都市投資公司発行の企業債の急増によるものだと考えられる。例えば、2012年の政府系投資公司債の発行額は8,800億元で、2011年までの4年間の発行額合計に相当する。このように、銀行の貸付等間接金融は、相変わらず非金融部門の主要な資金調達源であるといえる。

図表5.12 非金融部門の総融資の構成比の推移

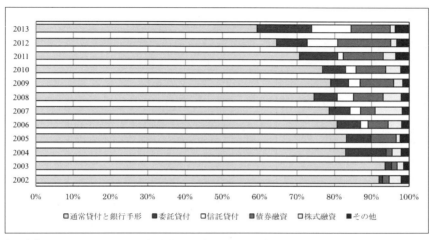

(資料)『中国統計年鑑2013』および国家統計局年度データより作成。

直接融資が順調ではないため、その直接融資規模の不足は間接金融の規模拡大に拍車をかけている。外貨資産の増加などの要素も加えて、近年は中国のマネーサプライ規模が急拡大している。M2/GDPは1994年の97.4%から2007年の161.7%、2012年の189%、さらに2013年の194.5%にまで上昇した。この流動性過剰はインフレ率の上昇などさまざまな問題に波及し、しかもこれだけの貨幣供給にもかかわらず、経済成長は鈍化しつつあり、実体経済への投資効率が悪くなっている。Goldman Sachsの調べでは2011年の中国の総負債はGDPの1.9倍で先進国と比べてもまた低い方であるが、非金融企業部門の負債はGDPの1.51倍に達しており、世界でも高い水準になっている(日、米、英はそれぞれ113%、75%、115%)(蘇2013、張2013a)。言うまでもなく、実体経済の銀行業への過度な依存は短期間には銀行業に巨額な利益と繁栄をもたらすが、実体経済の収益率の低下と金融レバレッジの上昇は、中長期的には銀行に大きなリスクを与えている。

4.2 金融業の所有制差別と金融供給の偏在

　WTO加盟以降、中国金融機関の所有の多様化、株式の多元化が進んでいる。しかし、金融業の民間資本に対する開放は外資への開放よりも厳しい。外資は目下保険業において50%の株まで保有することができ、銀行および証券業においてもその持ち株率に対する規制が緩やかになっている。また、2012年にはQFIIの規模上限も大幅に引き上げられている。その反面、民間資本の金融市場への参入に対しては相変わらず規制が厳しい。銀監会の2012年年報によると、2011年の株式商業銀行と都市商業銀行の所有構造では民間資本の持ち率はそれぞれ42%と54%、村鎮銀行においても民間資本の持ち率が73.3%を占めるようになっているが、民間資本が発行市場または二次市場での売買で株を購入するケースが多く、その株も分散しているため、銀行経営に実質的影響を及ばすことは難しい。また、上場銀行16行の2011年の所有構造（図表5.13）を見ると、上位10位以内の大株主だけで計算しても四大銀行の国有率は依然として7割弱であり、都市商業銀行においても中央と地方国有を合わせると国有株は4分の1を占めている。

　銀行業の資産規模のシェアを見れば、大型商業銀行（四大銀＋交通銀）と政策銀行のシェアは10年前の3分の2以上から5割強にまで減少したものの、その他の中央・地方国有株支配銀行や郵貯等を合計すると、国有系銀行のシェアは相変わらず7割以上を占めている（図表5.14）。

図表5.13　2011年上場銀行おける国有株主（上位10位内株主）の所有率（%）

	中央国有	地方国有	国内その他の法人	国有合計
大型商業銀行（4行）	69.56			69.56
株式商業銀行（12行）	26.08	9.57	13.90	35.65
都市商業銀行（3行）	0.76	23.92	12.78	24.68

（資料）孫（2013）より作成。

図表 5.14 銀行業金融機関各年度市場シェアの推移（資産規模）

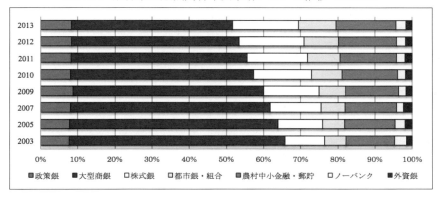

（資料）『中国銀行業監督管理委員会 2013 年年報』付表 1 より作成。

　これら国有系銀行は国有企業と緊密な政治的・行政的関係を持ち、人脈の繋がりも多く、また、国有企業のほとんどが大企業であるため、両者の経済的取引も多い。結果的に、現在でも銀行資金の大半が国有大企業に流れてしまう。2011 年の国有工業企業の生産高シェアは 27.5% 程度であるが、借入額は銀行の貸出のおよそ 6 割を超えた。実際に、近年になって資金の余裕があるにもかかわらず、低金利で銀行から大量の資金を調達し、過剰な規模拡張や不動産建設・金融取引などの副業に励む国有大企業も少なくない。そのため民営企業が圧迫されるケースが増えている（第 4 章参照）。これとは対照的に、数では圧倒的に多い中小民営企業は、さまざまな理由により銀行からの融資を受けられない。全国工商連合会の調査では、2012 年に浙江省の中小・零細企業 80 万社の年間の資金需要は 1 兆元を超えたものの、小企業の 90% 以上、零細企業の 95% 以上は銀行からの借り入れがない[8]。こうした状況は、同じ間接金融中心の日本と比べるとその差が一目瞭然である。日本では長年中小企業向けの貸出が全体の 6 割以上を占め、2012 年はその比率が 62.5% であった[9]。大銀行が国有大企業を選好し、民営中小企業を敬遠することは、異なる所有制企業に対する差別と見られると、建設銀行の姜建清頭取も認めている（姜 2013）。

　このように、民間金融機関の不足や金融供給の偏在は、実体経済の発展にとって大きな障害となっている。金融業参入の規制緩和によって民間金融機関、特

8　浙江省社会科学院（2014）の分析では、浙江省の中小企業の 98% は製造業であり、銀行などの金融機関から資金調達できるは 10% で、80% 以上の企業は社内資金または民間金融で必要な資金を賄っている。ただし、国有大企業の関連中小企業は銀行からの融資を比較的に受けやすい。
9　日本銀行時系列統計データ（http://www.stat-search.boj.or.jp/）より計算。

に民間中小企業向けの民間金融機関の設立はもはや待ったなしの状況にある。しかし、目下、株式商業銀行のうち、民間資本が発起人かつ支配株主として経営しているのは1995年に設立した民生銀行だけである。近年、村鎮銀行、小額貸付公司、農村資金互助社の設立が認められているが、設立のハードルはまだ高い。例えば村鎮銀行の設立が認められた後、その設立条件は数回緩和されたが、2013年12月現在でも依然として発起人の中に20％以上を出資する銀行が必要であるという必須の条件が課されている。その結果、設立された村鎮銀行は事実上大手銀行の分店となり、事業の内容を見ても村鎮銀行設立の趣旨がなかなか実現できていない。また、近年小額貸付公司は急増して7,000社以上を超えたにもかかわらず、そのほとんどが銀監会の認可を受けられず、資金源は限定され、経営もクローズの状態である。まして金融機関としての財政・税収などの優遇措置は受けられるはずもない。一言で言うと、民営金融機関設立の障壁は相変わらず非常に高く、民営金融の経営の継続性も欠けている[10]。

4.3 「影の銀行」の問題

最近、中国の「影の銀行」の問題が世界の関心を集めている。「影の銀行」はなぜ中国で急速に影響力を拡大してきたのであろうか。それはとりもなおさず伝統的金融システムの構造の偏在と資金供給の偏在、そして伝統金融における非市場化の金利規制などにより、金融と実体経済が著しく乖離しているからである。

各国の金融システムと金融活動の実態が異なるため、中国の「影の銀行」も金融危機後に浮上したアメリカのシャドーバンキングの問題とは様相がかなり異なる。中国では、近年銀行の窓口で販売されるいわゆる理財商品（財テク商品）が急増し、それは信託会社やファンド、さらに貸付屋を通して、信託融資という形で民間中小企業や地方政府インフラ建設融資会社、さらには不動産建設会社に流れていく。また、本来禁止されている企業間の貸付も、銀行の仲介によって、いわゆる「委託貸付」の形で頻繁に行われている。さらに質屋や貸付屋も民間金融の仲介を頻繁に行っている。これらの信託貸付・委託貸付および付割引前銀行引受手形などの金融仲介業務は、従来の伝統の銀行貸付と違ってオフバランス勘定の迂回融資であり、金融監督部門の監督下に置かれていない。つまり、オフバランス勘定業務と民間金融の部分は、金融仲介や信用創造を行っ

---

10 筆者は2009－2012年において、湖北省、四川省、甘粛省などの県・市で金融機関の調査を行い、資金互助社や小口貸付会社の経営難の実態を調べることができた。一部は任(2012)を参照されたい。

ているにもかかわらず正規の金融のような監督を全く受けていないことが、中国の「影の銀行」の実態である。図表5.12で示したように、オフバランス融資額は2008年には非金融部門の全体の融資額のうち約10％であったが、2013年末には約26％に増加している。また理財商品と信託商品の残高は2002の合計では2兆元にも満たなかったが、2012にそれぞれ7.6、7兆元に上がり、さらに2013年6月に9.08と9.45兆元に上昇した。「影の銀行」の全体の信用規模はつかみにくいが、公式の発表では2013年末に3兆ドルを超えている[11]。

　「影の銀行」の規模が近年急速に拡大している背景として、①銀行の預金実質金利の低さや株式市場の不振による家計の投資需要が高まっていること、②中小企業が現在きわめて資金難の状態に陥っているにもかかわらず他の融資ルートがなく、また地方政府や不動産企業が金融危機後しばらく受けていた潤沢な資金が政府のインフレ抑制策により絞られたため、ともに「影の銀行」の資金に高度に依存していること、③貸付総量規制や金利・準備率などの諸規制を回避できるだけではなく確実に高い利ザヤを取ることができるため、銀行などの金融機関のインセンティブが高いこと、などが挙げられよう。一言で言うと、三者のニーズが重り合っているため、「影の銀行」での取引が急増したわけである。そういう意味では、「影の銀行」には一定の経済的合理性があり、少なくとも現在の金融システムの構造の偏在と供給の偏在の問題をいくぶん緩和し、金融システムの補完的役割を果たしている。また、「影の銀行」は金利の自由化がなかなか進まない銀行業規制と伝統の銀行経営体制に対し、大きな改革の圧力となっているといえよう。

　しかしながら、「影の銀行」の急膨張は大きなリスクを抱えている。理財商品の大多数は半年以内の短期商品で、インフラや不動産建設などの中・長期的プロジェクトとはマッチせず、一般的には自転車操業の形で融資が行われている。そのため、投資先の収益が悪化したり、景気の減速や政策の変更により地方インフラ建設のプロジェクトが行き詰まった場合、新規の理財商品が売れなくなり、デフォルトになる可能性が非常に高い。最悪の場合は金融システムを揺るがすこともありうる。2013年6月には、大量の理財商品の満期とほかの複数の要因とが重なり、一部の銀行に一時的に流動性不足の問題が発生し、コールレー

11　IMFや世界銀行、さらに主要25ヶ国の中央銀行などが参加する金融安定委員会（FSB）が2014年10月に公表した"Global Shadow Banking Monitoring Report2014"による。(http://www.financialstabilityboard.org/wp-content/uploads/r_141030.pdf）なお、JPモルガンは36兆元、ゴールドマン・サックスは24兆元と推計している。

トが急上昇したことで、この中国式「影の銀行」の問題は世界を驚かせた[12]。繰り返しになるが、「影の銀行」の問題は、中国金融の構造の偏在、資金供給の偏在、および市場化問題を端的に表しているといえよう。

5. 金融改革の方向性と展望

中国経済の高度成長が一段落している現在、産業構造と経済成長パターンの転換が喫緊の課題となり、これに伴って、金融システムの構造転換も今まで以上に必要となってくる。以下、本章で示された金融システムの諸課題を踏まえながら、中国金融改革の方向性について考える。

5.1 資本市場の発展促進と間接金融偏在の是正

まず、中国の多様な企業、とりわけ中小民営企業の発展を促進するためには、多層な資本市場の構築が急務であるといえよう。2013年末、中国では一部、二部、ベンチャーボートの上場企業はそれぞれ1,400社、700社、355社余りであるが、アメリカのニューヨーク証券取引所、NASDQ ではそれぞれ2,300社、2,500社前後あり、さらに取引所外取引の OTCBB と OTC Market Group のピンク市場では約1万社の会社の株が取引されている（祁 2013）。アメリカでは、低レベル市場と正式の取引所市場が望ましい棲み分けをしているため、一般の企業も一定条件をクリアすれば直接融資が可能である。一方、中国の株式市場では単一性およびその規模の制限により、多くの企業にとって直接融資の道が塞がれている。中国は、今後アメリカを見習い、地域内ボートの設立などを通じて多層な株式市場を早期に構築したほうが望ましいと考えられる。また、民間資本による企業への直接投資のルート、例えば私募債券・株券、ベンチャー投資基金の充実も必要である。

2013年から、中国は従来の一部、二部とベンチャーボート以外に、中小ハイテク企業向けの「新三版」（新ボート）と全国中小企業株譲渡システムの設置を通して、資本市場の拡大とその活性化に向けた改革を加速している（齊藤 2014）。

もちろん、資本市場の発展には、何より市場の質の向上と効率的な機能が欠かせない。その「質の向上」に向けた改革は難しく、多面的で多様な、絶え間ない努力が必要である。例えば、投資家サイドの行動を変えるためには、一般

---

[12] 「影の銀行」の問題については2013年4月から7月の雑誌《財経》の報道と分析が詳しい。また張（2013b）も参考されたい。

投資家に対する金融教育や情報提供などのアドバイスも大切であるが、それよりも年金基金など機関投資家の育成、とりわけ国内外の機関投資家の資格要件や投資規模に関する一層の規制緩和など政策的支援が必要であろう。また、情報開示制度の整備と厳格化による上場企業の情報開示力の向上と誠実義務の強化、そしてコーポレート・ガバナンス制度の整備などによる上場企業法令遵守の強化も改革の重点である。しかし前述したように、最も重要なのは、市場の本来の役割の重視、および政府監督管理のあり方の転換と強化であると思われる。具体的に言うと、証監委の行政手段の象徴である上場認可制の撤廃と、その代わりとなる上場登録制度への移行で、会社上場の手続きの「非行政化」を図りながら、証券法等の法改正や法整備による証監会の事後チェック権限の強化、さらには法治国家の建設に伴うその法律の実効性と実行能力の向上は、資本市場の質の改善にとって避けられない改革である。

　2013年11月末の党の18回三中全会の決議では、資本市場の改革が重点課題の1つとして提起された。これを受けて、2014年5月に国務院は「資本市場のさらなる健全な発展に関する意見」を公表し、2020年までに多層な資本市場システムの構築、多様な株式融資方式の開拓、債券市場のいっそうの発展と規範化改革を宣言した。また、従来のIPO審査制を登録制に改め、証券市場を市場に委ねるようにするという重要なシグナルを発した。

　証監会もこうした決議や意見の下で積極的改革を行っている。2013年11月末以降、証券会は買殻上場の条件の厳格化（IPOと同一条件）、ベンチャーボートでの買殻上場の禁止、配当率の最低ラインの明確化、優先株の購入方法の明確化などのルール、さらに最新の投資家保護条例を公表した。また、上場制度の審査・認可制から承認制への移行措置として、上場審査の重点を従来の資格審査から情報の開示審査にシフトし、発起人および支配株主の誠実・信用を守る義務の明確化、IPOプロセスおよびIPO定価のいっそうの市場化などの改善案を出している。

5.2　民間金融の参入促進と資金供給偏在の是正

　前述したように、民間企業や中小企業が中国経済発展の原動力となっている現在、類型や規模の異なる企業・事業者をカバーできて多様な金融ニーズに対応できる銀行業金融機関の重層な構造が不可欠となり、民間資本主導の地域性金融機関や草の根金融機関の設立は、もはや待ったなしの状況となっている。

　第18回3中全会の改革決議は、「監督管理を強化した前提の下、条件をクリアした民間資本による中小銀行の発起・設立を認める」としている。2013年末

には、民間資本による地域性銀行の設立がようやく俎上に登った。5千万元以上の出資金で民営銀行の設立が可能となり、70行前後の民間資本出資の銀行設立申請が仮登録し、銀監会の審査を受けている。また、銀監会も3－5行の設立許可を出す意向を示したという報道があった。しかしながら、2014年末現在になっても、民営銀行の設立は一向に進展していない。

　民営銀行等中小銀行の設立に向けて、多くの関連改革が求められている。

　まず、銀行金利の自由化によって銀行業の公平な競争が促進される条件が必要となってくる。2013年7月に貸出金利の下限規制は撤廃されたが、残りの預金金利の自由化は金融改革の焦点の1つとなっている。目下、預金金利の上限は人民銀が定める基準金利の1.1倍で、1年の定期預金なら年率3.3％である。一方、理財商品は期間3ヶ月程度で利回りが年率換算6％を超えることも多い。このことは「影の銀行」の大繁栄の大きな理由の1つである。さらに最近のネット金融の繁栄も、既存の金融機関の固定金利に対する大きな挑戦となっている。こうした新しい金融サービスも、預金金利の自由化を強く後押ししている。今後、民営資本の金融業への参入に伴い、金利の自由化に踏み切ることがますます必要とされるであろう。なお、この金利の自由化などによる競争の激化を予想し、金融業の「退出」が増えることに備え、預金保険制度の整備も急務となる。第18回3中全会は預金保険制度の早期確立も表明しているが、その早期実行が求められている。さらに、各レベルの金融機関の充実、特に地域性の高い民間金融機関の発展に伴って、今後中央銀監会による一元化した監督管理システムを改め、地方の実情に合った多層な金融監督システムの構築も必要となってくる。全国範囲に展開する金融機関とは異なり、地域内経営の金融機関に対しては、これから地域内の監督体制を整備する必要があろう。

　民営銀行の設立は中国の金融システム、とりわけ銀行業の全面的改革のきっかけの1つとして、大きな意義を持つ。政府はさらに積極的に各方面の改革を進め、民営銀行の早期設立を実現すべきである。

おわりに

　本章では中国金融改革の歴史を顧み、その現状と構造的問題点を分析し、改革の方向性を検討した。改革内容は多岐にわたるが、改革の大きな方向は、陳・金（2013）が指摘したように、「金融の民主化・市場化」の一言に尽きるのではないだろうか。つまり、資本という最も重要な要素市場においては、できるだけ政府の直接的コントロールや介入をやめ、市場監督者の役割を強化しながら、資源配置を市場に委ねる。また、所有制差別の参入障壁をなくし、すべての所有制形態の金融機関に公平な競争環境を与えることがポイントである。いうまでもなく、グローバル化が一層深化している現在、中国の為替レートの自由化や資本項目取引の自由化などの改革も近いうちに本格的に着手したほうがよいと思われる。

　中国の未来の金融システムに必要なのは、第1に、資金の需要サイドが非市場の要素（例えば国有・非国有などの所有構造）によって資金供給側に差別されてはならないということ。これで資金はもっとも需要の高いところに流れ、資源配置の合理性と効率性が高くなる。第2に、資金の供給側がさらに多くの投資ルートから自由に選択し、より高い利回りが追求できるような金融システムにすること。これができれば、金融資産が着実に増え、国民の富の拡大で内需拡大にも貢献できる。第3に、民間資本が積極的に金融分野に参入でき草の根金融を含めて多種多様の金融サービスが繁栄できること。これによって、金融業全体の競争と棲み分けが同時に促進され、金融サービス業は実体経済により適した多様かつ高品質な金融サービスが提供できよう。

主要参考文献

【日本語】

王京濱（2014）「金融制度―独立性なき金融システムの限界」中兼和津次編『中国経済はどう変わったか』国際書院

齋藤尚登（2014）「中国：株式市場制度改革の現状と展望」大和総研レポート（2014年5月23日）

任雲（2002）『銀行中心のコーポレート・ガバナンス―その理論と中国への応用』、学文社

任雲（2005）「中国の金融システムと国有銀行の改革」『桜美林大学産業研究所年報』第23号、pp.277 − 296

任雲（2006a）「第5章、銀行の役割」座間紘一編『中国国有企業の改革と再編』学文社

任雲（2006b）「第6章、証券市場の役割」座間紘一編『中国国有企業の改革と再編』学文社

任雲（2012）「中国中西部地域の農村金融－三県のケースから見た現状と課題」『桜美林エコノミクス』第 3 号、pp.95 － 108.

渡邉真理子（2012）「中国は世界最大の資本輸出国でありつづけるか？」南亮進・牧野文夫編『中国経済入門』 日本評論社

【中国語】

陳文・経邦（2013）「以金融民主化推進中国経済転型」『銀行家』第 7 期

何基報（2012）「境内外上市公司分紅的差異及原因実証研究」深圳取引所総研字第 0187 号

胡汝銀（2008）『中国資本市場的発展与変遷』格致出版社・上海人民出版社

紀志宏（2013）「適時啓動民営銀行試点」『財経』2013/6/17 No.360

姜建清（2013）「以政府投資促民間投資」『財経』2013/07/01 No.361

孔東民等（2013）「股票投資者非理性行為研究」上海取引所第 23 期聯合計画課題研究報告

李楊・王国剛（2013）『中国金融発展報告 2013』社会科学文献出版社

李志輝（2008）『中国銀行業的発展与変遷』格致出版社・上海人民出版社

凌華薇・張小彩（2005）「姜建清縦論工行改革」『財経』2005/4

林義夫（2012）『新結構経済学：反思経済発展与政策的理論框架』北京大学出版社

祁斌（2013）「我們需要一個什.樣的資本市場」

　　http://blog.sina.com.cn/s/blog _45c54c9e0101lkm1.html

蘇薪茗（2013）「縮小金融与実体経済偏離度」『財経』2013/04/01 No.352

孫世重（2013）「銀行公司治理的中国式問題：反思与啓示」中国銀行監督管理委員会研究論文（2013-5）

唐双寧（2005）「中国銀行業改革的歴史回顧与展望」財経年会『世界・中国 2005』大会報告

汪異明等（2013）「推動長期資金入市、培育長期投資者」上海証券取引所第 23 期聯合計画課題研究報告

呉暁霊（2008）「三十年回眸：中国金融結構及其資源配置効率」2008 年 10 月 30 日中国金融 40 人論壇

呉暁霊編（2008）『中国金融体制 30 年回顧与展望』人民出版社

肖剛（2013）「監管執法：資本市場健康発展的基石」『求実』第 15 期

張明（2013a）「不応低估去杠杆化的風險」中国社会科学院世界政治与経済研究所 Policy Brief No.2013.024

張明（2013b）「影子銀行的下一歩」同上 Policy Brief No. 2013.028

張興勝（2002）『経済転型与金融支持』社会科学文献出版社

浙江省社会科学院（2014）『浙江藍皮書：2014 年浙江発展報告』浙江人民出版社

中国証券監督管理委員会（2012）『中国資本市場二十年』中信出版社

周小川（2012）「大型銀行改革的回顧与展望」『中国金融』2012 年第 6 期

周立（2003）「改革期間中国国家財政能力和金融能力的変化」『財貿経済』第 4 期

朱鋒（2013）「中国上市公司監管研究」『中国証券』第 9 期

【英語】

Cochrane, John H. (2013) , Finance: Function Matters, not Size, *Journal of Economic Perspective* 27, pp.29-50.

McKinnon, Ronald I. (1993) *The Order of Economic Liberalization: Financial Control in the Transition to a Market Economy*, Johns Hopkins University Press。

第 6 章
対外開放と対外経済の発展

はじめに

　中国は1978年からの経済体制改革の実施と並行して、対外開放をスタートさせた。35年の長きにわたる実践の中で、対内改革と対外開放は相互に促進しつつ、高成長軌道を走る中国経済の両輪として、その役割を果たしている。

　対外開放の実施により、金銭的資源、物的資源、情報的資源といったキャッチアップ戦略に欠かせない要素資源を獲得するとともに、チャイニーズスタンダードとグローバルスタンダードをリンクさせ、内向き経済から外向き経済への構造転換を成し遂げた。中国の対外経済はまさにこの対外開放の過程の中で高成長軌道に乗り入れ、今日に至っても衰えることなく発展し続けている。

　本章では、対外開放と外向き経済への構造転換において対外開放政策と構造転換の関係を明らかにした上で、対外貿易の発展と構造変化を検証し、対外直接投資（out-ward foreign direct investment 以下"OFDI"と称す）の中国的特性に焦点を合わせ、「走出去」（go overseas）戦略の寓意と展開を分析する。なお、対内直接投資（in- ward foreign direct investment 以下"IFDI"と称す）については、第4章で詳細に述べられたため、関係論述は必要最小限にとどめる。

1. 東アジアモデルの示唆と対外経済戦略の転換

1.1　輸出指向戦略の選択と東アジアモデル

　工業化ひいては近代化を目指す発展途上国の戦略的選択肢は概ね輸入代替（import substitution）と輸出指向（export oriented）の2つの類型に分けられる。輸入代替が国内工業製品を用いて輸入製品に代替させるのに対し、輸出指向は本国が比較優位性を持つ製品の輸出を促進し、先進市場への参入によって市場を拡大し、規模の経済を図るものである。輸入関税の低減および非関税障壁の撤廃、自国通貨の切り下げなどは、輸出指向を成功させる政策的構築として一般的に採用されている。

　欧米の大多数の国が輸入代替の筋道に沿って工業化を達成した。そして戦後のラテンアメリカ諸国は自主的発展を追求する次元から従属理論（dependency theory）に基づいて資源配分の意思決定を内部化したために、かつての欧米諸国と同様に輸入代替を選択した。その結果、いわゆる「失われた70年代」を経験し、「ラテンアメリカ現象」とまでいわれた。

これらの国々とは異なり、東アジアの一部の国は輸出指向戦略を取った。日本は非同盟運動の勃興する中にも関わらず、1950年代初期に関税保護と輸入制限および本国通貨切り下げなどの政策を率先して行い、輸出指向戦略の実施に踏み切った。その背景は下記の諸点で説明できる。①GHQと称する米軍の占領下にあるため、非同盟運動とは接点がなかった。②国民を養うための食糧およびその他の物資を入手することと、③工業生産に必要な資源を獲得することは、至上命題であったためである。

図表6.1 輸入代替戦略と輸出指向戦略の優劣に関する比較

	メリット	デメリット
輸入代替	・国民経済の自立性を保持することにプラス的な影響 ・近代化に必要な幅広い基礎技術者と技能工の形成に有利	・貿易障壁の保護による発展の立ち遅れとともに、腐敗の温床にもなる ・保護による製品のコストアップ、当該製品の国際競争力の低下 ・貿易障壁の設置が慣行となれば、その撤廃は困難になる
輸出志向	・本国の所得レベルの制限を受けない広々とした国際市場の活用 ・国際競争による経済機能のレベルアップ ・市場メカニズムの検証により企業活動の活性化が保たれる	・輸出市場の開発が難しい ・労働集約型製品の生産を強いられるあまり、長期的経済成長の潜在力が脆弱化する ・輸出部門と非輸出部門の二極化が生じやすい

（資料）安忠栄（2000）、呉敬璉（2007）

日本の後を受けて、台湾が1950年代末期から韓国が1960年代初頭に輸入代替から輸出指向へ開発路線を切り替えた。上述の②と③に加え、輸入代替型工業化の失敗とともに、域内市場の限界を切実に感じたことが挙げられる。

（1）韓国の輸出指向政策と輸出奨励制度

1950－1960年代に多くの新生独立国家が非加盟運動と国内指向の輸入代替政策を活発に行う中で、朴正煕政権は1961年から輸出立国政策を推進してきた。この輸出指向型工業化政策は、エネルギーと食料を購入する外貨を確保することからスタートしたが、その中心的な政策的構成は輸出奨励システムである。

輸出立国の政策ポイントは、概ね①外国人直接投資（FDI）の誘致による国

内の「無限労働供給」を活用すること、②国内市場での需要充足より海外市場への拡大を目標にすること、③政府主導による輸出主導型工業化という3つほどに集約される。そのメカニズムは図表6.2が示している。

図表6.2 政府主導による輸出指向型工業化のメカニズム

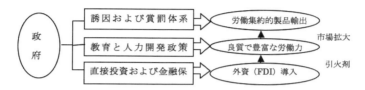

（資料）安忠栄『現代東アジア経済論』岩波書店、2000。

輸出奨励制度では、自動的に承認されることを前提とした輸出優待金融と輸出生産用の中間財輸入に対する非関税および関税減免制度（関税還付制）が特筆される。これらの奨励制度のほかに、支援手段として、①輸出生産用の中間財投入と輸出販売に対する国内間接税の減免、②輸出所得に対する直接税の減免（1973年廃止）、③輸出用の原資材輸入に対する減耗許容制、④輸出実績を踏まえた輸入業の営業許可リンク制、⑤輸出用の中間財の国内供給者に対する関税および間接税の減免、⑥主要輸出産業の固定資産に対する加速償却制の許容などが加わる[1]。これらによって、1970年は輸出支援金融が総貸出金に占めるシェアが19.5％であったのに対し、1980年には当該シェアが35％にまで上昇した[2]。

（2）台湾の輸出指向政策と奨励制度

台湾は、韓国と同様、天然資源の乏しさを克服するために、経済発展の代替的な手段を探し求めていた。1949－1952年の間に土地改革を成功させたという点において本格的な工業化のための初期条件は韓国と類似しており、さらに工業化が始まって以来、教育熱と貯蓄率が高いという点も韓国と同じである。

台湾では、1953－1957年の間、工業化を実現するための戦略として輸入代替工業化戦略を取ったが、結果的には経済が停滞し、資本と中間財の輸入増大と輸出不振は貿易赤字を引き起こした。また国内の市場が狭小であったため、輸入代替工業化が経済成長の突破口となることはなかった。

---

[1] 韓国の輸出主導型体制は1962－1966年の第1次5ヶ年開発計画から本格的に始動し、1964－1965年の為替制度と金利改革を通じて総合的かつ一貫した輸出奨励制度として確立した。
[2] 韓国銀行（1963と1981）、安忠栄（2000）より引用。

そこで、1958年からは本格的に輸出促進戦略への転換に着手した。その代表的な措置として、①通貨切り下げと複数為替レート制の単一為替レート制への転換、②低金利融資制度を中心とする輸出奨励制度の導入、③輸出商品に対する数量制限の撤廃[3]といったものが挙げられるが、1950－1960年代初めに至るまでのアメリカの援助が技術移転と外国資本の流入をもたらす上での源泉となり、その後も外国の直接投資が重要な役割を果たしてきたことは注目に値する。台湾の発展戦略が順調に転換できた背景には、政府の強力な介入が必要不可欠であった。具体的は、①公企業の所有から高度の輸入制限政策に至るまで、そして特恵金融など広い分野において多くの政府介入があった、②選別的な産業政策は生産増大にフォーカスしていた、③中小企業主導型発展の産業組織が競争促進的であった、ということが挙げられる。

（3）マレーシアの輸出指向政策の特徴

　マレーシアは、経済開発の初期条件や開発方式において、韓国や台湾とは異なる以下の様な特徴を示している。①豊富な資源を有する。②韓国や台湾などより10年以上遅れながらも、マハティール首相のイニシアティブによって工業化を始めた。③外国人投資の誘致と、日本、韓国、台湾の発展モデルを受け入れようとする東方政策（Look East Policy）に基づいている。

　その特徴の1つとして、韓国や台湾と違いFDIが輸入代替と輸出促進の両面において重要な役割を果たした。1970年代までのマレーシアでは、輸入代替と輸出指向戦略が混在していたため、先導産業に進出した外国企業は1958年の先導産業条例（Pioneer Industrial Ordinance）などに定められた特別優遇を受ける一方、輸入関税保護などを享受することもできた。このような輸出指向体制の中で生産がスタートしたが、結果的に輸入代替産業に育っていく産業もあり、典型的な例として自動車産業が挙げられる。政策が一貫性を欠いていたにもかかわらず、外国人投資家たちはマレーシアの産業構造高度化政策から魅力的なインセンティブを受け、結果的に天然資源依存型産業（resource based industries）から天然資源非依存型産業（non- resource based industries）への産業構造の転換に大きく寄与した。産業構造転換、輸出指向政策、輸出構造の変化の三者関係について述べると、産業構造転換は輸出指向政策への旋回によって加速され、それはまた輸出の構造をも激変させたということになる。

　第2に、FDIの誘致と公企業の民営化が平行して行われた。マレーシアは重化学工業化政策を通じて公企業を育成しながら外国企業との合弁を推進

3　World Bank 1993, pp. 131-132。

するかたわら、1980年代後半からマレーシア重工業公司（Heavy Industries Corporation of Malaysia: HICOM）を代表とする公企業の民営化を断行し、1990年までに約100社の公企業を民間に売却した。このことはより市場指向に傾くことを意味するものであるが、外国企業との合弁事業を促進するためのインセンティブを提供する意図も明白に込められていた。

第3に、FDIを積極的に誘致したにもかかわらず、自国企業との連携性が低いことが挙げられる。韓国では外国資本を導入し、韓国人による企業経営を通じて吸収能力（absorptive capacity）を高めることに成功した。台湾はどちらかというと市場指向のマレーシアと韓国の中間に位置する折衷型である。マレーシアの問題は、受け皿としての民族系企業が少ない上、吸収能力が低いことにその根源的な原因を求めることができるが、封鎖輸出特区（export enclave）の中に外国企業を限定する政策指向もこれらの問題に至った大きなポイントである。

韓国、台湾、マレーシアは、1980年代半ばの時点でいずれも工業化を達成し、程度の差こそあれ中位所得国家・地域の基準をクリアした。これらの国・地域の経済発展の経験は途上国に示唆を示す発展モデルとして広範囲にわたって有効であると力説されている[4]。そして何よりもこれら3つの国・地域の共通した特性として、①輸出指向戦略の採用、②資源分配における強力な政府介入、つまり政府主導による高成長を成し遂げた点が挙げられる。

1.2 内向型経済から外向型経済へ ——中国の対外経済発展戦略の転換——

シルクロードに象徴されるように、中国では歴史的に世界各国と広範囲の交流が脈々となされてきた。しかし、度重なる鎖国政策のため、1978年までの200余年に及ぶ長い年月にわたって世界から隔絶され、1949年の中国建国から1971年のニクソン訪中までの22年間も国が閉ざされていた。中国は意図的に鎖国政策を実施したわけではなかったが、1950年の朝鮮戦争を境に東西冷戦が続き、1960年になると旧ソ連との国交も断絶した。孤立状態に置かれた中国は、自力更生に頼らざるを得なくなり、対外経済戦略も選択しようがなかった。輸入代替よりさらに内向きの鎖国状態にあったため、1949－1971年の対外経済体制は、対外貿易部所属の業種別国営輸出入公司が輸出入業務の経営権を持ち、国家計画委員会の計画に沿って輸出のための商品の買付けから輸出入に至るまでの業務を遂行し、国家計画による集中管理と業種別国営輸出入公司による統

---

4 Chenery (1975)、Syrquin (1989)、安忠栄 (2000)。

一経営を特徴とするものであった。この体制では当然ながら国家財政が貿易の損益について面倒をみるが、貿易量が極端に少ないことも事実であった。

1971年のニクソン訪中をきっかけに中米関係は緩和に向かい、翌1972年には日本との国交正常化を実現した。西側諸国との関係の全面的好転に向けての機運が高まるのと相まって、中国の対外経済発展戦略も段階的に進化し、輸入代替から輸出指向を経て、今日の開放型経済へと展開している。

図表6.3　中国の対外経済発展戦略の変遷

戦略の類型	戦略選択の背景と主要内容
鎖国 (1949 − 1971)	・意図的に鎖国を実施しようとしたわけではない ・1950年の朝鮮戦争を境に世界との隔絶が続き、1960年に旧ソ連との国交も断絶したため「独立自主」「自力更生」に頼らざるを得なくなった ・1956年以降、中央集権的計画体制の一環として国家独占を特徴とする貿易体制を実施
輸入代替 (1972 − 1978)	・1972年、アメリカとの関係緩和および日中関係の正常化をきっかけに、西側との貿易関係を発展させる政策へと転換 ・1977 − 1978年の「洋躍進」（華国鋒時代）、輸入増加 ・開放経済でなかったため、輸入代替の域を逸脱できなかった
輸出指向と輸入代替の混在 (1978 − 1993)	・鄧小平が提唱する対外開放、つまり対外志向戦略の趣旨＝労働集約型産業の比較優位の活用⇒「三来一補」 ・政府の戦略志向とは裏腹に、役人たちが輸出志向と輸入代替という二つの戦略の相違をはっきり認識していなかった
輸出指向の全面的確立 (1994 − 2001)	・1994年1月1日から管理的変動相場制を実施し、二重為替レートを管理的変動レートに一本化した ・人民元対ドルの為替レートの切り下げで、1993年末の5.8：1から1994年初めの8.7:1までに引き下げられた
開放型経済 (2001 −)	・中国はWTOの前身であるGATTのメンバー、1986年に地位の回復を申請、15年の歳月を経た2001年11月に加盟許可を獲得した ・チャイニーズスタンダードからグローバルスタンダードへ

（1）鎖国から輸入代替へ（1972 − 1978年）

国民経済はイデオロギー至上主義の「文化大革命」によって著しく傷付けられ、後期段階の1972年に入ると、先進国との格差は極端なまでに拡大されていった。中国政府は国を閉ざすことの危険性とその代価の大きさを意識するとともに、西側との貿易関係を発展させるべく、対外経済政策を調整した。この政策は功を奏し、1975 − 1978年の貿易総額は47.5億ドルから174.35億ドルへと膨れ上がり、3.67倍増となった[5]。

5　IMF『国際貿易』N. Lardy、1994．呉敬璉（2007）より引用・再算出。

工業基礎施設・設備への集中投資およびそのための輸入は、この時期の最大の特徴である。1877－1978年の間は化学肥料や冶金など大型工業プラントを次々と輸入し、1978年だけで22の大型プロジェクトを含む78億ドルの導入契約を締結した。この中で、財政と経常収支の赤字化が同時進行し、1974年の国家財政赤字は100億ドルの大台に達した後、1978年と1979年にはさらに200億ドルを記録し、外貨支払い能力とセット能力をはるかに超える負債輸入として「洋躍進」とまで批判された。また、対外貿易を発展させる動機、目的から見ると、外向き経済システムを確立するのではなく、輸入代替を通じて内向き経済を強化するといった政策的指向性も指摘され得る。結果的に、この時期の対外経済発展戦略は輸入代替の域を逸脱するものではなかった。

（2）輸入代替から輸出指向へ（1978－1993年）

1978年の「中共第11期3中全会決議」で示された対外開放は、海外から先進技術、優れた経営ノウハウおよび経済発展に必要な資本を導入することから始まった。最初から輸入代替と輸出指向の違いを意識して政策を構築したわけではないが、「文化大革命」および鎖国への反省とともに、日本やアジアNIEsなど東アジア地域の経済発展の経験から、外向型経済を発展させなければ世界から取り残されたままになってしまうと強く認識し[6]、外向経済形成の一環として輸出指向戦略が導入された。

鄧小平が提唱した輸出指向戦略の実施過程において、中国の経済発展段階を映し出す3つの特徴が現れた。第1は、無限に供給される労働力を活用する輸出貿易の形態として、「三来一補」と呼ばれる原材料提供による加工、部品提供による組立、見本提供による製造に補償貿易を加えた加工・補償貿易が先に花を咲かせ、そして一般貿易へと拡大していくというステップアップが見られたことである。

第2は、外資系企業のシェアがこの時期の輸出貿易の半分を占めたことである。その背景には、FDIの対中投資戦略が中国の廉価かつ良質な労働力を活用することにより労働集約型製品のコストを低減させることに集中しており、国内企業の国際競争力が低い段階にあったことが指摘される。

第3は、輸入代替と輸出指向が混在していたことである。例えば、製品付加価値税還付、融資の優先提供など輸出奨励制度を提供するいっぽう、1990年代初期までは高い輸入関税率を維持し、二重為替レート、人民元の公定レートの

---

6 これら意識の変化は、鄧小平の一連の講話（『鄧小平文選』第2巻、第3巻に収録）に集中的に示される。いっぽう、国家の指針を反映して、社会科学研究の分野では戦後日本経済の発展の経験に焦点が絞られ、日本研究ブームは1970年代中期から1980年代まで長く続いた。

過大評価も手つかずにしていた。これら相矛盾する政策の中で、もともと海外市場を狙った加工製品の一部が国内市場へと流れを変えていた。輸出指向戦略ははっきり定められたものの、政府の役人たちは輸入代替と輸出指向の違いを見分けることができず、輸出指向を「大進大出」（大々的に輸入、大々的に輸出）と単純化したため、輸入代替の延長線上にあった取り組みの多さは否定できない。どちらかというと、前述の日本や韓国、台湾ではなく、マレーシアに近いケースであるが、鎖国の解禁から噴出した国内ニーズが背景であったことを見落としてはならない。

（3）輸出指向の全面的展開（1994 − 2001 年）

中国は1994年から韓国や台湾などのアジアNIEs諸国・地域において、輸出指向の導入とともに採用した本国通貨の切り下げや為替レートの一本化などの制度整備に踏み切った。これらの制度構築により、輸入代替と輸出指向の混在を特徴とする1978 − 1993年の過度期に別れを告げ、輸出指向の全面的確立を果たした。このことは1990年代中期以降の輸出貿易の成長に一方ならぬプラス影響を及ぼしている。輸出指向に関わる制度整備は主に下記の2点である。

第1に、二重為替レート制を管理的フロート為替レート制に一本化した。この制度的転換は1994年1月1日から管理的変動レート制を実施することにより具体化された。改革・開放を始めた1978年において、人民元対ドルの公定為替レートは1.5：1で固定されていたが、公定為替レートとは別に、国務院は1980年10月から内部調達為替レート制を導入し、2.8：1を軸に上下10％の範囲内で変動可能として、国家所管の集団所有制企業および専業単位を対象に実施した。1985年以降、まず深圳などの経済特区、そして主要都市に外国為替調達センターを設立すると同時に、外資系企業が外国為替管理部門を通じて外国為替取引を行うことを認め、上下10％の変動に関する制限も撤廃した。このため、1993年には調達市場での取引額が取引総額の80％に達した。

第2に、人民元の切り下げを行った。1993年12月31日の時点で人民元対ドルの公定為替レートは5.8:1であったが、1994年1月1日の新制度実施により8.7：1と急速に低下した。このことは経済発展に伴って外貨に対する需要が高まっていることを反映ており、このタイミングに新制度を導入したことは大きなポイントである。

（4）輸出指向から開放型経済へ（2001年−今日）

2011年のWTO加盟により、中国経済は世界経済との融合を果たした。中国はもともとWTOの前身であるGATT（関税と貿易に関する一般協定）の創設メンバー国の1つであったため、1986年にGATTへの地位回復を求める申請

をした。WTOのメンバー国として正式に認められるまでの15年にわたる交渉期間中に、中国は輸入関税の大幅な引き下げ、輸入割当制・輸入許可制の廃止を含めた非関税障壁の撤廃、市場システムの整備、法的システムの健全化など、さまざまな側面から国際経済体制との融合を図ってきた。2011年のWTO加盟が輸出指向から開放型経済への全面的な転換を図る時期であるとすれば、1986年からの15年間はその準備期と位置付けることができる。

対外経済関係の標準分類を踏まえると、外向き経済、つまり開放型経済はさらに輸出指向と全方位開放の2つのサブタイプに細分化される。輸出指向がその低級タイプであるのに対し、全方位開放は高級タイプとして国内市場の全面的開放と高度な市場化を意味するものである。この標準分類に従えば、開放型経済の中に輸出指向が含まれるため、ここでいう輸出指向と開放型経済との境目は分からなくなる。2001年から今日までの中国の実情を照らしてみると、すでに輸出指向の域を脱して、全方位開放に近付く段階にある。例えば、最大課題の金融自由化については、2013年9月にテストケースとして上海自由貿易実験区を設け、さらに12ヶ所にまで拡大するとの方針も明らかになっている。しかしながら全方位開放の段階に到達したわけではない。そこで、輸出指向と全方位開放の間に介在する段階として開放型経済を設定した。

図表6.4　対外経済関係の分類

WTO加盟時の2001年には、中国の対外開放度はすでに同じ発展段階のかつてのアジアNIEs諸国・地域より高い水準にあり、WTO加盟時のインドの開放水準をも上回っていた（第2章を参照）。また、商習慣や法律などの非関税障壁により幼稚産業を保護・育成が可能であった1960－1970年代に高成長を遂げた日本とも異なった国際環境にあった。中国はさまざまな課題を克服して輸出指向型経済へと漕ぎ着けたアジアNIEsの経験があったからこそ、輸出指向戦略を定め、実施してきたものと指摘しなければならない。国家の経済規模と政治体制に由来する中国ならではの特徴はあるものの、どちらかと言えば、東アジア的な対外経済発展の足跡は多々残っている。

2. 対外開放の空間的展開と対外経済発展の特徴

2.1　対外開放の空間的展開

　中国の対外開放は漸進的に行われてきた。地域軸では、経済特区によって象徴される点の段階、大連など東部沿海14都市の対外開放地域を中心に空間的拡大を進めた線の段階、そして「四沿戦略」の始まりを境とする面の段階、「西部大開発」以降の4つのステージに分けられる。政策サポートのレベルにおいては、経済特区、ワンセット型総合実験区（浦東新区、天津濱海新区）、開放都市などに区別される。中国はテストケースを通じて経験を積みながら対外開放を推し進めてきたため、対外開放過程から生まれるショックを最小限に抑えることができた。これにより対外経済の高度成長を促進し、国民経済の発展に寄与してきた。

　（1）点の段階：経済特区の指定と政策的システムの構築（1978 − 1983年）

　中国は輸出指向を中心とする対外開放戦略を定めるに当たって、韓国、台湾などアジアNIEsモデルを強く意識していた。しかし、アジアNIEs型輸出指向を成功させるためには、先進国市場にフィットする輸出製品を提供するための大規模な生産基地が欠かせない反面、豊富な労働資源を持ちつつもそれを活用し得る技術や経営ノウハウを有する企業がきわめて少ないといったジレンマに直面せざるを得なかった。そこで、国際競争に耐え得る企業の成長に相応しい環境の提供、つまり対外開放基地の建設は、対外開放戦略の一環として20世紀80年代初めに実施された。

　その第一陣は、1980年8月に深圳、珠海、汕頭、廈門を経済特区に指定したことである。その理由はこれらの地域が香港やマカオに隣接し、海外に華人や華僑が多いため、国際市場と繋がる市場経済エリアとして、FDIの誘致や技術と経営ノウハウの吸収など外向型経済を発展させるために機能しすいことにあったが、万が一失敗したとしても国民経済に及ぼす影響がごく限られたもので済むという点も政策決定の理由の1つとして考えられる。

　国家は区域内企業の自社用財の輸入税と商工統一税の免除、輸入商品の輸入税と商工統一税の50％減、区域内で生産された商品の区域内での販売の工商統一税の50％減など、一方ならぬ優遇政策を実施した。国土が広い上、長期にわたって計画経済を実施してきたために短期間内での全国的な市場形成が望めない中で、経済特区に関わる政策システムの構築はその後の対外開放にきわめて貴重な経験と示唆を提供し、対外開放の空間的拡大を促進した。

第 6 章 | 対外開放と対外経済の発展

（2）線の段階：東部沿海地域の対外開放と対外開放の複線化（1984 − 1989 年）

中国は 1980 年代初期から東部沿海地域の対外開放に力を入れてきた。経済特区の経験を踏まえ、1980 年代中期には開放する地域を大連など東部沿海 14 都市に広げ、東部沿海地域において帯状の開放地帯を形成し、対外開放が点の段階から線の段階に入ったことを宣言した。

さらに、1985 年 2 月に、長江デルタ地域、珠江デルタ地域、福建省南部地域、胶東半島、遼東半島を対外開放の地域に組み入れた。これにより対外開放は東部沿海地域の単線から揚子江沿い地域、珠江沿い地域を加えた複線の段階にステップアップした。ここで、重層複線型全面的対外開放への戦略的配置がほぼ形成された。対外開放基地の建設はその区域内の経済成長に果たす直接的役割だけでなく、全国の改革開放、経済建設、地域経済の全般にわたって波及効果を及ぼすという間接的役割も極めて大きかった。

対外開放を通じて、これらの開放区域は国際資源活用型先導エリアとして最速成長の軌道に乗った。開放→ IFDI の活用→貿易の振興→高成長といった循環サイクルに象徴されるように、深圳など 4 つの経済特区における 1980 − 1990 年の工業・公共インフラなど基本建設の累計完成投資額は 300 億元を上回り、1985 − 1990 年の工業総生産額は 55 億元から 495 億元に増加し、5 年連続で 50％の年間高成長率を記録した。そして、大連など東部沿海 14 都市では 7.5 計画（1986 − 1990 年）期間、IFDI 総額が 100 億ドルに達し、のべ 2,000 余社の外資系企業が生産を開始するといった実績が残っている。さらに東部沿海 12 省・自治区・直轄市の 1990 年の輸出総額は全国輸出総額の約 3 分の 2 を占める 400 億ドルに達した（数値データの引用先：呉敬璉、2010）。

特に指摘しなければならないのは、これら開放区域の「三大機能」であり、それは次のようなものである。①海外市場と内陸部を繋ぐ機能、つまり外国から資金、技術、経営ノウハウを導入して、自分自身の成長を促すいっぽう、これらを内陸部に移転する機能。②市場メカニズムの導入および市場経済化体制の健全化を図る実験区としての機能。つまり、海外から市場経済発展の経験を汲み取り、新しい経済制度と政府管理経済の新体制を模索することで、全国の経済体制改革のために経験を積み重ねる機能。③内陸部の対外開放が実施されるとともに 1990 年代後半から徐々に果たすようになってきた投資ソースとしての機能。

（3）面の段階：「四沿戦略」から「西部大開発」への全面的開放（1990 − 2000 年）

1990 年に線・複線の対外開放をさらに深化させる重層複線化戦略として、「四沿戦略」を中心とする開発・開放戦略が提起された。「四沿戦略」とは、①沿海：

渤海湾から北部湾までの東部沿海全域を重点的に発展させること、②「沿江」＝揚子江沿い：上海浦東の開発を龍の頭とし、重慶下流の揚子江流域の全面的開発・開放を重点的に推し進め、これによって東西を貫き、南北に波及させること、③「沿辺」＝辺境沿い：新疆、内モンゴル、黒竜江の辺境地域と雲南や広西の辺境地域を重点的に発展させ、独立国家共同体各国との経済・貿易交流の強化、南アジアおよび東南アジアへの貿易通路の開通を図ること、④「沿路」＝鉄路沿い：ユーラシア・ランド・ブリッジを繋ぐ中国国境内の東部港湾から新疆アルタイ山脈までの鉄道沿線地域である。

　このように、1990年代の対外開放は重層複線的な様相を呈している。その中で、もっとも注目されるのは、ほかでもなく上海の浦東開発を中心とする揚子江流域の開放である。上海は中国の経済中心都市でありアジアの中心都市としての時代もあったが、対外開放において広東、福建両省に先を越され、取り残されるおそれがあった。浦東の開発を龍の頭とする戦略的意図は上海の知名度や経済力、人的資源などを活かし、上海自身の発展を加速させるとともに、揚子江流域の中部重鎮都市である武漢、さらには重慶を中心とする西部地域への開発効果のトリクルダウン（trickle-down）により、地域全体の経済活性化を図っていくことにある。浦東開発が決定された後、国務院は1993年に武漢など5都市に対して沿海地域の開放政策を適用させた。今日、揚子江デルタ地域は珠江デルタ地域と並んで世界的な産業クラスターとなっており、揚子江沿いにもタイプの異なる各種の産業クラスターが形成されている。これは「沿江」開発・開放の成果を裏付けており、浦東の開発・開放が経済特区の指定、沿海14都市の開放と並ぶ、画期的とも言える対外開放の一里塚であることを立証している。

　いっぽう、「沿辺」や「沿路」の対外開放は内陸部の開発を加速する目的で定められた。内陸部は資源の宝庫である。資源開発を経済成長の新しいスポットとすることを狙った政策的構想は、海外から資金や技術、経営ノウハウの吸収を先行させる形を取り、開放をもって開発を促進するという筋書きである。政策を効率的に実施するため、国務院は1993年に成都、西安、ハルピンなど15の省都を開放し、内陸部の対外開放のプレゼンスを強めた。

　1990年の「四沿戦略」、1993年の揚子江流域5都市や内陸部15都市の対外開放を通じて、複線かつ重層的な対外開放の枠組みはほぼ完成された。これを受けて、1999年の中共15期4中全会で「国家が西部大開発戦略を実施する」と決議され、「西部大開発」が幕を開けた。西部大開発は内需拡大、西部国境地域の安定、貧富格差の縮小などのマクロ経済に関わっており、この戦略の成否は

中国経済の将来を左右すると言っても過言ではない。この戦略に焦点を合わせて部門別 IFDI 奨励政策が定められ、税金の減免などの優遇政策がその中心をなした。

図表6.5　対外開放の点・線・面（1978 − 2000 年）

点の段階	◇対外開放基地の設置（1980 − 1984 年）	
	1980.5	広東、福建両省に対し対外開放政策を実施
	1980.8	深圳、珠海、汕頭、厦門を経済特区に指定
線の段階	◇東部沿海地域の対外開放（1984 − 1989 年）	
	1984.5	大連など14沿海港湾都市を開放
	1985.2	長江デルタ地域、珠江デルタ地域、福建省南部地域、膠東半島、遼東半島を対外開放の地域に組み入れる
	1988.4	海南省全域を経済特区に指定
面の段階	◇対外開放の全面的展開（1990 − 2000 年）	
	1990 年	「四沿戦略」の提起。2つの方向＝①上海浦東を龍の頭とし重慶下流の揚子江流域沿岸都市、②内陸の国境地域
	1993 年	武漢、成都など内陸部20都市を開放地域に指定
	1999 年	西部大開発戦略の提起

（4）21世紀初頭における対外開放の重点的取組（2001 −今日）

21世紀に入ると、国内地域の対外開放は主として内陸部と渤海湾地域の2つの方向に向かって展開された。

まず、東北など旧工業基地の振興に関するものとして、2003年に中共中央と国務院の連名で「東北地区等旧工業基地振興戦略実施に関する若干意見」を発表し、正式に東北地域など旧工業基地を振興するための方策を打ち出した。それに続いて2005年に国務院弁公庁より「東北旧工業基地のさらなる対外開放拡大の促進実施に関する国務院の意見」を公表した。意見の中で掲げた政策は「1つの向上」「3つの促進」に集約される。1つの向上とは、対外開放を通じて東北地域経済の対外指向度を向上させるというもの、3つの促進とは、対外開放の深化をもって体制メカニズムのクリエートを促進し、産業構造転換を促進し、東北旧工業基地の振興を促進するというものである。

次に、2006年に「中部地区堀起（勃興）の促進に関する中共中央・国務院の若干意見」が公表された。この戦略的意思決定を貫くため、国務院は国家対外貿易発展基金による政策的支援の強化、A類対外貿易港建設のサポート、輸出加工ゾーンの建設、加工貿易を中部地域へ移転させるための働きかけ、条件を揃えた中部企業による対外投資の動機付け、中部地域企業の労務輸出の促進な

どを政策の枠組みとして、中部地域の勃興を促進すると決定した。
　さらに、2006年4月の国務院常務委員会の決議により、天津濱海新区のワンセット型総合改革実験を許可する決定を下した。これは上海浦東新区に次いで中国で2番目となるワンセット型総合改革実験区であり、華南の深圳、華東の浦東、華北の濱海と呼ばれるように、中国経済発展の第3極、また北部経済振興のエンジンとしての機能を付与されている。さらにその目標として、中国北方地域の対外開放の門戸、ハイレベルの現代的製造業とR&D成果の転換基地、中国北部における国際航空運輸センターと国際物流センターを目指すものと定めている。

2.2　対外経済発展の特徴

　中国の対外経済は、発展戦略の段階的転換によって内向き経済から外向き経済への転換に成功し、輸出指向型産業は速やかな成長を遂げてきた。このプロセスにおいて地域を主軸に進める対外開放はIFDIを促進し、輸出産業の発展に必要な資金、技術、経営ノウハウを次々と提供し、1990年代中期以降、輸出が経済成長を牽引するエンジンとして機能するようになった。そして、対外経済戦略、対外開放、対外経済発展を繋ぐメカニズムの形成過程の中で、政府の強烈なリーダーシップが中心的な役割を果たした。このことからみて、アジアNIEsモデルに共通していた政府主導、輸出主導が中国の対外経済発展の過程にあっただけでなく、かつてのアジアNIEs諸国・地域の程度を超える向きさえあったということは否めない。

（1）政府主導型輸出指向
　1.2と2.1の検証で分かるように、政府は対外経済発展の戦略転換および対外開放の空間的拡大において主導的な役割を果たしてきた。ここまでは、かつてのアジアNIEsモデルと共通するといってよい。しかしながら、対外経済権限の多くを地方政府に移譲したため、輸出産業発展に関わるFDI誘致の成否またはその多寡によっては地方政府役人の前途が左右されることもあり、地域間の激しいFDI誘致競争を引き起こした。条件の引き下げ、優遇措置の過剰提供、環境への影響を度外視することなどマイナスの影響が多々あり、地方役人にとってFDI誘致がいかに魅力的であるかを裏付けるものとなった。FDIの誘致活動はほとんど地方が行うため、中央政府が戦略や政策、地方政府がこれらを具体化するための政策の精緻化・具体化および関連活動を担うというように機能が分かれ、中国ならではの政府主導となっている。つまり、アジアNIEsなど、

これまでのどの国・地域よりも地方政府が動機付けられていることが中国型政府主導の特徴である。

政府主導のもと、中国の対外経済はダイナミックな発展を遂げ続けている。対外貿易総額は1978年の32位から1992年11位、さらに2011年の2位、2013年には世界1位となった。IFDI活用においても、1990年代中期から発展途上国の中で常に1位をキープし続け、2002年に初めてアメリカを抜いて世界1位に上り詰めた。その後、アメリカとの間で攻防を繰り返しつつも2014年に1位へと返り咲いた。OFDIはWTO加盟後のスタートで立ち遅れたが、IFDIとほぼ拮抗するレベルまで発展し、OFDIの上位3位入りを果たして、IFDIとの逆転時代を迎えようとしている（図表6.6を参照）。特に指摘しなければならない点として、対外貿易総額は右肩上がりであるものの、GDPへの貢献度はかえってマイナスとなり、このことが成長方式の転換を迫る信号として点滅を始めている。

（2）開発区を中心とする集中型開発

前述のように、中国は1980年に経済特区を設置したのに続き、1984年に大連など東部14都市、1993年には内陸部20都市を対外開放都市に指定するなど、都市とエリアの指定を軸に対外開放を推し進めてきたが、これと並行して、経済技術開発区、高新技術開発区（ハイテクゾーン）、保税区、ワンセット型総合実験区（上海浦東新区、天津濱海新区）など機能別開発区も設置した。高新技術開発区は技術含有量の高い産業を誘致する目的で設置したため入居基準もそれなりに高く、1980年代を通じて国家クラスの経済技術開発区が17ヶ所指定された。これが2005年は53ヶ所となった。また、国家クラス開発区とは別に、省・直轄市・自治区レベル、さらにその下のレベルであるローカル・エリアも数多く設置され、開発区は拡大し続けている。

もともと国家クラスの開発区は輸出の振興と外資誘致を目的として沿海開放都市に設置されたため、経済特区に準じる優遇措置が認められており、ローカル・エリアは地方政府なりの優遇措置を採用している。前者の企業所得税率が15％優遇されるのに対し、後者は20％以上に設定されることが多い。また、外資系企業を引き付けるために、開発区ごとの優遇政策も講じられており、科学技術発展基金、インキュベーター促進基金を含めた事業支援補助金制度、中小企業を対象にするベンチャー基金の設置がその代表的な例である。

インフラストラクチャの整備において、1990年代初期までにさまざまな問題があり、IFDIは不平・不満がもとで撤退するケースもあった。IFDI誘致競争が熾烈化するとともに、キャリアの積み重ね、資金の充足なども働き、途上国

としては充足したインフラを提供できるようになった。中国の輸出商品の50%はこのような開発区の中で、しかも外資系企業によって製造されていた。このことから、開発区集中型開発は、外資主導型とも訳される（第4章、本章3を参照）。

（3）不均衡的アプローチ

輸出指向を達成するための政策的選択肢として、通常は均衡指向と不均衡指向のどちらかになるが、均衡と不均衡が混合した性格をもつ第3の選択肢もある。本章1.1で取り上げた東アジアNIEs 3ヶ国・地域の中では、韓国が不均衡指向、台湾が均衡指向、マレーシアは均衡と不均衡の混合といったように、これら3ヶ国・地域は異なった政策的アプローチを通じて各自の輸出産業の振興を図り、結果的には、輸出指向型工業化の達成へと収斂した。

東アジアモデルに照準を合わせると、中国の対外経済発展は東アジア的不均衡アプローチの域をはるかに超えたと言わざるを得ない。産業軸の不均衡を考慮に入れず、地域軸に限っても不均衡的性格は鮮やかである。前述の通り、中国対外開放の基本的な経路は、経済特区によって象徴される点の段階、大連など東部沿海14都市の対外開放都市指定を中心とした開放の拡大による線の段階、「四沿戦略」の始まりを境とする面の段階、さらに西部大開発へと帰結する。この流れは、間違いなく輸出産業を経済成長のトリガー産業へと成長させる過程であった。それと同時に、「東高西低」と呼ばれる地域構造のアンバランスを生み出す過程でもあった。

3. 対外貿易の発展と構造的変化

対外貿易は輸出指向戦略の成否と直接関わっているだけでなく、国内の廉価かつ優秀な労働力を活用するためのFDIや中国市場活用を狙ったOFDIにとっても事業の成否を左右するものでもある。したがって、対外貿易の発展は中国の対外開放戦略、ひいては国民経済発展戦略の中でもっとも中心的な位置を占めてきた。対外開放の東部沿海地域から内陸部への漸進的な進化と相乗効果を起こす形で、輸出加工基地も同じような経路に沿って成長してきた。

3.1 輸出指向への戦略転換と対外貿易体制改革

中国は輸出指向戦略の一環として、1979－1992年の間に対外貿易体制の市場化改革を実施した。この改革は概ね下記の3点からなる。

（1）対外貿易経営権の改革

1979年10月、国務院は全国輸出入ワーキング会議を招集し、対外貿易経営権の譲渡を含めた総合改革の始まりを全国に知らしめた。広東、福建両省のテストケースは、個別製品品目を除いたすべての輸出商品の経営権を両省に譲渡し、省所属の貿易公司が直接対外輸出入業を行うという内容のものである。これをきっかけに、中央政府は地方政府と生産部門に対し、対外貿易企業と輸出生産企業の対外貿易権の審査・許可権、外資企業設立に関わる審査・許可権、「三来一補」の審査・許可権といった権限を徐々に委譲した。
　こうした状況のもとで対外貿易経営権を得た生産企業は、工業と貿易、技術と貿易、生産と販売の「3つの結合」を模索し始める。外資系企業はこれで自社用の原材料、部品などの輸入と製品の輸出を経営することができ、ビジネスの活性化とさらなる拡大にさまざまな可能性がもたらされた。これと同時に、加工貿易に使う輸入品の保税監督管理政策、少数のデリケートな商品を除いた加工貿易輸入の非関税障壁の撤廃・廃止など、加工貿易に対して有利な政策が実施された。さらに、私営生産企業と科学・技術研究機関には1998年9月の国務院決定によって対外貿易権経営権が与えられ、1999年から実施された。これはWTO加盟後、私営企業の対外貿易が大きな伸長を見せた背景の1つである。それまでは計画経済のもと、対外貿易経営権はわずか12社の対外貿易部に所属する対外貿易総公司に独占されていたが、対外貿易経営権の改革によって国家による対外貿易権の統制を打破し、対外貿易を発展させるための積極性を引き出し、輸出成功戦略の遂行に決定的な一歩を踏み出した。

(2) 輸入関税の引き下げと非関税障壁の段階的撤廃

　改革開放後、中国は輸入代替から輸出指向へと対外経済発展戦略を転換したものの、1992年まではずっと高い関税保護水準を保ってきた。輸入関税平均法定率は1982年に56%、1992年には43.2%に低下するが、それでも当時の国際平均水準をはるかに超えるものであった。その後は輸出指向戦略を推進し、WTO加盟の下準備もあるため、輸入関税の引き下げを段階的に実施し、2001年は15.3%、2010年には7.92%へと関税保護水準を引き下げた。また、2010年にASEAN 6ヶ国との間でFTAが発効され、これらの国々からの輸入品に対しては、3.36%の税率を実施した。
　非関税障壁については、1980年代末において貿易経営権に関わる制限、輸入割当制、許可証、輸入代替目録、特定商品の輸入入札募集要求、品質・安全基準などを含め、53種類、輸入商品の46%を網羅していたが、非関税障壁の段階的廃止により1990年代末にこの比率は4%にまで下がった。

(3) 輸出促進・奨励制度の確立

輸出促進を図るための制度の構築は、①為替レートの一本化および人民元の切り下げを主軸とする制度的側面と②輸出業者に対するインセンティブ付けの政策的側面の２方向から進められた。このうち①については、1981年から市場調達為替レート制を導入し、公定為替レートと市場調達為替レートが併存する状況、つまり二重的為替レート制をスタートさせた。その後、1993年まで公定為替レートの切り下げを繰り返し、1994年に二重的為替レート制を一本化するための管理的フロート為替レート制を実施した。これは直ちに人民元の為替レートを大幅な切り下げに向かわせ、「一石二鳥」のプラス効果を生み出した。1997年に経常項目の人民元自由化を実施したが、アジア金融危機の発生により人民元高の向きが強まってきた。

　また、②では、主として輸出商品の物品税および付加価値税制導入後の付加価値税還付措置、対外貿易企業およびその生産部門を対象にした特恵金融、輸出外貨の一部留保など、かつてのアジアNIEs諸国・地域で実施した奨励制度を相次いで導入・実施した。輸出製品については物品税、付加価値税など国内の一般売上税を含まないことが国際的に通用するため、1994年から徹底した。

　上述（１）から（３）の制度構築と実施は、輸入代替と輸出指向が混在する戦略的歪みを是正し、1994年以降において輸出指向戦略のエンジンを本格的に始動させた。

3.2　対外貿易発展の量的拡大と質的向上

　輸出指向戦略の採用と対外開放の同時進行は相乗効果を生み出し、国内経済と国際市場を密接に繋ぐとともに、対外貿易の発展を促進してきた。中国は2012年に世界１位の輸出国となり、翌年の2013年には輸出入総額でもアメリカを抜いて世界１位に躍進している。図表6.6が示した1978年と2013年を単純に比較すると、貿易規模は200倍ほど拡大し、世界貿易総額に占める割合は１％未満から11.1％に膨らみ、上記35年の年間成長率は14.2％の高い水準をキープしている。

　対外貿易の高成長とともに、貿易構造も垂直構造から水平構造に変化してきた。1978－2012年において１次製品の輸出比率が53％から4.9％へと低下したのに対し、完成品の輸出比率は47％から95.1％に上昇し、うち、ハイテク製品が全体の31.2％（2011年）を占めている。

図表6.6　中国対外経済・貿易の推移（単位：億ドル、％）

	指　標	1949	1978	1992	2001	2011	2012	2013
対外貿易	輸出入総額	11.4	206.4	1,655.3	5,096.5	36,418.6	3,8671.2	41,636.0
	世界に占めるシェア	―	0.8	2.3	4.3	10.4	10.5	11.1
	世界における順位	―	32	11	6	2	2*	1
	GDPに占める割合	―	8.8	33.9	38.5	48.5	47.0	45.1
	一次品輸出比率	―	53	20	9.9	5.3	4.9	4.9
	完成品輸出比率	―	47	80	90.1	94.7	95.1	95.1
	ハイテク製品の比率	―	―	4.7	17.5	31.2	―	―
IFDI	年額	―	17.7	110.1	468.8	1177.0	1132.9	1,187.2
	累計額	―	―	360.7	3,952.5	12,318.8	13,450.9	14,638.1
OFDI	年額	―	―	―	―	746.5	878.0	1,078.4
	累計額	―	―	―	―	4,247.8	5,319.4	6,397.8
外貨準備高（累計額）		―	1.67	194.4	2,121.7	31,811.5	33,116.0	38,213.0

（資料）中国国家統計局『中国統計年鑑』各年より算出。　（注）輸出は世界1位。

図表6.7　中国の輸出入貿易の推移（1978～2012年）

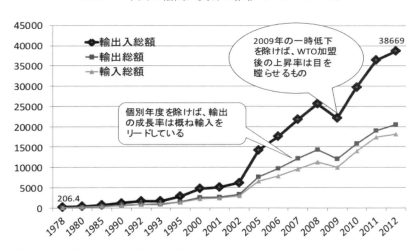

（資料）『中国統計年鑑』各年。（単位：億ドル）

さらに、外貨準備高では2012年に世界未曾有の33,116億ドルに達し、2位である日本の11,936億ドルを大きく引き離した。外貨準備高の高騰を生み出した背景としては、当然ながら外国人の対中直接投資の存在が大きい。しかし、それだけで説明がつくわけではなく、対外貿易の赤字構造から黒字構造への転換を実現し、黒字の増加幅が年ごとにエスカレートすることで積み重ねてきた累計残高がその一端をなしていることは否めない。

中国の対外貿易の発展と構造的変化は、下記のような過程を踏まえ、段階的な特徴を示している。

（1）対外貿易の体制再建と体質改善期（1978 – 1992年）

この時期において、対外貿易が高成長の軌道に乗るようになり、赤字構造が黒字構造に転換したことで対外貿易の体質改善が図られた。このことは対外貿易の黒字体質を形成する発端として記録されている。

まず、1978 – 1992年の間、対外貿易規模は206.4億ドルから1,655.3億ドルに増加し、累計輸出入総額の11,180.3億ドルを年平均成長率に換算すると14.89%にも達する。輸出入別に見ると、この期間中、輸出規模では輸出総額が97.5億ドルから849.4億ドルに、累計輸出総額が5,408.8億ドルにそれぞれアップし、15.52%の年平均成長率を記録した。また、世界輸出総額に占める比率は0.75%から2.26%となり、34位から11位に上昇した。輸入規模では同期間中の輸入総額が108.9億ドルから805.9億ドルに増加して、累計輸入総額は5,771.5億ドルとなり、年平均成長率の換算で14.27%に達した。

次に、赤字から黒字への転換を実現し、外貨準備高が増加したことは、対外貿易構造の改善を端的に裏付けている。段階をより細分化すると、第1段階（1978 – 1989年）の12年のうち、9年間の累計赤字総額は468億ドルに達し、年平均赤字額と年間平均赤字率に換算すると、それぞれ39億ドルとマイナス5.4%となる。第2段階（1990 – 1992年）の3年間には、各年の貿易黒字はそれぞれ87.8億ドル、81億ドル、44億ドルに達し、3年間の累計黒字総額は212.8億ドルで、1978 – 1992年の外貨準備高は8億ドルから194.4億ドルにまで上昇した。これをきっかけに、長期的な貿易黒字の時代に突入する。

さらに、輸出入構造の改善が確実に見られた。1次製品の輸出を主とする輸出構造から工業製品を主とする輸出構造へと転換し、1978 – 1992年に工業製品の比率は47%未満から80%弱にまで膨れ上がった。この中で、加工貿易と外資系企業が輸出拡大を支える主力となっており、1988 – 1992年の加工貿易の比率は31.7%から43%へ、1980 – 1991年の外資系企業の輸出総額に占める比率は0.1%から21.3%に増加した。

（2）対外貿易の第1次高成長期（1992 − 2001 年）

この時期、対外貿易規模は速やかに拡大し、輸出商品構造と市場構造は改善を続けた。

第1、輸出規模の急速な拡大

1992 − 2001 年において輸出入の貿易総額は 1,655.3 億ドルから 5,096.5 億ドルへと増加し、1994 年に 2,000 億ドル、1997 年には 3,000 億ドルを突破し、さらに 2000 年に 4,000 億ドルを記録した。また、世界輸出貿易総額に占める割合は 2.3% から 4.3% に伸長した（図表 6.8）。

第2、輸出商品構造と市場構造の変化

1 次製品を中心とする構造から工業製品を中心とする構造へ、さらに軽工業・紡績業など労働集約製品を中心とする構造から機械・エレクトロニクスやハイテク製品など資本・技術集約型製品を中心とする構造へと変化を重ねてきた。機械・エレクトロニクス製品の輸出額は 1992 年の 195.5 億ドルから 2000 年の 1,053.1 億ドルに伸び、比率は 23% から 42.3% に、ハイテク製品の輸出額は 1996 年の 128.2 億ドルから 2000 年の 370.4 億ドルに増加し、比率は 8.5% から 14.9% に上った。1992 − 2000 年の間、1 次製品の輸出比率が 20% から 10% へと低下したのに対し、工業完成品の比率は 80% から 89.8% に増加した。

対外貿易規模の急速な拡大に伴い、貿易相手国・地域は前段階の 190 から 220 ヶ国・地域へ増えるなど市場の多元化も実現し、アメリカ、EU、日本との貿易が大きくなるいっぽうで、新興国との貿易も拡大期を迎えた。

第3、貿易構造の黒字化と貿易摩擦の増加

1994 年から貿易黒字は傾向化し、外貨準備高は 1994 年の 194.43 億ドルから 2001 年の 2,121.65 億ドルへと急増した。こうした中、1979 年 8 月に EU が中国の輸出製品に対し、初めてのダンピング調査を行った。それ以来、貿易の急成長とも連動して、約 3 分の 1 のアンチ・ダンピング訴訟が中国を対象に展開され、1995 年からの 13 年間にわたって世界最多となっている。貿易摩擦多発への対応策として、中国政府は対外貿易部、地方政府、仲介組織と企業の連動体制を構築すること、外国との交流を強めること、貿易救済予告メカニズムの設立と健全化を図ることなどの具体的な貿易救済措置を講じてきた。いっぽう、1997 年にタイを震源としてアジア全域に広がったアジア通貨危機に対しては、外貨決済口座開設の許可、インターネットによる外貨決済、財政的サポート、輸出商品の税金還付率の向上など、輸出企業のサポート体制を強化して対外貿易のプレゼンスを落とさないようにした。

図表6.8 1992－2001年の中国対外貿易の推移 （単位：億ドル、%）

	輸出入総額	輸出			輸入総額	差額
		総額	比率	順位		
1992	1,655.3	849.4	2.3	11	805.9	43.5
1993	1,957.0	917.4	2.5	11	1,039.6	-122.2
1994	2,366.2	1,210.1	2.9	11	1,156.1	54.0
1995	2,808.6	1,487.8	3.0	11	1,320.8	167.0
1996	2,898.8	1,510.5	2.9	11	1,388.3	122.2
1997	3,251.6	1,827.9	3.3	10	1,423.7	404.2
1998	3,239.5	1,837.1	3.4	9	1,402.4	434.7
1999	3,606.3	1,949.3	3.6	9	1,657.0	292.3
2000	4,742.9	2,492.0	4.0	7	2,250.9	241.1
2001	5,096.5	2,661.0	4.3	6	2,435.5	255.5

（資料）『中国税関統計』、世界輸出に占める比率＆順位のデータは『中国対外経済貿易統計年鑑』
　　　中国統計出版社

図表6.9 貿易方式別輸出構造の変化 （単位：億ドル、%）

年	輸出入総額	一般貿易		加工貿易	
		金額	比率	金額	比率
1992	1,665	944	57	711	43
1993	1,957	1,150	59	807	41
1994	2,366	1,320	56	1,046	44
1995	2,809	1,488	53	1,321	47
1996	2,899	1,432	49	1,466	51
1997	3,252	1,544	48	1,698	52
1998	3,240	1,508	47	1,731	53
1999	3,606	1,761	49	1,845	51
2000	4,737	2,441	51	2,302	49
2001	5,097	2,683	53	2,415	47

（資料）中国税関

（3） 対外貿易の第2次高成長期（2002年－今日）

WTO加盟をきっかけに、中国の対外貿易は飛躍的な発展期を迎えた。量的、質的、そして成果的にまとめると、この時期の特徴は下記の3点に絞られる。

第1に、2001年のWTO加盟から2011年までの間、中国の対外貿易は年間30％の高成長率を記録し、世界貿易の平均成長率をはるかに上回る飛躍的な発展期に入った。2001－2011年、22％増の年間平均輸出成長率により6.1倍に拡大し、世界総輸出額に占める比率は4.3％から11.14％に増加し、世界6位から1位に躍進した。同期間中、年間輸入平均成長率は21％で6.2倍の拡大を見せ、世界総輸入額に占める割合も3.8％から9.5％に増加し、世界6位から2位になった。このように、中国は輸入の拡大により世界に広大な市場を提供し、「世界の市場」としての地域を固めつつある。

第2に、量的拡大とともに輸出入構造にもさらなる改善が見られた。輸出構造において、2001－2010年の間、1次製品の輸出比率が下がり、工業完成品の率が向上した。中でも、機械・エレクトロニクス製品の年平均成長率は25.7％で、世界市場での割合は3.9％から13.8％にアップし、世界トップとなった。また、ハイテク製品の比率も17.5％から31.2％へと増加し、2009年に自動車は生産国と販売量とも世界最大となった。このことは、対外貿易の第2次高成長は量的な拡大だけでなく、質的な変化をもたらしたことを端的に表しているものと言える。

輸入構造では、非食用原材料、鉱物燃料、潤滑油およびその原材料などを含めた1次製品の輸入比率が絶えず増加し、機械類や輸送設備に次いで輸入総額に占める割合の2位にランクされている。また、先進技術、設備、コア部品および資源系製品の輸入規模は絶えず拡大している。

第3に、対外貿易発展の成果がある。この時期に、機械・エレクトロニクス輸出入は明らかな成果を収め、2012末の時点で、中国はドイツ、アメリカを抜いて世界1位の貿易国となった。中国の機械・エレクトロニクス製品の輸出は世界輸出総額の16.2％を占めて世界1位、輸入は2位であり、これらの製品は中国輸出総額の60％近く、輸入総額の50％近くを占めて、中国の対外貿易および国民経済の持続的発展の重要な力となっている。また、同期間、機械・エレクトロニクス製品のうち、機械・エレクトロニクス類の輸出は93％に達し、低ランクの金属製品の割合はわずか7％のみである。さらに、テレビ、携帯電話、ディスプレー、システムコントロール交換設備、エアコンなど60種類の製品の輸出は世界首位を占め、自動車、船舶、鉄道牽引車、飛行機、人工衛星など技術集約型製品の輸出が新しい成長のポイントとなり、電力、電信、軌道交通、

建材、冶金、石油化学など大型プラントの競争優位は日増しに増加している。

図表6.10 貿易方式別輸出構造の変化（単位：億ドル、%）

年	総額	一般貿易		加工貿易		その他	
		金額	比率	金額	比率	金額	比率
2001	2,660.98	1,118.81	42	1,474.34	55	67.83	3
2002	3,255.96	1,361.87	42	1,799.27	55	94.82	3
2003	4,382.28	1,820.34	42	2,418.49	55	144.88	3
2004	5,933.26	2,436.35	41	3,279.88	55	217.45	4
2005	7,619.53	3,150.91	41	4,164.81	55	304.27	4
2006	9,689.78	4,163.18	43	5,103.75	53	423.80	4
2007	12,204.56	5,385.76	44	6,176.56	51	617.83	5
2008	14,306.93	6,625.84	46	6,751.83	47	907.79	7
2009	12,016.12	5,298.33	44	5,869.81	49	848.49	7
2010	15,779.30	7,207.30	46	7,403.30	47	1,168.70	7
2011	18,983.80	9,171.20	48	8,354.20	44	1,460.60	8

（資料）中国国家統計局『中国統計年鑑』各年、『中国経済貿易統計』2012年

図表6.11 貿易主体別輸出構造の変化（単位：億ドル、%）

年	総額	国有		外資		集団		その他	
		金額	比率	金額	比率	金額	比率	金額	金額
2001	2,660.98	1,132.00	43	1,332.17	50	142.19	5	54.61	2
2002	3,255.96	1,228.46	38	1,699.85	52	188.53	6	138.85	4
2003	4,382.28	1,380.33	31	2,043.37	55	251.31	6	348.69	8
2004	5,933.26	1,525.94	26	3,586.07	57	317.93	5	693.75	12
2005	7,619.53	1,688.13	22	4,442.09	58	365.11	5	1,124.66	15
2006	9,689.78	1,913.45	20	5,638.28	58	410.89	4	1,728.12	18
2007	12,204.56	2,248.14	18	6,955.19	57	468.95	4	2,507.87	21
2008	14,306.93	2,572.28	18	7,906.20	55	546.64	4	3,260.34	23
2009	12,016.12	1,909.94	16	6,722.30	55	405.18	3	2,797.21	25
2010	15,779.30	2,343.60	15	8,623.10	55	498.56	3	4,314.10	27
2011	18,984.30	2,438.30	14	9,043.60	52	553.95	3	5,806.53	34

（資料）中国国家統計局『中国統計年鑑』各年、『中国経済貿易統計』2012年

3.3 成長構造の転換と対外貿易の課題

輸出指向戦略は輸出入貿易の量的拡大と質的向上によりドラマティックな展開を見せつつも、そのピークを過ぎようとしている。対外貿易構造の高度化は中国の対外貿易の今後を左右する課題として提起された。それとともに、輸出指向戦略自体も問題視されるようになった。

3.1.1 対外貿易構造転換の課題

輸出構造、市場構造、そして物的貿易とサービス貿易との関係で、直面しなければならない課題として、主に次の3点を提起する。

（1）自主的知的所有権と販売ネットワークのボトルネックによる制約

機械・エレクトロニクス製品の輸出比率は向上してはいるが、そのコアとなる部品は大部分を外国から輸入し、最終的に中国で組み立てて完成させるものである。自主的知的所有権を保有ものであっても、自己の販売ネットワークがないために売値は低い。つまり、付加価値の低い労働集約的な段階を完全に脱したとは言えず、自主的知的所有権と販売ネットワークのボトルネックによる制約の中で、さらなる構造高度化の道筋も険しい。

（2）「輸出するものの儲からない」というジレンマ

輸出市場が多元化しているとはいえ、EU、アメリカに依存する構図はいっこうに変化していない。EU、アメリカ市場に頼らざるを得ない背景の1つとして、周辺の経済体がEUやアメリカへ輸出する最終製品の生産活動を中国へと移転させ、中国が大量に日本、韓国、台湾からの中間投入財を購入し、組立を済ませてからEUやアメリカに輸出するという「三角貿易」の光景が形作られていることである。この市場構造のジレンマにより、中国はいくら製造し輸出しても儲からない。人件費高騰の真っただ中にある中国は、このような構造を維持しようとしてもあまり利点がない。

（3）物的貿易の驀進から取り残されるサービス貿易

図表6.12が示す通り、中国のサービス貿易は2000年以降、高速発展の段階に入ったとされるほど勢い付き、世界ランクでも2000年の12位から2011年の4位に躍進している。しかし、物的貿易と比較すると段階的な格差を呈しており、さらに労務輸出型サービスが多いことも先進国との格差を裏付け、このことから、規模的な要素より質的な向上こそが問題の所在であると言える。物的貿易を含め、中国は対外貿易大国ではあるが、対外貿易強国ではない。そのため、次なる目標は対外貿易強国となることにほかならない。

3.2.2 輸出指向型成長モデルに由来する課題

中国国家統計局によると、GDP成長に対する輸出貢献率は2009年がマイナス37.4％、2011年がマイナス4.2％、2013年がマイナス2.1％といったように、2010年を除いていずれもマイナスとなっている。いっぽうGDP総額に占める比率は、図表6.6が示したように45％以上の高い水準で推移している。これら対照的な数字のギャップは対外貿易の質的問題、ひいては輸出指向型成長の限界を示唆している。

リトル（Little, I.）[7]が韓国、台湾、香港、シンガポールを考察し、「香港を除いたこれらの国または地域では、20世紀60年代から始まった高成長が輸入代替から輸出促進への重要な政策的転換を経験した。彼らの成功はまったくと言っていいほど優れた政策と人民の能力の賜物であって、有利な情勢と良きスタートによるものではない」とした。また、韓国の経済発展については、「労働集約型と輸出主導型政策が自由貿易の条件を提供したことになり、これがひいては労働集約型工業化をきわめて迅速に発展させる原因として、最貧困の人々を含めた500万人の生活に革命的な変化をもたらした」と指摘されている（Krovis, I. 1970。引用先：王秀芳2007）。また、クルビス（Krovis, I.）は、貿易は経済成長のエンジンではなく、単なる「handmaiden」（女中）に過ぎないと述べ、貿易と経済成長の関係を定義付けた。

貿易と経済成長の関係についてはさまざまな論点が展開されているが、上述の論理は肯定論と否定論の間に介在する折衷論の典型的な見解、つまり貿易と経済成長の内在的関係を認めながらも、貿易がアジアNIEsの経済成長をもたらしたのに、なぜより多くの途上国では成功しなかったかという点に問題意識を合わせたものと考えられる。これを踏まえた結論として、政府と国民素質が成功を支えるための重要なポイントであり、「一国の経済成長はあくまでも国内要素によるものであって、国内資源を投資と消費に資する商品とサービスに転換させる中で、国際貿易はこれらの国内機会の延長、すなわち外部需要が経済成長に外部刺激を与えるものにすぎず、しかもこの種の刺激は国と時期の違いによってその重要性も違ってくる」（Krovis, I. 1970。引用先：王秀芳2007）とした。

アジアNIEs経済成長の軌跡で立証されるように、輸出主導的開発は、域内の天然資源不足および域内市場狭小などキャッチアップ型開発のための初期条

---

7 王秀芳『中国内需与外需関係協調分析』（中国の内需と外需関係のバランスに関する分析）中国財政経済出版社、2007.10、p.47。

件による制限をクリアし、自然人口を労働力に転換させることによって投資者と消費者を生み出すものとして機能され得る。シンガポールと香港は「都市型国家」であるために典型的なケースとはならないが、日本や韓国、台湾の経験はこれを裏付ける上で重要な意義を有するものである。しかしながら、この成長パターンは必ずしもこれらの国または地域のすべての成長過程を通して通用するものではない。「失われた10年」と呼ばれる20世紀90年代における日本経済の迷走は輸出主導型成長から脱出しきれなかったことが大きな原因の1つであり、その後遺症は今日まで残っていると言っても過言ではない。このことはまさしく輸出主導型成長モデルの限界を象徴するものである。経済発展段階こそ異なるものの、中国も日本がかつて経験したような諸問題に直面している。

図表6.12　中国のサービス貿易の推移（単位：億ドル、%）

年	輸出入総額				輸出				輸出入総額			
	金額	成長率	比率	順位	金額	成長率	比率	順位	金額	成長率	比率	順位
2000	660	15.4	2.2	12	301	15.2	2.0	12	359	15.8	2.5	12
2001	719	9.0	2.4	-	329	9.1	2.2	-	390	8.8	2.6	-
2002	855	18.9	2.7	-	394	19.7	2.5	-	461	18.1	3.0	-
2003	1,013	18.5	2.8	-	469	17.8	2.5	-	549	19.0	3.1	-
2004	1,337	32.0	3.1	-	621	33.8	2.8	-	716	30.5	3.4	-
2005	1,517	17.5	3.2	9	739	19.1	3.0	9	832	16.2	3.5	9
2006	1,917	22.0	3.5	8	914	23.7	3.2	8	1,003	20.6	3.8	8
2007	2,509	30.9	3.8	5	1,217	33.1	3.6	7	1,293	28.8	4.1	5
2008	3,045	21.4	4.1	5	1,464	20.4	3.8	5	1,580	22.2	4.4	5
2009	2,867	-5.8	4.3	5	1,286	-12.2	3.8	5	1,581	0.1	4.9	5
2010	3,624	26.4	5.0	4	1,702	32.4	4.6	4	1,922	21.5	5.5	4
2011	4,191	15.6	5.2	4	1,821	7.0	4.4	4	2,370	23.3	6.1	4

（資料）金額、成長率、世界シェアのデータは中国サービスウェブサイト、世界での順位は商業部ウェブサイト

4.「走出去」戦略と対外直接投資の展開

　WTO の加盟を境として、中国は地域軸の対外開放を深化させるとともに、中国人海外観光の規制緩和、中国企業あるいは個人の対外経済活動の自由化など部門・分野の対外開放を実施して、「中国へ」「中国から」という双方向の対外開放の流れを作り上げている。

　中国企業の OFDI は本格的に始動した 2002 年から起算すると 10 数年の歴史しかないにもかかわらず、2013 年の OFDI 総額は前年比 22.8％増の 1,078.4 億ドルに達し、世界 3 位の OFDI 国となった。2014 年にはさらに前年比 15.5％増の 1,160 億ドルに増え、IFDI の 1,195.6 億ドルとの差額は 131.1 億ドルに縮小し、IFDI と OFDI の拮抗から逆転へのタイミングに差し掛かっている。

4.1　OFDI の政策整備と「走出去」戦略

　中国の OFDI 政策は、4 つの段階に沿って展開されてきた。

（1）規制の段階（1979 − 1992 年）

　1983 年までは ODFI を担う企業体が国有に限られ、投資プロジェクトもすべて国務院の審査・許可が前提条件とされていた。1984 年からは逐次規制緩和の方向に向かい、非国有企業を含めたその他の所有制の企業体も審査・許可の対象になったが、1991 年 8 月に国家計画委員会より「対外直接投資プロジェクト審査・許可の建議書と FS 報告書の編成に関する規定」が打ち出され、香港・マカオおよびソ連、東ヨーロッパ以外の国家あるいは地域に対しては OFDI を行ってはならないと、OFDI の相手国・地域に対し制限を加えた。こうして中国企業 OFDI の自主権は錯綜し、複雑な審査・許可プロセスと投資金額に関する制限が敷かれたために、1991 年の OFDI 総額は 10 億ドルのみにとどまった（朱華、2012）。

（2）規制緩和の段階（1993 − 1997 年）

　鄧小平の「南巡講話」が発表された 1992 年から、政府の政策指向は制限から奨励へと変化し、中国企業 OFDI 展開を是認するようになった。この政策的変化を象徴するものとして、江沢民は同年 9 月に開催された中国共産党第 14 期総会において、企業の OFDI 事業開拓に関する政策目標を明確に定めた。さらに、1997 年には対外貿易経済合作部より「国境外貿易公司と貿易代表処の設立に関する暫定規定」を公表し、規制緩和のための制度的保証を提供した。

（3）「走出去」戦略始動の段階（1998 − 2001 年）

　中国政府は、WTO 加盟を 3 年後に控えた 1998 年から、輸出および輸出に関

連する経済活動を奨励し始めた。これらの政策はしばしば「走出去」という用語で呼ばれるが、2000年10月の「10.5計画策定に関する中共中央決議」の中で国家戦略として位置付けた（「走出去」の概念については、図表6.13を参照）。輸出およびその関連活動を奨励するため、国務院の関係部門は輸出減免税、外貨調整および融資などの優遇政策を策定し、審査・許可においては手続きの簡素化を図った。中でも特に強調されたのは、アウトソーシングプロジェクト、アパレル製品、機械設備とエレクトロニクス設備など軽工業分野の海外生産、原材料と中間製品の輸出である。

（４）「走出去」戦略発展の段階（2002年－現在）

「走出去」は、国内企業のOFDIを奨励し、世界レベルの企業とブランドの形成を促進するための戦略として、2002年の「中国共産党中央第16期総会報告」において取り上げられ、2004年10月には国家発展委員会より「国境外投資プロジェクト確認・許可に関する暫定方法」が公表された。その政策的ポイントは、①海外投資に関する審査・許可制を確認・許可制に変更すること、②政府の役割は指導、サポートとサービス提供のみに限定し、投資の意思決定はあくまでも企業のビジネス論理によるものだと明確にしたこと、③地方政府の審査権限をより強化すること、④外貨管理局による外貨管理の規制緩和などである。さらに、2009年には商務部と外貨管理局よりそれぞれ、「国境外投資管理方法」と「国内機構によるOFDI外貨管理に関する規定」を策定し、中国企業OFDI

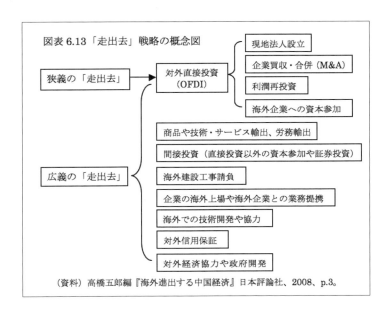

のさらなる便宜性や企業による投資意思決定権の貫徹を図ると同時に、OFDI活動と関連する外貨管理がよりいっそう緩和されるようになった。

このように、政府のOFDIの政策は規制と緩和を繰り返し、2002年の「走出去」にたどりついた。1980年中期以降は海外現地生産のノウハウを蓄積するため、一時的にOFDIに関する規制緩和を行った。いざ規制を緩めると、投資の多くが香港の不動産市場と証券市場に投下されたが、このことが緩和から規制へと再び軌道修正をさせる要因の1つになったともされる（朱華2012）。こうした政策変更の経緯とは別に、ローカル市場から世界市場へと成長する中で、中国企業は外資系企業との正面切っての競争を余儀なくされている。これは大国における企業の宿命であり、仮に困難を極めるものであったとしても中国企業を海外企業との競争に晒さないわけにはいかない。また、遅ればせながらの出発ではあるが、2002年から中国企業のOFDIが本格的に始まった。

4.2　OFDIの成長と特徴

中国はガーシェンクロンが提唱した「後発性の利点」を活かし、政府のガイドラインや体制移行・経済発展の段階的パフォーマンスが絡み合う中、躍進的とも言えるキャッチアップ型OFDIを展開し、その経済体制と発展段階なりの特徴を呈している。

4.2.1　ダイナミックなプレゼンス

企業の国際化は、海外市場に対し漸進的に資源を投入する過程として、輸出、海外販売事務所、現地生産に沿って行われるものと、先進国多国籍企業の経験側を背景にした伝統的国際化理論によって説明される。中国企業は国際化の後発者（latecomers）として、スピードを上げて既成のライバルに追い付こうとしており、先進国はもちろんのこと、先発型途上国と比較しても中国のここ近年のOFDIプレゼンスには目を瞠るものがある。

日本のOFDI総額（フロー）は、第1次海外投資ブーム期の1972－1986年の15年間に24億ドルから223億ドルへと10倍増の飛躍を達成した。期間的には異なるが、中国の場合、26億ドルから265億ドルへの10倍増は、1997－2007年の11年間に短縮された。第2次海外投資ブーム期の1991－2000年の間、韓国のIFDI総額（フロー）は14.9億ドルから2.3倍増の50億ドルに、シンガポールは5.3億ドルから10.2倍増の59.1億ドルに増加した。中国は2004－2008年の5年間に、55億ドルから10倍増の559億ドルに達し、明らかに高

成長の特性を呈している。

　投資金額の急速な拡大だけでなく、海外進出モードの選択においてもスピード優位追求型として用いられるM&A方式を採用する傾向にある。M&A方式を選択する目的は、主としてブランド・技術など戦略的経営資源の迅速的な獲得およびライバルの減少によって整合優位を確立し、国際化の展開を加速させることにある。

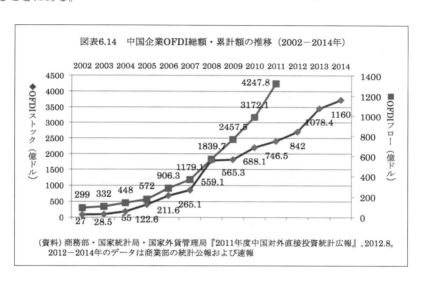

4.2.2　多元化したロケーション選択

　伝統的国際化経路理論では、企業が言語、文化、政治体制など、心理的差異により近い国から遠い国へと進化的に投資先国・地域を拡大していくものとされる。先進国のアメリカとカナダ間、EU加盟国間の貿易とOFDIはこれを裏付けており、先発的アジアNIEsの台湾、香港、シンガポールも同じ傾向を示してきた。投資先国・地域の選択において、中国は先進国や先発的途上国・地域の漸進的方式に相対して、やや急進的な側面がクローズアップされる。

　2011年までに、ホスト国・地域の類型で分けると、主としてアジア、ラテンアメリカなど途上国に集中して全体の89％（ストック）を占め、先進国はその11％である。金額ベース（ストック）で見ると、図表6.15が示すように、香港が62％（2,615.19億ドル）、英領バージン諸島・ケイマン諸島などタックスヘイブン地域が12％（509.53億ドル）、世界のその他の地域が26％（1,123.08億ドル）となっている。香港、タックスヘイブン地域を除いた地域では、アジア

が筆頭の37％、ラテンアメリカ、ヨーロッパ、アフリカ、北アメリカ、オセアニアは、それぞれ4％、22％、14％、12％、11％である。また、OFDIの地域・州別のシェアとその金額は図表6.16の通りである。これらのデータを踏まえると、中国のOFDI地域構成でのインバランスが映り出される。国際金融センター・香港とケイマン諸島、英領バージン諸島の比重は、前年比で11％減少したものの、依然として74％の高台にある。香港を選択する理由について、①血縁、地縁、文化の近似性がその基本をなすが、②「逆方向投資」の身分、つまり「外資」という母国へ投資する資格を獲得して、優遇政策を享受することも重要なポイントの1つである。③香港を介在して、中国以外の地域へ投資を行えば、自由度と柔軟性が利き、受け入れられやすくなる。また、タックスヘイブン地域を選択する理由としては、税金上の優遇政策を活用し、グループ企業の海外資金・利益コントロールセンターを形成することが挙げられる。

図表6.15　2011年中国企業の地域別OFDI累計額（ストック）

総額4,247.8（単位：億ドル／％）

| タックスヘイブン地域 | 509.53（12） | 香港 | 2,615.19（62） | 世界その他の地域 | 1,123.08（26） |

世界その他の地域1,123.03（単位：億ドル／％）

| その他のアジア | 419.11（37） | その他のラテンアメリカ | 42.4（4） | ヨーロッパ | 244.5（22） |
| アフリカ | 162.5（14） | 北アメリカ | 134.7（12） | オセアニア | 120.1（11） |

（資料）商務部・国家統計局・国家外貨管理局『2011年度中国対外直接投資統計広報』中国統計出版社

OFDI企業ベース（図表6.17）では、アジアがトップの53.6％を占め、アフリカ、北アメリカ、ヨーロッパ、ラテンアメリカ、オセアニアはそれぞれ、11.5％、13.7％、13.5％、4.6％、31％となった。金額ベースと比較すると、企業の投資先はいわゆる「近似性」を持つアジアに留まらず、約半分ほどの企業はアジア以外の地域に投資し、多元化傾向が強く表れている。2011年には、中国企業の海外OFDIのカバー率は72.4％に達し、アジアが90％、アフリカが85％、北アメリカが75％、ヨーロッパが71.2％、ラテンアメリカが57.1％、オセアニアが40％である。

図表6.16　中国の地域別 OFDI 総額推移（単位：億ドル）

地域別	種類別	2007年	2008年	2009年	2010年	2011年
アジア	フロー	153.8	435.5	404.1	448.9	454.9（60.9%）
	ストック	792.2	1,313.2	1,855.4	2,281.4	3,034.3（71.1%）
アフリカ	フロー	15.7	54.9	14.39	21.1	31.7（4.3%）
	ストック	44.6	78.0	93.3	130.4	162.5（3.8%）
ヨーロッパ	フロー	10.9	8.8	33.5	67.6	82.5（11.1%）
	ストック	44.6	51.3	86.8	157.1	244.5（5.8%）
ラテンアメリカ	フロー	49.0	36.8	73.3	105.4	119.4（16.0%）
	ストック	247.0	322.4	306.0	438.9	551.7（13.0%）
北アメリカ	フロー	11.3	3.6	15.2	26.2	24.8（3.3%）
	ストック	32.4	38.2	51.8	78.3	134.7（3.2%）
オセアニア	フロー	7.7	19.5	24.8	18.9	33.2（4.4%）
	ストック	18.3	36.6	64.2	86.1	120.1（2.8%）

（資料）商務部・国家統計局・国家外貨管理局『中国対外直接投資統計広報』関係年度、中国統計出版社

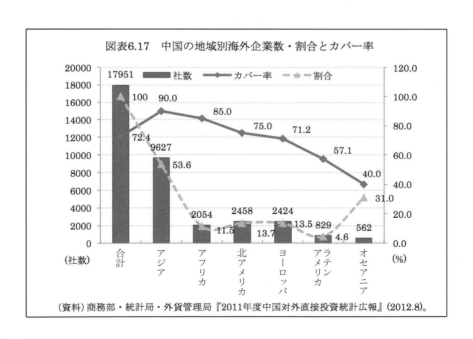

図表6.17　中国の地域別海外企業数・割合とカバー率

（資料）商務部・統計局・外貨管理局『2011年度中国対外直接投資統計広報』（2012.8）。

こうした多元化傾向は、中国企業にとって心理的距離の近似性がもはや重要ではなくなったことを意味するのではなく、むしろグローバルな展開に向かいつつあることの象徴である。もし血縁、地縁、文化的近似性を持つ地域だけで企業のグローバル戦略を支えることができなければ、こうした近似性を持たない国・地域への投資がやむを得ない選択であるいっぽうで、海外劣勢といわれる欠陥はIFDIを通じて部分的に補われてはいるが、さらに戦略資源の獲得によって補完していく必要があると考える。それは、①コア技術・中間製品、ブランド、②地域のコンテキストと密着する暗黙知（tacit knowledge）とその他の特殊資源、③企業の経営ノウハウといったものからなる。

ロケーション選択の多元化と関連して、製造業に焦点を絞った洗国明・楊鋭の研究（1998）では、「先進国向けパターン」（FDI-I）と「発展途上国パターン」（FDI-II）に分けられ、前者は学習型FDIとし、後者は競争型FDIと位置付けられた。「聯想集団」（レノボ）によるIBM社パソコン部門の買収（2004）やTCL集団によるフランスAlcatel社の携帯部門の買収（2004）は学習型FDIの典型的事例として、上記の①から③の傾向を強く示している。

4.2.3　業種別構成のアンバランスと成熟性

中国企業のOFDIの業種的分布は広範囲にわたっており、構造的にはややアンバランスだと捉えがちであるが、業種選択の成熟性を垣間見ることもできる。第1に、OFDI累計額ベースによる中国企業のOFDI業種別構成では、リース・ビジネスサービス、金融業、鉱業、卸売・小売業と比較して製造業の割合が少なく、しかも年を追うごとに減少する傾向が見られている。2011年での中国のOFDI（ストック）は主としてリース・ビジネスサービス、金融業、鉱業、卸売・小売業、製造業、交通運輸業の6業種に集中し、全体の89%を占める。そのうち製造業は269・6億ドルで、全体の6.3%となる（図表6.18、図表6.19）。金額的には前年の178億ドルから91.6億ドル増と飛躍的とも言える伸び率を示したものの、業種別構成比では2005年の10.1%、2007年の8.1%よりそれぞれ4.8ポイント、1.8ポイント減少した。中国のOFDIがダイナミックに成長する中で、製造業が上記の業種に追い付かないというアンバランスが露呈されたかに映る。

いっぽうで、企業の業種別構成比とリンクしてみると、図表6.20が示す通り、製造業がトップの5,520社（30.8%）、卸売・小売業が4,550社（25.3%）、リース・ビジネスサービスが2,250社（12.5%）、建築業が1,150社（6.4%）、鉱業が780社（4.3%）、農林牧漁業が760社（4.2%）、科学研究・技術サービス・地質調査が630社（3.5%）、交通運送・倉庫・郵政が620社（3.5%）、個人向けサービス・

図表6.18 中国の業種別OFDI累計額推移（ストック／単位：億ドル）

業種	2006年	2007年	2008年	2009年	2010年	2011年
卸売・小売業	129.6	202.3	298.6	357	420.1	490.9
リース・ビジネスサービス	194.6	305.2	545.8	729.5	972.5	1,422.9
金融業	156.1	167.2	366.9	459.9	552.5	673.9
鉱業	179.0	150.1	228.6	405.8	446.6	670.0
交通運送・倉庫・郵便	75.7	120.6	145.2	166.3	231.9	252.6
製造業	75.3	95.4	96.6	135.9	178	269.6
不動産	20.2	45.1	41.0	53.4	72.7	89.9
情報産業	14.5	19.0	16.7	19.7	84.1	95.5
建設業	15.7	16.3	26.8	34.1	61.7	80.5
科学研究・技術サービス・地質調査	11.2	15.2	19.8	28.7	39.7	43.9
個人向け・その他のサービス	11.7	13.0	7.1	9.6	32.3	16.2
農林牧漁	8.2	12.1	14.7	20.3	26.1	34.2
水力・環境・公共施設管理	9.2	9.2	10.6	10.7	11.3	24.0
電力、ガス、水道	4.5	6.0	18.5	22.6	34.1	71.4
ホテル・レストラン	0.6	1.2	—	—	4.5	6.0
その他	2.0	2.4	2.7	1.6	4.0	0.1

（資料）商務部・国家統計局・国家外貨管理局『中国対外直接投資統計公報』関係年度、中国統計出版社

その他のサービスが450社（2.5％）、情報産業が450社（20％）と上位10業種が並んでいる。つまり、業種間に規模の相違が存在するため、短絡的に金額だけでOFDIの業種別構成を判断すると、特定業種の重要性を拡大することにも繋がれば、製造業のような業種に対する評価の客観性を失う可能性もある。

金額と企業数を合わせてみると、製造業のOFDIの一件当たりの平均投資金額は488.4万ドルで、小規模・低コストといった中国製造業企業のOFDIの特

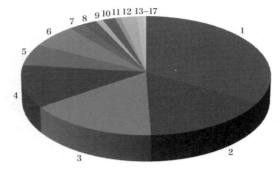

図表6.19　中国のOFDI先業種別構成比（ストック・2011年末）

1 ■ リース・ビジネスサービス33.5%　　2 ■ 金融業15.9%
3 ■ 鉱業15.8%　　4 ■ 卸売・小売業11.6%
5 ■ 交通運送・倉庫・郵便5.9%　　6 ■ 製造業6.3%
7 ■ 不動産2.1%　　8 ■ 建設業1.9%
9 ■ 科学研究・技術サービス・地質調査1.0%　　10 ■ 電力・ガス・水道1.7%
11 ■ 農林牧漁0.8%　　12 ■ 情報産業2.2%
13 ■ 個人向け・その他のサービス0.4%　　14 ■ 水力・環境・公共施設管理0.6%
15 ■ ホテル・レストラン0.1%　　16 ■ 文化・教育・娯楽0.1%
17 ■ その他の業界0.1%

（資料）商務部・国家統計局・国家外貨管理局『2011年度中国対外直接投資統計広報』（2012,8）。

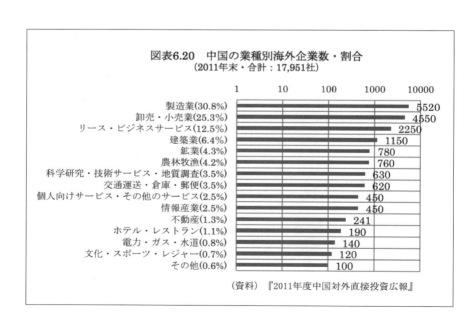

図表6.20　中国の業種別海外企業数・割合
（2011年末・合計：17,951社）

業種	企業数
製造業(30.8%)	5520
卸売・小売業(25.3%)	4550
リース・ビジネスサービス(12.5%)	2250
建築業(6.4%)	1150
鉱業(4.3%)	780
農林牧漁(4.2%)	760
科学研究・技術サービス・地質調査(3.5%)	630
交通運送・倉庫・郵便(3.5%)	620
個人向けサービス・その他のサービス(2.5%)	450
情報産業(2.5%)	450
不動産(1.3%)	241
ホテル・レストラン(1.1%)	190
電力・ガス・水道(0.8%)	140
文化・スポーツ・レジャー(0.7%)	120
その他(0.6%)	100

（資料）『2011年度中国対外直接投資広報』

性が映し出されるほか、相対的に金額が少ないとはいえ当該分野のOFDI活動が活発に行われており、成長過程にあるものと確認される。金額ベースでは、アメリカでもOFDIに占める製造業の割合は逓減する傾向にあるが、依然として全体の20％台をキープしており、製造業はOFDI業種別構成の中でずっと重要な位置を占めてきた。OFDIに占める製造業比率が逓減する傾向は、先進国では、国内における産業構造のステップアップ、労働コストの上昇、産業の競争力といった要素とリンクされるのに対し、中国の場合は、当該産業の国際競争力不足による側面が大きいと言わざるを得ない。このことは、企業のイノベーション能力、経営メカニズム、政策のサポートなどにその原因を求めるほか、世界の工場であるホームランド・中国の大前提を考慮に入れなければならない。第2に、リース・ビジネスサービスが全体の3分の1に相当する33.5％を占め、2007年の25.9％、2010年の30.7％と比較すると、それぞれ7.6ポイントと2.8ポイント増加した。中国企業のOFDI活動は具体的な企業経営と生産ではなく、株式の取得とコーポレート・コントロールを中心に展開される傾向を示している。さらに、こうしたOFDIの中で、タックスヘイブン地域への投資、「逆方向投資」と呼ばれる母国への投資など、策略的な部分もかなり含まれるものと考えられる。

第3に、リース・ビジネスサービスより下位に位置するのが、15.9％の金融業、15.8％の鉱業、11.6％の卸売・小売業である。金融業のOFDIはコストダウン、経営リスクの分散、フォローアップとサービスの提供を主眼に据えているのに対し、鉱業の戦略的目標は明らかに中国経済成長のボトルネックとして提示されてきた天然資源を獲得することにある。卸売・小売業の場合は主として貿易関係のOFDIであり、代表事務所の設立を通じてビジネス情報の収集と輸出製品のアフタサービスの提供などを行うものである。

日本を例にすると、金額ベースでは、1970年代は製造業、資源開発と商業がOFDIの上位3業種で、全体の69％を占め、1980年代には金融業・その他のサービス業を含めた第3次産業のOFDIが全体の70％を占めるようになった。企業ベースでは1970年代のOFDIの上位業種は製造業、商業、不動産業であったが、1980年代の代表的な業種としては、製造業、商業、サービス業、交通運輸業、不動産業が挙げられる。総じてみれば、第3次産業のOFDIは第2次産業より活発であり、段階的に上昇するものである。中国のOFDI業種別構成にも日本の1980年代と類似するような現象が生じている。

ただし、企業の規模によって国際化をめぐる動機や戦略の相違ははっきりと現れている。大企業は海外に出なければ母国でも生き残れないというように、

企業自らの発展と国際化を同次元のことと意識し、国際化に対して前向きに身を投じるケースが多い。いっぽうの中小企業あるいは民間企業の場合は、過剰競争、市場飽和などにより悪戦苦闘を強いられるあまり、過剰設備や既成の技術を活用したOFDIが多々見られ、大企業に比べて、ややネガティブに受け止められる。

4.2.4　重層的かつ特徴的な進出モード

後発者および投資主体、経済改革の段階的特性などによりもたらされた中国企業のOFDIモードは重層的であり、中国ならではの特徴が多く含まれるものである。

（１）歴然たる先進国パターンと発展途上国パターン

発展途上国から先進国へのOFDIは学習型FDIとして、主に戦略的資源を獲得することにあると指摘される（冼国明・楊鋭1998）。中国の場合は、R&D拠点の設置など戦略的経営資源を獲得するほか、物流サポート、販売・マーケティング、地域本部の設置などが主な目的であり、M&A方式が多用される。例えば、ソフト開発大手の華為集団は、技術所有権の源泉を確保するため、アメリカのダラスとシリコンバレー、インドのバンガロール、スウェーデンのストックホルムなど8ヶ国にM&A型企業を設立しており、近年、毎年1,000件ほどの技術特許を申請する理由はここにある。いっぽう、発展途上国から発展途上国へのOFDIは競争戦略型FDIと呼ばれ、グリーンフィールドの手法が主に用いられる。ASEAN、東ヨーロッパへの進出がこれに該当するものであり、エレクトロニクス企業の康佳、TCLなどによる東南アジアやロシアへの工場進出は典型的な事例である。

進出先国・地域の経済発達度によって異なる戦略と手法を取るのは当然のことであり、先進国や先発的発展途上国の多国籍企業も例外ではない。しかし、これほど鮮明に意識して行動する例は稀であると言わねばならない。

（２）企業規模による戦略や進出手法の相違

IFDI企業との競争に晒されてきた中国企業は、大小を問わず、国際化の動機が十分にある。

中国の企業は、仮に大企業であっても後発組ゆえの所有権不足など生れつきの欠陥を持っている。そのため、戦略資源や市場の獲得をOFDIの上位目標に定めている。また、外資身分の獲得により母国での優遇政策を享受するためのOFDI、タックスヘイブン地域の税金政策を利用するための策略的OFDIも多発する。こうした大企業のケースとは違い、中小企業あるいは民間企業は

OFDI の多くが周辺国あるいは中国よりさらに開発度の低い国に目を向けており、先進国企業がほとんど行かないところに投資したりもする。アフリカに中国の中小企業が多く集まるのは象徴的な事例である。中国の OFDI モードについては、苑志佳（2007）がグリーンフィールド型、テークオーバー型、R&D 型、戦略提携型の 4 つのモードにまとめ、示唆に富むため、図表 6.21 として引用した。

（3）M&A によるキャッチアップの加速

日本の企業は、初期においてグリーンフィールドやジョイントベンチャー、続いて M&A という段取りに沿って OFDI を行ってきた。中国もほぼ同じようなプロセスをたどるものの、日本より早めに M&A の段階に入っており、特徴的な展開がなされている。

1988 − 2003 年の 15 年間、中国企業の海外 M&A 累計額（ストック）は 81.39 億ドルである。その後、図表 6.14 が示すとおり、2004 年には 30 億ドル（54.5％）となり、中でもレノボによる IBM パソコン部門の買収が 12.5 億ドルで全体の 4 割を占め、中国企業による海外企業買収活動の幕開けとして、画期的とも言える足跡を残した。2005 年は 65 億ドル（53％）で、前年比では 116.7％増を果たす。2006 年は 26.9％増の 82 億ドル（39％）、2007 年には 23.6％減の 63 億ドル（23.8％）まで低下したが、翌年の 2008 年には一気に 302 億ドル（54％）に上昇し、379.4％増という驚くべき実績を記録する。その後の 2009 年、2010 年、2001 年は、それぞれ 364％減の 192 億ドル（34％）、54.7％増の 297 億ドル（43.2％）、8.4％減の 272 億ドル（36.4％）と一進一退となる。

図表 6.21　中国企業の OFDI パターン

タイプ	グリーンフィールド型	テークオーバー型	R&D 型	戦略提携型
典型ケース	TCL、ハイアール、格力	中国石油、上海汽車	華為	TCL、ハイアール
主たる事業分野	エレクトロニクス、紡績	エネルギー、自動車、IT	IT	家電、IT
進出モード	単独出資、合弁	単独出資、合弁	単独出資	合弁
ホスト国・地域	東アジア、南アジア、東欧	先進国地域	アメリカ、インド、欧州	先進国地域
進出動機・要因	①相対的過剰資本 ②国内供給超過 ③国内市場の過剰競争	①資源確保 ②市場開拓 ③技術獲得	①最先端技術の獲得 ②海外人的資源の活用	①海外ブランドの獲得 ②海外既存市場へのアクセス

（資料）苑志佳「中国企業の海外進出と国際経営」『中国経営研究』2007 年、第 6 号。

ちなみに、OFDI総額（フロー）に占めるM&Aの年間比率は、2004－2011年の平均で42.2％に達する。金額ベースではM&Aが中国企業のOFDIのメインモードとして定着し、後発性ゆえのキャッチアップに拍車をかけることとなる。

中国の海外M&Aは通信、エレクトロニクス、石油化学、自動車、天然資源などの分野に集中していたが、近年はエネルギー分野のM&Aが急増している。M&Aの相手国・地域は資源・エネルギーを除けば、そのほとんどが先進国向けである。M&Aの初期において、買収の主な対象は中小企業であり、経営不振で破綻に瀕する企業や利益率が低く先行きが見えない企業を買収するケースが多かった。例えば、上海電気による日本の秋山電機の買収がその典型的事例である。2004年からはM＆Aの大型化、グローバル標準化のケースが増え、中国企業によるM&Aが成熟に向かいつつあることを裏付けている。

M&Aを実施する母体企業については、国有企業が中心であることに変わりはないが、レノボ、万向集団、世界的に知られる自動車メーカー・ボルボを買収した吉利集団などの民間企業も頭角を現し、M&Aを実施する主体の一翼として成長しつつある。

4.3　体制移行と経済発展絡みによるアプローチ

中国のOFDIは、政府主導、後発性のほかに、体制移行と経済発展の段階との相関性で捉えることも重要である。これまでの研究には意識しないまま同方向への収斂を見せるケースもあったが、伝統的論理との乖離が大きすぎるというデリケートな問題であるため、あえてアカデミックに取り上げることはなかった。ただ、仮に伝統的論理がスタンダードであるとしたとしても、体制移行が未完の状態である中国企業のOFDIに全面的に適用させようとするのにはいささか違和感を抱かざるを得ない。なぜなら、体制移行と経済発展の段階的パフォーマンスが中国企業のOFDI行動パターンと結果を拘束し、中国企業ならではの段階的特徴を生み出したからである。

（1）体制移行と経済発展絡みのOFDI母体とマクロ経済の特性

中国の体制移行と経済発展との絡み合いの中で、企業のOFDIに影響を及ぼす基本的要素には、OFDIの実施主体が国有企業あるいは国有持ち株会社であることと、「世界の工場」「世界の市場」と呼ばれるホームランドの経済パフォーマンスであることが挙げられる。その他の要素はこの２つの要素により派生したものとして省くことにする。

第１、国有企業あるいは国有持ち株会社がOFDIの主体であること

1978年の改革・開放までは、中国において本当の意味の企業は存在しなかった。「摸着石頭過河」（石を探りながら河を渡る）といった実践を通じて、社会主義市場経済と称される市場経済メカニズムを導入してきたものの、いまだ国有企業、特に中央所属企業がOFDIの中心を占めている。図表6.22から分かるように、2011年には中央所属国有企業のフローとストック別投資総額の割合はそれぞれ60％前半と70％後半を占めており、地方企業の中にも地方所属国有企業あるいは国有持ち株式会社が含まれることを考慮に入れると、国有企業あるいは国有持ち株会社の割合はさらにアップすることになる。

OFDIの主体が国有企業であるという特徴は、中国のOFDIのダイナミックなプレゼンスを生み出す要因であるいっぽう、グローバル経営不振に落ち入らせることにも繋がり、現段階における中国のOFDIのジレンマをもたらしている。中央政府は近代企業制度を確立させるため、国際化と企業の発展を結び付ける接点としてOFDIを推し進めており、インセンティブを与えている。国有企業は中央政府あるいは地方政府に所属する以上、政府の意向を無視することはできない。資源・エネルギー分野のM&Aは政府の意向やマクロ経済のニーズを反映するが、企業の利益にどれだけ繋がるかという点が問題である。

OFDIのマイナス要素として、国有企業あるいは国有持ち株会社の経営メカニズムの不完全性と経験不足に由来するものがある。李敬らの研究（2008）ではミクロの側面から中国企業の対外直接投資の業績を考察し、67％の企業はOFDIの収益がマイナスで、OFDIから収益を得ていた企業は1割程度に過ぎないとされている。この研究は中小企業を含めた投資企業ベースでの研究であるため、そのまま大型企業に適用はできないとしても、それが氷山の一角であると警鐘を鳴らしている。経営メカニズムの健全化を目指した大型国有企業改革のガイドラインとして、100％国有企業を51％以上の持ち株会社にし、51％以上の持ち株会社を50％以下の株式会社にするという改革の経路が明示されているが、それが民間企業の増大になるのかそれとも国有企業の拡大を意味するのか、まだまだ不明瞭な段階にある。

OFDI主体の属性は、M&Aを中心とするOFDI総額の急速な拡大、進出手法の急進的な特性、またタックスヘイブン地域への投資規模、多元化したOFDIの分布といった中国のOFDIの特性を生み出す基本的な要因であり、中国のOFDIを分析するための重要な視点の1つをなすものである。

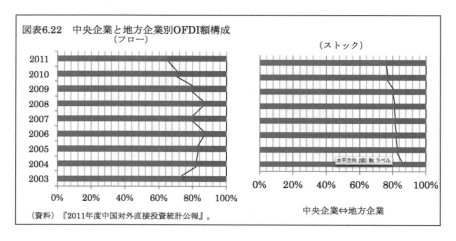

（2）ホームランドの経済的パフォーマンス

　中国は「世界の工場」と同時に「世界の市場」と称されるようになり、そのいずれかの理由で中国をターゲットにする多国籍企業は多く、中国はグローバル競争の主戦場と化している。中国企業には、これら多国籍企業との競争を通じて、経営資源の不足などを悟り、国際化をしなければ国内でも生き残れないと意識するようになり、戦略的な経営資源を獲得するためOFDIに踏み切るケース、さらに母国での優遇政策を狙ったケース、つまり逆方向・Uターン型投資を行うための「外資」身分を獲得するOFDIなど、中国的要素を反映したOFDIが多々行われている。例えば、グリーンフィールドという進出モード採用の要因として挙げられるのが、①ある特定産業分野での相対的資金過剰、②国内の市場飽和、③国内での過剰競争などであり、家電産業の大手メーカー・TCL、康佳のOFDI事例が典型的である（苑志佳2007）。

　マクロ経済のパフォーマンスは、企業の海外展開を促進する要素として機能されているとともに、中国のOFDIの特性を形成する基本要因の1つとなっている。

おわりに

　20世紀70年代末期から広大な中国を舞台とする対外開放のドラマは、幕を閉じることなく今日まで続いている。政府はこの連続ドラマのシナリオを書き、監督を務めたりもする。ここ35年の長きにわたる中国の対外開放と対外経済発展の経緯をたどると、政府のリーダーシップにより生み出されたメカニズムには特筆すべきものがある。

　また、輸出指向戦略のもと、対外開放、外資導入、対外貿易の発展は相互に促進作用を果たし、対外経済、ひいては国民経済全体に積極的な影響を及ぼしてきた。こうした相乗効果による循環サイクルは、まさしく中国の対外経済を発展させるための源泉とも言えるものであり、30数年にわたって積み上げてきた経験である。この循環サイクルは市場経済への体制移行とグローバリゼーションという国内外環境の中で育まれ、その機能を活かされてきただけに、さらなる対内改革と対外開放を推進することによって未来志向の道筋を選択しなければ、「新常態」入り後の発展は望めない。

　いっぽう、ここ数年、中国の対外貿易は成長し、GDP総額に占めるシェアも依然として45％を下らないものの、GDP成長の貢献度はマイナスへと変化しており、輸出指向の再考を余儀なくされている。このタイミングにOFDIとIFDIの総額が拮抗し、両者の地位交代が現実味を帯びている。中国の対外開放は徐々に「中国へ」ではなく「中国から」という構図に変わっていき、対外開放のドラマは中国企業の足跡を追って、世界を舞台にその後の展開を繰り広げていく。

主要参考文献

【日本語】
安忠栄（2000）『現代東アジア経済論』岩波書店
苑志佳（2007）「中国企業の海外進出と国際経営」中国経営管理学会『中国経営管理研究』第6号
呉敬璉（2007）『現代中国の経済改革』NTT出版
世界銀行報告書（1993）『東アジアの奇跡』（East Asian Miracle）
森永依理（2009）「中国の経済構造と日中の相互経済発展」『立命館大学経済政策研究』第5号（通巻第5号）
劉敬文（2010a）「中国の構造転換と現実的課題（上）」M.I.D.C. グループ『M&A Review』第24巻第5号
劉敬文（2010b）「中国の構造転換と現実的課題（下）」M.I.D.C. グループ『M&A Review』第24巻第6号
劉敬文（2013）「中国企業の国際化に関する三つの視覚」桜美林大学産業研究所『桜美林大学産業研究所年報』第31号

【中国語】
劉敬文（2009）「東亜的経済発展模型与成長的持続性－兼論韓国、馬来西亜、中国台湾地区模型与中国的比較」北京大学『ASIAN PACIFIC STUDIES PEKING UNIVERSITY』第8集、香港社会科学出版社
商務部・国家統計局・国家外貨管理局（2012）『2011年度中国対外直接投資統計公報』中国統計出版社
石広生編（2013）『中国対外経済貿易改革開放史』人民出版社
王莉・林漢川（2010）『中国企業国際化戦略研究―基于後発型企業国際化的視覚』中国経済出版社
王秀芳（2007）『中国内需与外需関係協調分析』中国財政経済出版社
呉敬璉（2010）『当代中国経済改革教程』上海人民出版社
中国国家統計局『中国統計年鑑』統計出版社各年度
朱華（2012）『中国対外直接投資的発展経路及其決定因素研究』中国社会科学出版社

【英語】
UNCTAD (2013), *World Investment Report* 2012, New York: United Nations.

■ 著者プロフィール

劉 敬文　LIU JINGWEN

桜美林大学経済経営学系教授。北京大学経済学修士。早稲田大学博士後期課程修了。日本国際経済学会、北東アジア学会、日本マネジメント学会などの会員。主な研究分野は現代アジア経済およびグローバル企業経営。中国経済関係の著書に『中国消費革命』(1997、日刊工業新聞社)、『中国の国民生活事情—改革開放の中で、都市生活者の今—』(1998、共著、大蔵省印刷局)、『現代中国地域構造』(2003、共著、有信堂)など、編著書に『中国市場統計』(1996、日刊工業新聞社)。日本経済関係の著書に『十字路に立つ経済巨人—経済大国になってからの日本—』(1988、共著、遼寧大学出版社)、『日本近代化研究』(1993、共著、遼寧大学出版社)など。学術論文・論説多数。

任 雲　REN YUN

桜美林大学経済経営学系教授。学術博士(経済学)。専門分野は比較制度分析(日本、中国の経済制度分析)、企業理論など。著書に『銀行中心のコーポレートガバナンス』(2002、学文社)、『中国国有企業の改革と再編』(2006、共著、学文社)など。最近の中国経済関係以外の論文に、「金融危機前後におけるアメリカの企業統治」『桜美林産業研究所年報』2013年4月、Regional Informatization and Economic Growth in Japan: An Empirical Study Based on Spatial Econometric Analysis (with Sun, Chuan and Jiao, Hao), *Sustainability* 2014, 6 (10), pp.7121-7141、「失去的20年与安倍経済学増長戦略」中国社会科学院『国際経済評論』2014年第4期など。

肖 厳華　XIAO YANHUA

上海社会科学院経済研究所副研究員。経済学博士。上海社会保障学会、上海経済学会会員。主な研究分野は社会保障および金融学。国家哲学社会科学基金のプロジェクトを担当し、当基金の重大プロジェクトに携わる。40数篇の学術論文を発表。上海市第9回鄧小平理論研究宣伝優秀成果賞(2012年)、中国老年学学会"全国高齢者の権益、尊厳および責任フォーラム"学術年会優秀論文賞一等賞(2014年)受賞。

現代中国経済

劉敬文、任雲、肖厳華　著

2015年3月31日　　初版第1刷発行

発行者　　原　雅久
発行所　　株式会社 朝日出版社
　　　　　〒101-0065　東京都千代田区西神田3-3-5
　　　　　TEL (03) 3263-3321 (代表)　FAX (03) 5226-9599
印刷所　　協友印刷株式会社

乱丁・落丁本はお取り替えいたします。　Printed in Japan
ISBN978-4-255-00831-8 C0036